我国9—17岁男子足球运动员战术决策能力年龄特征研究

康金明◎著

中国纺织出版社有限公司

图书在版编目（CIP）数据

我国9—17岁男子足球运动员战术决策能力年龄特征研究 / 康金明著. --北京：中国纺织出版社有限公司，2022.2

ISBN 978-7-5180-8529-3

Ⅰ.①我… Ⅱ.①康… Ⅲ.①青少年—足球运动—运动技术—教学研究—中国 Ⅳ.①G843.2

中国版本图书馆CIP数据核字（2021）第082275号

责任编辑：武洋洋　　责任校对：高　涵　　责任印制：储志伟

中国纺织出版社有限公司出版发行
地址：北京市朝阳区百子湾东里A407号楼　邮政编码：100124
销售电话：010—67004422　传真：010—87155801
http://www.c-textilep.com
中国纺织出版社天猫旗舰店
官方微博 http://weibo.com/2119887771
三河市宏盛印务有限公司印刷　各地新华书店经销
2022年2月第1版第1次印刷
开本：710×1000　1/16　印张：15.25
字数：261千字　定价：78.00元

凡购本书，如有缺页、倒页、脱页，由本社图书营销中心调换

前 言

足球比赛中，如何在有限的时空资源下作出利于球队的最佳决策显得至关重要。对于小年龄段的球员来说，身体好、速度快往往在比赛中占据绝对优势。随着年龄的增长，战术决策能力越发显得重要，并逐渐成为主导比赛胜负的关键因素。目前对足球战术决策能力的实证研究多是局部的，衡量指标不够全面，且多为定性研究。另外，研究对象年龄跨度相对较小，水平间的相似性会使结果缺乏稳定性。因此，本书力图从年龄角度出发，以定量与定性相结合的方式从攻防两个方面全面考量战术决策能力随年龄增长而表现出的年龄特征。本书采用以图像定格法与视频定格法为基础自主编制的战术决策能力测试系统，对216名9-17岁男子足球运动员进行了测试。

本书共分为六个章节，第一章为研究背景，分别介绍了研究背景概要、研究目的与意义、研究假设与研究创新点以及研究技术路线等相关内容；第二章以足球运动为切入点，主要论述了相关概念界定、决策理论的发展、运动决策的研究方法、运动决策的研究成果、运动决策的研究趋势以及已有运动决策（足球）研究的不足等内容；第三章为研究对象与方法，主要阐述研究对象与研究方法等内容；第四章为结果与分析，分别论述了足球比赛战术决策能力的内容结构、战术决策能力的定量实证研究以及战术决策能力的定性实证研究；本书第五章为综合讨论，重点剖析了战术决策能力总发展特征、战术决策能力各指标发展特征以及战术决策能力发展年龄特征等内容；第六章为结论与建议，对本书进行了总结与反思。

在撰写本书的过程中，笔者查阅了大量的足球运动相关学术文献，并分析了相关的数据调查报告，以期对全书内容有一个深层次的剖析与阐述。本书内容系统全面，力求论述翔实，但由于作者水平有限，书中难免会有疏漏之处，希望广大体育爱好者们及时指正。

作 者

2021 年 10 月

目 录

第一章　研究背景 ·· 1

第一节　研究背景概要 ·· 1

第二节　研究目的与意义 ·· 5

第三节　研究假设与研究创新点 ····································· 8

第四节　研究技术路线 ·· 9

第二章　文献综述 ·· 10

第一节　相关概念界定 ··· 10

第二节　决策理论的发展 ··· 14

第三节　运动决策的研究方法 ······································· 18

第四节　运动决策的研究成果 ······································· 22

第五节　运动决策的研究趋势 ······································· 28

第六节　已有运动决策(足球)研究的不足 ·························· 30

第三章　研究对象与方法 ·· 32

第一节　研究对象 ··· 32

第二节　研究方法 ··· 33

第四章 结果与分析 ……………………………………… 42

第一节 足球比赛战术决策能力的内容结构 …………… 42
第二节 战术决策能力的定量实证研究 ………………… 44
第三节 战术决策能力的定性实证研究 ………………… 73

第五章 综合讨论 ………………………………………… 218

第一节 战术决策能力总发展特征 ……………………… 218
第二节 战术决策能力各指标发展特征 ………………… 219
第三节 战术决策能力发展年龄特征 …………………… 222

第六章 结论与建议 ……………………………………… 226

第一节 结论 ……………………………………………… 226
第二节 建议 ……………………………………………… 227

参考文献 …………………………………………………… 228

第一章 研究背景

战术决策是一个很有意义的话题。足球竞技比赛中，形式复杂、千变万化。如何在充满或然性的比赛环境中作出有利于球队的决策显得至关重要。对于小年龄段的男子足球运动员来说，身体好、速度快往往在比赛中占据绝对优势。然而，随着年龄的增长、训练时间的增加，战术决策能力越发显得重要，并逐渐成为主导比赛胜负的关键因素。本文的选题一方面受到国内外足球发展差距日益变大的影响，另一方面也与当前理论界对战术决策能力的研究现状有关。战术决策能力的现实发展需要与理论研究相对滞后决定了本文的选题。

第一节 研究背景概要

一、决策之于足球的重要性

足球是一项22人同场竞技的开放性体育运动项目，时空资源争夺激烈，对抗强度不断升级，运动场景复杂多变，充满或然性。因此，如何在有限的资源下，作出利于球队的最佳决策成为决定比赛结果的最重要因素。虽然竞技成绩由多种因素共同决定，但意识在诸因素中处于支配地位。意识是球员的灵魂，是球员场上行动的指南。其特点表现为观察中的及时性、思维中的潜在性、决策中的瞬间性和行动中的显现性等。在球员的意识形成过程中，感知觉、思维决策和行动反应是三大重要环节，而决策是意识中的重中之重。因为球员在比赛中的一切行动皆由大脑支配，且决策在前、行动在后。高水平比赛的胜负往往由球员的战术决策水平决定。球员历经多年训练，其技术一般无显著差异，但比赛中运用技术的能力即技能水平参差不齐。简言之，世界级球星与一般球员的区别就在于比赛中决策能力水平的高低。一名优秀的足球运动员，不仅要学会用脚踢球，更要学会用脑子踢球。为此，在足球训练和比赛中应致力于决策水平的训练和提高。

二、校园足球发展的客观需求

2014年11月26日，国务院召开全国青少年校园足球工作电视电话会议，决定将足球纳入学校体育课程教学体系，作为体育课必修内容；为喜欢足球和有足球特长的学生提供训练机会，妥善处理好学习与训练之间的关系。❶ 2015年3月16日，国务院办公厅发布了《中国足球改革发展总体方案》，预计到2025年将建成5万所足球特色学校，推动成立大中小学校园足球队，抓紧完善常态化、纵横贯通的四级联赛；通过培训现有专、兼职足球教师和招录等多种方式，提高教学水平，到2020年，完成对5万名校园足球专、兼职足球教师的一轮培训。❷ 通过对以上政策的解读，真正做到了"足球从娃娃抓起"——扩大足球人口、建立四级竞赛体系、提高教学水平。由现在的5000多所中小学足球特色学校到2017年的2万所，再到2025年的5万所，不仅是数量上的增加，更应该是质量上的累积。中国足球"三步走"战略任重道远，要完成预定目标需要高水平的后备人才队伍。校园足球为中国足球的发展提供了选材平台，数量与质量的矛盾要求校园足球可以为球员提供全面、科学的训练。然而，现阶段声势浩荡的校园足球发展并不如媒体报道的那般顺利。除场地、器材、资金、校长、家长、安全等问题外，笔者认为最重要的是校园足球教练员与指导性训练材料。校园足球教练员水平不足、指导性材料的缺失必然导致校园足球人

---

❶ 教育部. 在全国青少年校园足球工作电视电话会议上的发言 [Z]. 全国青少年校园足球工作电视电话会议发言材料, 2014.11.26.

❷ 国务院. 中国足球改革发展总体方案 [S]. [2015] 11号.

才培养失衡及培养过程中某些成分的缺失。

三、青少年身心发展规律与足球项目规律结合的客观要求

优秀足球运动员的成才规律都是从小酷爱足球，并从少年时代起经过多年、系统、卓有成效的刻苦训练，使其自身的潜能得以充分展现而造就成才。因此，青少年足球训练被视为造就球星的基础工程，是足球训练系统的重点阶段，受到世界各国的普遍重视。青少年足球训练有其自身的特点和规律，教练员必须认真探索和遵循。[1] 从下页表中可以看出：决策意识在孩子刚接触足球时便开始发展，并随身心发展水平的提高而提高。可以说，战术决策能力的发展是一个渐进的历史发展过程。成年足球运动员战术决策能力的发展以青少年战术决策能力水平为基础，是其继续发展的延续。"少年强则中国强"，同样的道理，青少年时期的战术决策能力发展水平决定了成年足球运动员战术决策能力水平训练起点的高低。纵观国内外对我国各年龄段足球运动员的评价，足球意识差是影响中国足球水平迅速提高的重要因素。[2] 因此，如何提高足球决策能力是迫切需要解决的问题。这要求细化针对决策能力发展过程的研究，为战术决策能力的训练与提高提供设计依据及理论支撑。

---

[1] 秋鸣，赵人英. 足球ABC——青少年足球基础训练［M］. 北京：北京体育大学出版社，2009.

[2] 王崇喜. 足球意识与训练内容因素的相关研究［J］. 北京体育学院学报，1989（2）：70-75.

表 1-1-1　不同年龄段青少年身心发育特点、运动能力特征和阶段训练重点❶

年龄	男生身心发育特点、运动能力特征和阶段训练重点
7-10 岁	处于生长发育缓慢阶段；肌肉与骨骼发育落后；呼吸与神经系统正处于发育期；心血管机能不适宜长时间运动及高强度运动；模仿能力强；注意力不能持久；好奇、兴趣广泛。此阶段主要培养足球兴趣，学习基本技术和意识，发展柔韧、灵敏、协调素质。
11-12 岁	肌腱增大、肌纤维增粗、肌肉质量开始变化；骨骼继续发育；心血管系统、呼吸系统、神经系统继续发育，但变化不十分明显。注意力的稳定性、情感的自制力、逻辑思维能力都在明显提高。此阶段是速度、灵敏、爆发力、柔韧等各项运动素质发展的敏感期，是打好全面基础的最佳时期。
13-14 岁	少年发育阶段开始，身高快速增长；肌肉发生变化，肌肉耐力增长；呼吸系统、心血管系统快速增长。结合专项发展各项运动素质，特别是快速力量（爆发力），使技战术、意识、身体、心理诸方面得到全面发展。
15-16 岁	进入性发育期，身体各系统发育增强，承受高强度训练能力提高；呼吸、心血管系统发育达到较高水平。此阶段要结合运动专项发展耐力，提高速度，适当发展专项力量；注重提高个人和整体的实战能力；注重加强心理训练。
≥17 岁	性发育已进入成熟阶段，呼吸、心血管系统和肌肉、骨骼系统逐渐达到高值，无氧代谢能力达到较高水平。此阶段以提高实战能力为主，提高训练和比赛的强度；加大力量训练比重，特别要注重与专项相结合的力量训练；加强心理训练；积累个人和整体实力，力争表现出最佳竞技水平。

四、文献研究的补充

通过中国知网、EBSCO 等文献数据库，查阅了大量有关"战术意识""足球意识""运动决策"方面的文献资料。发现：①理论上的研究——概

---

❶ 麻雪田，李仪．足球比赛理论与实践［M］．北京：北京体育大学出版社，2008．

念、构成因素、影响因素及培养等方面均已达到了相当的高度，说明人们已充分认识到意识的重要性。然而，针对意识发展过程特点的研究缺乏。②具体到"决策"的研究，多集中于对专家与新手间的决策速度、决策准确性以及产生决策差异原因的探讨，缺乏对决策准确性测试过程中所表现出来的决策特征的研究。而且几乎所有决策研究的对象选择皆是职业运动员，缺少对不同年龄段青少年球员决策发展特征的研究。③考量战术决策的研究指标不够全面，多数研究仅选择了决策的某一指标或几个指标进行研究。这样就决定了战术决策研究的结果不够全面。

总的来说，对如何培养和发展运动员的战术决策能力上，表现得缺少理论依据。特别是对不同年龄段的足球运动员在如何发展战术决策能力方面，缺少明确的理论指导，使得在实践操作过程中盲目性较大。而且战术决策能力的研究受到了大量研究文献的束缚，被抽象的理论弄得纠缠不清、用晦涩难懂的语言进行阐述，脱离了现实的需求，缺乏实证性研究。青少年儿童正处于认知能力迅速发展的重要时期，对9-17岁男子足球运动员战术决策能力的发展过程进行研究，对于我国青少年男子足球运动员训练依据的设计及丰富培养理论有积极作用。

第二节 研究目的与意义

一、研究目的

随着足球运动的不断发展，人们对足球运动项目制胜规律的认识逐步加深，进而带来青少年培养理念及训练设计的不断更新。高水平竞技比赛胜负的决定因素是球员的战术决策能力水平，球员战术决策能力的优劣决定了球队水平的高低。换句话说，足球是一项智力游戏，要学会用脑子踢球。克鲁伊夫曾说：比赛中比别人跑得快不是因为腿快，而是因为脑子转得快。因此，总能洞察清晰、先发制人。❶ 很多优秀的国外教练来中国考察人才，都会留下一句话：中国有天赋的孩子很多，可惜太多被练成技术粗糙、不会思考的"废柴"。❷ 这足以说明我国青少年足球运动员的战术决策能力培养存在问题。决策是意识的核心，对青少年儿童足球运动员战术决策能力的培养是提高中国足球塔基水平的关键措施。中国声势浩大的校园足球工程已经启动，截止到2017年，中国将有两万所足球特色学校，足球人口将不再是问题。令人担忧的是：如何保证质量前提下的数量？这是中国校园足球的一个致命痛点。通过对9-17岁男子足球运动员战术决策能力发展过程的研究，期望达到以下目的：①从战术决策的整体方面出发，以定量研究为手段，获得战术决策能力的年龄特征；②从战术决策的具体方面出发，以定量研究为手段，获得战术决策能力各项子指标的年龄特征；③从定性的角度出发，梳理9-17岁男子足球运动员战术决策能力发展过程中的具体表现；④在定量与定性分析的基础上，总结青少年儿童男子足球运动员战术决策能力的年龄特征并剖析特征背后的诱因。通过对以上目的进行研究，以期为青少年儿童男子足球运动员战术决策能力的教学及训练提供设计依据，提高教学与训练的科学性与针对性。同时，与校园足球人才的培养平行对接，使其机体获得最深刻的改造，从而取得最大的训练效益。

二、研究意义

（一）理论意义

决策作为一个具有实际意义的课题，已经引起了国内外学术界的高度关注并产生了大量研究成果。随着研究的深入，决策方面的相关理论已经在体育领域被广泛应用，其表现为运动决策方面的研究成果相继问世。与之相比，将足球领域的战术决策作为研究对象进行全面、系统的研究，无

---

❶ http://sports.sina.com.cn/c/2015-01-27/12257498661.shtml.
❷ http://sports.qq.com/a/20151106/037253.htm.

论是研究成果还是研究者数量都屈指可数。

足球战术决策能力的研究还缺乏一套普适性的理论框架和科学、全面的评价指标体系。因此，本文将决策科学的理论研究引入足球战术决策能力研究，以进一步深化和丰富足球战术决策能力理论研究体系。足球竞技比赛的或然性决定了影响战术决策能力发展的因素是多方位的。因此，有必要借鉴一切与之相关的学科理论和研究成果来更好地指导足球战术决策能力的培养。本书以构成足球战术决策能力的各项子指标作为主线，从年龄角度切入，以定量研究与定性研究相结合的手段对9-17岁男子足球运动员的战术决策能力进行研究。这样，一方面可以拓宽足球战术决策能力研究的方式；另一方面可以提供一个从时间视角研究足球战术决策能力的思路。本书通过对我国9-17岁男子足球运动员战术决策能力的年龄特征进行研究，对丰富和完善足球战术决策能力培养的理论研究具有积极意义，可以为青少年足球战术决策能力培养的教学与训练提供理论依据，从而减少盲目性与随意性，这正是研究的价值所在。

（二）实践意义

对9-17岁男子足球运动员战术决策能力的年龄特征进行研究，发掘出战术决策能力各项子指标的快速发展期及其表现出的具体特征，有利于加深教练员对战术决策能力培养的认识和理解。足球运动中，良好战术决策能力的形成是一个长期的过程。青少年儿童一般在9岁开始接受专业的训练，[1] 此阶段是战术决策能力发展的起始阶段。随着年龄的增长和训练时间的增加，运动员的比赛经验和专项知识得以积累，进而促进战术决策能力的提高。掌握了青少年儿童阶段男子足球运动员战术决策能力的年龄特征，可以有针对性地制定相应培养策略，因情施教、合理利用，增加教学和训练的科学性和针对性，使其战术决策能力尽可能快的向最佳决策方向发展。

---

[1] http://e.hznews.com/paper/djsb/20151202/A15/2/.

第三节　研究假设与研究创新点

一、研究假设

随着年龄的增长，青少年儿童男子足球运动员的战术决策能力逐渐提高。战术决策能力的各项子指标在发展的过程中会出现各自的快速发展期，并在10岁时出现发展的转折点。

二、研究方法上的创新

以运动情景的复杂性、不确定性为背景，采用视频定格法与图片定格法相结合的方式，模拟足球比赛中的观察、判断、决策及行动的整个过程，并融入决策时间压力，以尽可能地提高研究的生态学效度。这种研究方法充分考虑了足球战术决策的研究背景，为青少年儿童男子足球运动员战术决策能力的研究提供了新思路。

三、研究内容上的创新

从攻防两个方面，相对全面地研究战术决策能力并将战术决策能力测试的决策选项进行赋值。量化战术决策能力并从定量的角度出发，对9-17岁男子足球运动员战术决策能力的年龄特征进行研究，以期发掘战术决策能力随年龄增长而表现出的发展轨迹。

第四节 研究技术路线

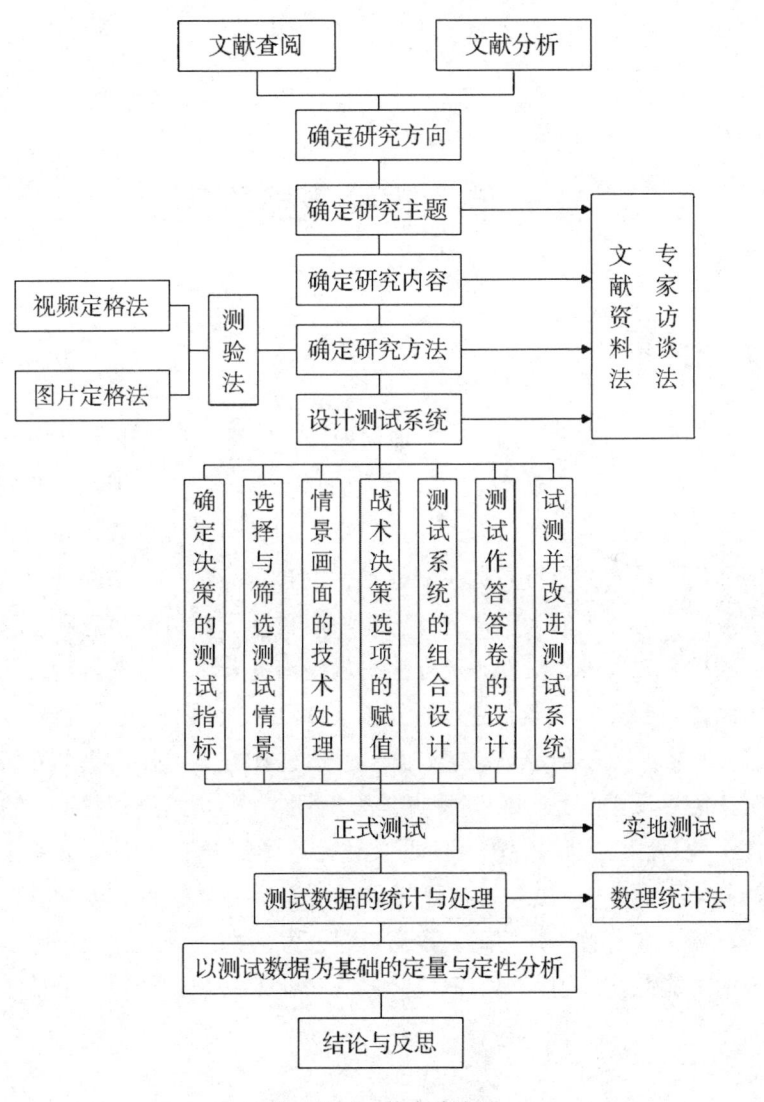

图 1-4-1 技术路线图

第二章 文献综述

第一节 相关概念界定

一、决策

决策是人类固有的行为之一。通俗地说，决策就是做出决定。[1]《马克思主义哲学大辞典》中认为：决策是人们在社会实践中，根据对客观规律及其发挥作用条件的一定认识，在主观意志的参与下进行选择目标和行动方案的活动，是人类所特有的主观能动性的自觉表现。[2]《决策科学词典》中将决策定义为：人们为了达到或实现一个目标，在占有信息和经验的基础上，根据客观条件，借助一定方法，从提出的若干个备选行动方案中选择一个满意、合理的方案而进行的分析、判断和抉择的过程，包括发现问题、选择目标、收集信息、制定方案、评估选择方案、作出决断、组织实施、掌握信息反馈等活动。其特点是智能性、目标性、预测性、选择性、时变性、社会性、实践性。[3]《简明文化人类学词典》中对决策的定义与《决策科学词典》中对决策的解释相似，认为：决策是人们为了实现一个特定的目标，在占有一定信息、数据资料及经验的基础上，根据客观环境和条件的可能性，运用科学的理论、方法和技术系统的计算、分析主客观

---

[1] 黄汉江. 投资大辞典[M]. 上海：上海社会科学院出版社，1990.
[2] 金炳华. 马克思主义哲学大辞典[M]. 上海：上海辞书出版社，2003.
[3] 萧浩辉. 决策科学词典[M]. 北京：人民出版社，1995.

诸因素后所做出的决定。❶《心理咨询大百科全书》中将决策定义为：人们为各种事件出主意、做决定的过程。它是一个复杂的思维操作过程，是信息搜索、加工，最后作出判断、得出结论的过程。一般决策过程包括：①问题识别，即认清事件的全过程，确立问题所在，提出决策目标；②问题诊断，即研究一般原则，分析和拟定各种可能采取的行动方案，预测可能发生的问题并提出对策；③行动选择，即从各种方案中筛选出最优方案，并建立相应的反馈系统。❷马毅认为，决策是人们为实现一定的目标，将信息进行分析综合，进而制定系统化、理论化和具体化的行动方案并准备实施的过程；从认识论的角度看，决策过程就是从实践到认识，又从认识到实践的一个过程；从思维的角度看，决策就是一个信息输入、加工和输出的过程。❸

综上所述，人们从哲学、人类学、心理学、决策科学等不同的视域对决策进行了定义。在前人研究的基础上，笔者提出自己的理解：决策是人所特有的，是为了实现一定的目的，对各种主客观因素加以协调平衡、制定最优方案并准备实施的过程。

二、运动决策

体育运动中，每一个动作都是在大脑的支配下完成的，大脑是运动行为的决策中心。付全认为，运动决策就是运动者在运动情景中感知信息、加工信息和采取行动的全过程，它不同于一般决策任务的主要特点是决策可利用的信息少、时间压力大和结果的不确定性。❹程勇民将运动决策定义为：在复杂的竞赛情景中，在争胜目标指导下预见运动结果并选择运动行为的认知过程。❺杨杰提出：运动决策是运动员在时间压力和不确定的

---

❶ 陈国强. 简明文化人类学词典[M]. 杭州:浙江人民出版社,1990.
❷ 车文博. 心理咨询大百科全书[M]. 杭州:浙江科学技术出版社,2001.
❸ 马毅. 运动决策研究进展[J]. 沈阳体育学院学报,2006,25(5):4-6.
❹ 付全. 运动决策研究综述[J]. 北京:北京体育大学学报,2004,2(6):863-865.
❺ 程勇民. 知识表征、运动水平及其年龄对羽毛球竞赛情景中直觉性运动决策的影响[D]. 北京体育大学,2005(5).

运动情景下，在攻守矛盾冲突中，利用已有信息做出行动选择的过程。❶孟国正将运动决策定义为：在复杂的运动情境中，运动员依据有限的信息量进行信息加工，利用预感、视觉搜索来确认和加工那些必要的信息，并利用这些信息进行合理的决策。❷

基于以上研究，我们可以得出：运动决策是运动员在比赛情景中面对各种压力、为了实现一定目的而对所掌握的各种信息进行处理后，制定行动方案并准备实施的过程。对于复杂的、开放性的运动项目来说，运动决策的水平直接影响运动员技术水平的发挥和运动成绩的好坏。

三、战术决策

决策、运动决策、战术决策三者属于包含与被包含的关系。战术决策具有运动决策的基本特征，运动决策具有决策的基本特征。可以说，针对三者的研究存在由远及近的时间特征，就像地质学中的包含碎块原理，即任何包含其他岩体碎块的岩石必然的比包含碎块的源岩更为年轻的原理。❸

战术决策是具体到各个运动项目的运动决策。战术决策就是运动决策，但因运动项目特征的不同而对各个项目战术决策的定义有所不同。现代足球的前身起源于中国古代的球类游戏"蹴鞠"。蹴鞠又名蹋鞠、蹴球等。蹴鞠运动在唐代快速发展，后传至欧洲，逐渐演变发展为现代足球。❹现代足球是一项团体运动，对手、队友、球、规则会影响到不断变化的个人、小组和集体环境的进攻和防守战术。随着时间的推移，足球运动逐渐演变为快节奏、高对抗，以体能为基础、意识主导技战术的高智商运动。定义足球战术决策需要明确地理解什么是技战术。足球训练领域，存在一个常见却也容易被人误解的概念就是"13岁之前不要教授孩子技战术"。许多青训教练不可避免的生搬硬套，将这句话的表层含义当作教学信条。"技战术"是用来开发战术策略的工具。比赛能够让任何球员展示出自己

---

❶ 杨杰. 运动决策的描述性研究范式——对网球比赛情境中运动决策的心理学探析[D]. 吉林:吉林大学,2005(12).

❷ 孟国正. 高水平排球运动员运动情境中决策行为的脑神经机制研究[D]. 北京:北京体育大学,2011(6).

❸ http://baike.so.com/doc/2315140-2448909.html.

❹ 丛振. 敦煌游艺文化研究[M]. 北京:中国社会科学出版社,2019.

的个性特征，这种特征需要球员在攻防时做出大量的快速决定。针对"技战术"的讨论，应该是球员该如何快速做决策。比赛中的任何一个行动都是技战术，因为这些决策都来自球员自身。决策是一种能够在后天增强或者削弱的能力，主要看教练员是否会在孩子的发展过程中有意识地进行培养。年龄不是问题，"技战术"素养可以引导到孩子比赛或训练的个人场景中，在合适的场景下引导孩子学会做出决策。球员的"技战术"素养并非一支球队的"战术"，而是用来执行发展这个战术的工具。"技战术"素养是球员自我决策能力的体现，即战术决策能力。战术决策能力属于比赛智商。比赛智商是一种可以让运动员在足球比赛场上面对高压时快速认清和适应情形的能力。❶ 众所周知，实践、检验和观察可以让孩子们获得各种不同的体验。更进一步地体验和理解这些经历可以让孩子们在面对不同情形时具有正确的行为模式。通过教练员的指导，孩子们可以逐步发现在足球比赛的大多数情形中可以适用的大量解决办法。此外，足球运动员必须具备良好的洞察力、正确分析比赛情形和决策制定的能力，只有这样才能很好地在技术上完成意识上已经做好的准备。

基于以上分析，可以将战术决策定义为：足球运动员在比赛中，面对各种压力，快速分析和理解场上的情景、预测可能发展的趋势，并以此为据作出行动方案准备实施的过程。决策研究包含了某个行动方式所作决定的整个过程，其是根据结果进行评价的。

四、足球运动员

运动员是体育学科的专用名词。汉语词典对运动员的解释为：经常从事体育锻炼、运动训练和运动竞赛，具有一定运动能力和技术水平的人员。❷ 足球是由两支队伍在规则的约束下于同一场地内进行攻守的体育运动项目。❸ 可以说，经常从事足球运动训练与足球竞赛，具有一定足球运动能力和足球技术水平的人员即足球运动员。

---

❶ 霍斯特·韦恩. 青少年足球运动员培养训练宝典[M]. 北京：人民邮电出版社，2016.
❷ http://cidian.xpcha.com/8ee68nkxf1u.html.
❸ http://baike.so.com/doc/1926757-2038475.html.

第二节 决策理论的发展

一、决策行为分析理论的产生和发展

决策科学是一个多学科交叉领域,已有百年的历史,涉及心理学、经济学、计算机科学、法律、医学、政治学、哲学等学科,并对会计、金融、市场营销、组织管理等应用领域产生了重要和深远的影响。[1] 决策科学产生和发展于 20 世纪 30 年代,现代决策理论是在 20 世纪 40 年代后发展起来的。现代决策理论与传统决策理论有根本性的差别,即现代决策理论强调从认知心理学的角度研究决策问题。[2] 现代决策理论是对真实人的决策行为进行的研究,即决策行为分析。决策行为学的研究始于第二次世界大战以后,其发展大致可分为四个阶段:[3]

第一阶段是 20 世纪 50 年代到 60 年代,称为奠基时期。这个阶段最重要的文章是 1978 年诺贝尔经济学奖获得者 H. 西蒙的论文《理性选择的行为模型》。其在文中指出:真实人的理性是有限的。为了指导真实人的决策行为,就要用一种符合实际的理性行为来取代经纪人全智全能的理性行为。由此,引出了对决策者和决策环境之间的关系等方面新的、更为深入的研究。其论文被看作是决策行为分析理论的奠基之作。

第二阶段是 20 世纪 70 年代到 80 年代初。这是决策行为分析理论开拓基础的阶段。这个时期,围绕着西蒙提出的问题,学者们展开了热烈的学术讨论。其中,特别应该提到的是 A. 特沃斯基以及 D. 卡纳曼的学术观点,他们认为:人们的直觉推断是非常有用的。它们大大减少了推断过程的复杂性。但是,有时候直觉推断会导致严重的、系统的偏差。在他们的带动下,出现了一系列关于人的直觉推理的实验研究。实验结果令人吃

---

[1] Jonathan Baron. 思维与决策[M]. 北京:中国轻工业出版社,2009.
[2] 周菲. 现代决策理论的认知心理学基础[J]. 社会科学辑刊,1996.
[3] J. Edward Russo,安宝生,徐联仓,等. 决策行为分析[M]. 北京:北京师范大学出版社,1998.

惊，不仅年轻的、缺乏经验的人在凭借直觉决策时会犯错误，而且经验丰富的人在没有经过行为决策的专门训练时也很难避免落入决策陷阱之中。

第三阶段是 20 世纪 80 年代中后期。这是一个整理思想、逐步深化、形成体系、应用实践的阶段。这里要特别提到《判断和选择》及《决策陷阱》两本书。《判断和选择》归纳和澄清了决策行为研究中的一系列基本概念和研究方法，以致至今几乎所有学习和研究决策行为的人都把它视为核心参考书。《决策陷阱》则运用了许多生动的案例，深入浅出地讲述了决策行为分析的理论，并将这些理论运用于分析企业家的决策实践。该书提出：一个好的决策过程应由四个部分组成，即建立决策框架、采集信息和集中智慧、通过判断和选择得到结论、从经验中学习。该书讲述了作为一个企业家在决策的每一部分思维和运作的正确方法和策略。它还指出了在判断和选择的过程中决策者必定会遇到的决策陷阱以及如何防止落入陷阱。

第四阶段是 20 世纪 90 年代。这是一个决策行为学进一步发展的阶段。在理论研究方面，特沃斯基和卡纳曼提出了关于主观概率的 S 理论。在这个理论中，他们考虑到真实人因为对同一事件的不同描述可能会给出不同的判断，提出了与其他理论不同的模型。杜克大学商学院决策中心的培纳教授等人提出了"适应性决策"理论，研究了不同环境条件下，决策者的决策策略的适应性。儒索教授提出了"智能框架"理论，研究了在决策过程中决策者决策框架的构造、变化及应用的技巧。

儒索教授曾说，决策是一门实践性很强的学科。决策行为分析家如同体育运动中的教练员。一个好的教练员应该帮助运动员发挥他们最大的潜能。教练员经过长期的研究了解缺乏训练的运动员会犯哪些典型错误，也通晓在比赛中获取好的成绩的技术和策略。基于此，在训练中集中于几个关键点，使得运动员一旦掌握这些要点就能大幅度提高自己的运动水平。在实践应用方面，决策行为学研究也取得了许多引人注目的成果。特别是在商业、医疗、法律等领域都被广泛应用。有关决策行为分析的研究成果还被运用于计算机辅助决策支持系统的设计。

二、决策科学的研究范式

决策科学与其他一些科学有很大的差别，其运作不是从一种统一的范式来进行的。相反的，需要从两种范式来考虑：标准化范式（normative paradigm）和描述性范式（descriptive paradigm）。两种范式各自具有自身的优势又相互竞争。❶

标准化范式与经济学相联系，同时汲取了统计学及某些工程技术的成分。描述性范式则与心理学，特别是认知心理学有密切关系。标准化范式的目标是建立最优化或完全理性的、普适的决策模型。这类模型完全是以定量化的形式出现的，其体现理性决策的原则。这类模型详细阐明的是一种理想化的决策行为。与这种标准化的观点相反，描述性范式仅仅试图对真实决策者的决策行为作出描述性的说明，并一步步描述决策者实际上进行的认知与思维过程。

随着20世纪60年代末进行的认知革命，描述性学派的研究者开始探索作为决策基础的认知过程。这是一个最纯粹的描述性研究大发展的阶段，也是描述性范式工作的最出色阶段。为了对决策科学中这两个相互竞争的学派——标准化范式与描述性范式进行比较，整理了两种范式的特征（表2-2-1）。

表2-2-1 标准化范式与描述性范式的比较❷

范式的要素	标准化范式	描述性范式
理论	理性原则	以认知过程为基础的实验
理论目的	建立最优化决策的普适模型	理解人在有限范围内的决策
应用目标	显示决策缺陷，帮助人们达到最优化决策	通过对决策者的训练，帮助决策者提高决策水平
主导方法	数学模型和计算测量主观效用	过程跟踪、知识提取和表达
科学根源	经济学、统计学	心理学、社会学、政治学
研究者角色	机器人工程师	教练

从表2-2-1可以看出，两种模式中研究者所扮演的角色不同。标准化范式下从事决策研究的人所起的作用像是决策机器人的制造者。其目标是

---

❶ J. Edward Russo,安宝生,徐联仓,等. 决策行为分析[M]. 北京:北京师范大学出版社,1998.

❷ J. Edward Russo,安宝生,徐联仓,等. 决策行为分析[M]. 北京:北京师范大学出版社,1998.

详细说明有关建立一个电脑机器人所需要的一切问题。与之相反，描述性范式的研究者可能被看作是教练员。这类研究的目标是理解在特定决策环境下决策者面对的特定要求以及决策者在决策过程中所受到的特殊限制，然后帮助决策者克服环境提出的挑战。与标准化范式相同的是，描述性范式的研究者同样会告诉决策者如何避免决策陷阱并作出更好的决策。但是，与标准化范式的研究者不同的是，描述性范式研究者的目标并不是一味地追求完美，直到获得最佳决策，而是去帮助决策者做得比现在更好。这里有着一个基本的问题，即是否存在一种可能，使得人们对每一个任务环境都能制定出最优的成绩标准？当环境变得非常复杂、附有多种相互竞争的目的、不确定因素和模糊性时，人们能够保证自己会辨别出什么是最优吗？许多描述性范式的研究者认为：不可能。实际上，他们会进一步告诉你："最优"仅仅在作出非常强的假设条件下才能做到，而这样的假设往往以忽视那些复杂的、不确定的和模糊的真实决策环境为代价。描述性研究范式总是以帮助决策者的面目出现，它并不着重于将某一特定决策问题作为咨询的任务。描述性研究范式可以使决策者的决策能力大幅提高，从而变成技巧高明的决策者。描述性范式的研究不必花费太多时间在实验室里进行孤立的实验，如描述许多人的行为，而是应该花费更多的时间在自然环境中去研究某个决策的看法，甚至做出实验用以了解该决策者如何在他的工作环境中从心理上适应环境和竞争。[1]

尽管两种范式之间有着许多重要的差别，却绝非水火不容。许多描述性范式的研究者使用标准化范式的模型作为基点。同样，一些经济学家也在收集和分析描述性的事实论据以完善其决策理论。无论将来会如何研究决策，都要学习标准化范式所用的数学的最优化技术，以及描述性范式所用的实验及过程追踪技术，还要特别学习知识提取、表达和人工智能的推理技术。人类的决策，特别是重大的决策，总是非常复杂的。我们只有把各个范式的工具融会贯通，才能更好地进行决策研究。

运动决策具有决策的特性，同时具有强烈的认知心理学研究取向。对运动决策的研究应以系统化的描述性研究范式作为方法论指导，以认知心理学的研究方法为手段，进而对运动员的决策过程进行研究。

---

[1] J. Edward Russo,安宝生,徐联仓,等. 决策行为分析[M]. 北京:北京师范大学出版社,1998.

第三节　运动决策的研究方法

运动决策研究领域，前人在几十年的研究中移植、借鉴和发展了诸多研究方法。关于决策的研究方法，周成林在《竞技比赛过程中认知优势现象的诠释与思考》一文中作出详细阐述，具体方法有：口语报告法、回忆和再认法、眼动记录法、图像定格法、视频定格法、脑功能成像技术。

一、口语报告法

口语报告法又称为出声思维，经 Newell 和 Simon 的发展，在人类复杂的认知活动（如问题解决、决策、学习等）研究中得到广泛应用。[1] 被试在决策过程中的口语报告是一种很重要的了解被试认知过程的材料，也是分析被试认知加工操作序列的有效依据，主要包括三种形式：大声思维、追忆口语报告法以及问题回答报告法。想要获得运动员在知觉预测时加工了哪些信息，口语报告是一种简洁、方便的方法。[2] 口语报告被认为是一种数据。[3] 人们利用口语报告方法所获得信息建立的认知加工模型能用计算机来实现，从而证明了口语报告法的可靠性和有效性。[4] 但口语报告法也存在一些不足，主要是说与做之间存在着不一致性。因此，需要与其他技术配合使用才可发挥较好的研究功效。现代认知科学强调口头报告与思维过程的计算机模拟等多方面材料进行会聚，这种综合与抽象能有效分析和研究思维现象的内在机制。[5]

---

[1] 王长生. 不同逻辑背景对跆拳道运动员直觉思维准确性及决策速度的影响[D]. 北京：北京体育大学，2007.
[2] 周成林. 竞技比赛过程中认知优势现象的诠释与思考[J]. 体育科学，2010，3(10)：13-21.
[3] Ericsson KA, Simon HA. Verbal reports as date[J]. Psychol Rev, 1980(87)：215-250.
[4] 王重鸣. 心理学研究方法[M]. 北京：人民教育出版社，1990.
[5] 梁宁建. 当代认知心理学[M]. 上海：上海教育出版社，2003.

二、回忆和再认法

回忆和再认多被用来检查集体项目运动员对结构信息和非结构信息的加工能力,在个人项目的研究中很少使用。[1] 利用模拟设备或速示器、幻灯片、电脑等仪器呈现完整的静态运动情景画面,要求被试回忆刚才所见情景细节,记录回忆的数量;或者分两次呈现运动情景,要求被试确认最后一次呈现的情景是否是在前一次呈现时见过。

三、眼动记录法

眼动记录法主要研究审视场景和视觉搜索策略,被认为是视觉信息加工研究中最有效的手段之一。在一项体育运动中,存在着瞬息变化的比赛局面,运动员应该能够不断迅速地搜寻到有用的视觉信息同时做出相应的动作反应。[2][3] 运动员在比赛中的视觉搜索及注视情况,可通过眼动仪进行研究。[4] 体育领域中眼动研究观测指标主要有两个:第一,被试注视运动情景时的眼动特征,包括视觉注视的位置、时间、次数、眼动的轨迹、眼跳动的距离和度数等,通过对这些特征的记录和分析,可以归纳出运动员、教练员或裁判员的视觉搜索模式;第二,被试注视运动情景时的决策反应指标,包括反应时间、信息加工效率和动作反应等。前一类是眼动反应直接指标,后一类是认知活动状况指标。体育运动中眼动研究,单纯运用一个或一类指标的研究居多,综合多个指标进行研究的较少。[5]

尽管眼动研究有不同的测量指标,体育运动领域的研究者主要以注视

---

[1] 李今亮. 乒乓球运动员接发球判断的思维活动特征[D]. 北京:北京体育大学,2005.

[2] Williams A M,David S K,Williams J G. Visual Perception and Action in Sport[M]. London: E&FN Spon,1999.

[3] Williams A M,Grant. Training perceptual skill in Sport[J]. Internatioal Journal of Sport Psychology,1999,30:194-220.

[4] 席洁,王巧玲,阎国利. 眼动分析法与运动心理学研究[J]. 心理与行为研究,2004,2(3): 555-560.

[5] Williams A M,Davids K,Bvurwitz L. Visual search and Sports performance[J]. Australian Journal of Science and Medicine in Sport,1993(22):55-56.

点来区分这些眼动指标,这种提法有些不妥。因为注视点位置指的是被试感兴趣的区域。然而注视的次数和时间说明被试信息加工的数量指标。可认为这些指标反映了潜在搜索策略,被试采用这些搜索策略从呈现的图像中提取出有意义的信息。❶ 然而上述假设并没有被完全接受,还存在着一些潜在局限性。这其中最有疑问的是"看"与"看到"(注视一个区域而没有提取信息)和"注视"与"信息提取"(注视一个区域而从其他区域提取信息)。这些局限性使研究者有必要考虑使用更有效的信息提取观察方法,如口语报告分析或使用实验干预以及呈现信息的回收。❷

四、图像定格法

图像定格技术指通过电脑等播放设备向被试呈现准备好的特定运动场景,采用定格技术将特定的时空信息隐藏,要求被试对此情景进行决策,记录反应时间和正确率,以此来判断专家与新手间的差异。在运用此方法时,研究者可采取时间定格或空间定格。时间定格指在关键性的信息出现时进行定格,空间定格指屏蔽画面中出现的一些信息,要求被试进行预测判断。❸

脱离于环境的认知是不存在的,运动决策的研究不可能脱离运动情景。图像定格法考虑了认知现象的现实性,但其研究过程中的静态性与真实比赛环境中的动态情景变化不符。其只考虑了决策的某一段而忽略了决策的整个过程。因此,图像定格法具有自身的局限性。

五、视频定格法

视频定格技法克服了图像定格法的静态性,增加了真实场景的生态

---

❶ Williams A M, David S K. Visual search strategy, selective attention, and expertise in soccer[J]. Res Q Exe Sport,1998,69: 111-128.

❷ Williams A M, Janelle C M, and Davids K. Constraints on the search for visual information in sport [J]. International Journal of Sport and Exercise Psychology,2004(2):301-318.

❸ 程勇民. 知识表征、运动水平及其年龄对羽毛球竞赛情景中直觉性运动决策的影响[D]. 北京:北京体育大学,2005.

性，被认为是一种探查被试信息利用情况的有效工具，是目前认知运动心理学领域最流行的实验方法。这种方法的任务设计在机理上接近运动员真实情景中的决策过程。因此，所得实验室结果较为客观，生态学效度也较好。在当代认知心理学中，生态学的研究已经成为一种范式，直接导致认知心理学开始重新关注更具现实性的认知现象，使研究尽可能贴近人们实际生活，减少研究情景的人为性。运动决策的研究不可能脱离运动情景，换言之，研究者必须要考虑运动任务的特点。Neisser（1982）就曾呼吁，脱离于环境的独立认知是不存在的，研究者必须重视生态学效度。[1] 这种情况下，运动决策的研究者开始大量采用模拟运动情景的方法，从而使视频定格技术成为运动决策研究中使用最多的技术。

六、脑功能成像技术

对正常人进行脑功能成像研究，包括 ERP 和 fMRI 等研究。事件相关电位记录技术是我国学者使用最多的方法，在知觉、注意、学习记忆、言语、思维等多个领域的研究中取得了令人瞩目的成果，其中不乏具有国际领先水平的成就。事件相关电位是通过给感觉系统或脑的某一部位施加或撤销特定刺激时，在脑区引起的电位变化，该技术通过记录分析诱发电位的潜伏期和波幅等信息，揭示人类认知加工的脑机制。在无创性脑认知成像研究技术中，功能性磁共振成像因具有较高的机能定位空间分辨率而倍受青睐；另一方面，ERP 技术在时间分辨率上具有很大优势。然而，单凭此技术却难以确定认知脑神经活动的发生源。对认知功能人脑机制的深入研究要求能够同时对相关神经活动进行精确的机能定位并且能精确观测其动态时间过程。多方式脑功能成像研究将具有高空间分辨率的 fMRI 与具有高时间分辨率的 ERP 技术相结合能满足这样的要求，将是今后方法学发展的必然趋势。[2]

---

[1] Neisser U. Cognitive science: External validity [C]. Paper presented at SUNY - Cortland, New York, 1982.

[2] 周成林. 竞技比赛过程中认知优势现象的诠释与思考 [J]. 体育科学, 2010, 3 (10): 13-21.

第四节 运动决策的研究成果

通过对运动决策（sport decision-making）相关文献的研究，发现运动决策的研究成果主要体现在专家与新手之间的对比，并据此分析产生差异的原因。具体包括知觉预测、视觉搜索、知识表征、记忆容量、知觉技能训练等对运动决策的影响。所有研究成果的取得都是借助运动项目进行的实证研究，涉及的项目包括篮球、足球、排球、羽毛球、网球、手球、击剑、散打、激流项目等。因此，将以足球项目与其他项目两类进行综述。

一、足球项目运动决策研究成果

足球项目是一项攻防转换快、对抗激烈的开放式运动。场上情景瞬息万变、战机稍纵即逝，运动员需要根据场上情况，在尽可能短的时间内作出准确的反应。这都是建立在运动员良好的战术决策能力基础上的。

随着人们对决策认识的提高，对体育领域的决策研究逐渐深入。张廷安（1997）运用问卷调查法对少年足球运动员战术意识决策水平进行了研究，发现：训练年限长的队员组在各个难度条件下的得分都比训练年限短的运动员组得分高，并表现出各自的决策特点。❶ 黄竹杭（2004）采用问卷调查法对足球运动员比赛中行为决策发展的年龄倾向进行了研究。研究结果显示：运动员在比赛中的行为决策取决于多种因素的影响，但就行为决策的结果而言，不同年龄段的球员存在着各自的表现特点。低年龄段的运动员存在着战术行动思维决策单因素化的现象，决策中缺乏对比赛过程多因素的考虑，因此行动的合理性受到影响。高年龄段的运动员在比赛战术行动的表现中，瞬间捕捉最佳时机的能力更强，表现出战术决策的准确

---

❶ 张廷安. 我国男子少年足球运动员进攻战术意识思维活动基本特点研究[D]. 北京:北京体育大学,1997.

和行动的有效。❶ 刘常伟（2008）以普通心理学的思维理论为指导，采用同步摄影法对专业足球运动员和业余足球运动员的场上知觉与思维的时效性进行了实证研究，研究结果显示：足球运动员场上意识是一种特殊的意识，是由人的认知速度决定的，与人的智力无关；足球运动员的场上意识与经验无关，是先天决定的；业余组与专家组的即时反应时间无显著差异，正确率上专家组优于业余组。❷ 刘圣阳（2010）采用专家—新手研究范式结合眼动测试仪对足球运动员的视觉搜索策略进行了实验研究，实验选取了闭合性运动（点球）和开放性运动（3对2）视频作为刺激材料，将视频分为五个时间阻断点，并将播放速度分为正常速度和减慢速度。研究结果显示：两种场景中，运动员组的预测准确率较高；3对2场景中，不同视频播放速度对运动员的预测准确率有影响，是由中枢信息处理容量不足造成的；非运动员没有固定的视觉搜索模式，运动员对不同的场景有不同的搜索模式，对相同的场景具有类似的搜索模式。❸ 王前进（2012）年采用问卷调查法从观察、判断、选择三个方面对我国12-17岁青少年足球运动员的认知规律进行了研究，结果显示：青少年足球运动员战术行为认知受场区、对抗条件影响，对抗条件的影响程度更高；观察、判断、选择的内容和战术思维随着年龄的增长呈现出越来越强的抗干扰能力，场区、对抗条件的影响逐渐减弱，稳定性越来越高；随年龄增长，青少年足球运动员进攻时的观察模式趋向"前向式"和"向心式"，趋向对前方区域内传球路线和对象的判断、趋向对整体战术和小组战术的判断；防守时，判断内容倾向于对方快速进攻路线、方式和前向进攻点。❹ 张晓波（2013）以情绪模型、情绪调节过程模型和自控损耗理论为基础，采用自编的足球运动员决策系统，通过两个系列研究讨论了情绪调节方式及自控能力与足球运动员决策的关系。研究结果表明不同的情绪调节方式会影响足球运动员的决策正确率；评价忽视组的决策正确率显著高于表情抑制组、表情宣泄组和简单观看组。情绪调节的效果受到足球运动员自控能力

---

❶ 黄竹杭.足球运动员战术意识的构建过程及训练策略设计[D].北京:北京体育大学,2004.
❷ 刘常伟.足球运动员比赛场上知觉与思维的时效性研究[D].北京:北京体育大学,2008.
❸ 刘圣阳.足球运动员视觉搜索策略研究[D].上海:上海体育学院,2010.
❹ 王前进.青少年男子足球运动员战术行为认知水平发展年龄特征研究[D].北京:北京体育大学,2012.

的影响：高自控能力足球运动员的决策正确率显著高于低自控能力的足球运动员，自控能力在决策类型对足球运动员决策的影响中起调节作用。❶ Luis Miguel Ruiz Perez（2014）利用问卷调查法对不同水平足球运动员的感知决策能力、决策焦虑进行了研究，结果显示：随着水平的提高、感知决策能力提高，决策焦虑下降。❷ Sixto Gonzalez Villora（2013）为了评估足球运动员比赛表现的技战术知识，采用访谈法，并结合录像法对16名14岁的足球运动员的战术决策和执行进行了研究，结果显示：运动员在获得足球比赛知识前已经具备了足球比赛的战术决策与执行能力，而且在战术决策方面的表现优于执行能力，同时表现出巨大的进攻性和个人能力。❸ Jason Berry（2008）采用结构性访谈对不同水平足球运动员的发展史进行了研究，结果显示运动员需要大约4000小时的训练才有可能成为职业足球运动员，正是大量时间的训练促进了运动员战术决策能力的发展。❹ Megan Lorains（2014）为了探索训练干预对职业足球运动员决策过程中的视觉搜索策略，运用眼动测试仪对正常录像速度、1.5倍正常录像速度、无录像训练干预三组被试训练后的视觉搜索进行了记录，发现：不管录像速度快慢，基于录像观察的干预训练可以改善足球运动员的视觉搜索策略。❺

二、其他项目运动决策研究成果

常金栋（2008）以专家—新手范式为指导，运用自制的《模拟篮球运动情境运动决策测试系统》对不同水平篮球运动员的决策反应时和准确性

---

❶ 张晓波，迟立忠．情绪调节与自控能力对足球运动员决策的影响[J]．北京体育大学学报，2013,36(8):83-88．

❷ Luis Miguel Ruiz Perez. Self-perceptions of decision-making competence in Spanish football players[J]. Acta Gymnica,2014,44(2):77-83.

❸ Sixto Gonzalez Villora. Tactical awareness, decision making and skill in youth soccer players (under-14 years)[J]. Journal Of Human Sport And Exercise,2013(1):412-425.

❹ Jason Berry. The Contribution of Structured Activity and Deliberate Play to the Development of Expert Perceptual and Decision-Making Skill[J]. Journal of Sport & Exercise Psychology, 2008(30):685-708.

❺ Megan Lorains, Derek Panchuk, kevin Ball, Clare Macmahon. The Effect of an Above Real Time Decision-Making Intervention on Visual Search Behaviour[J]. International Journal of Sports Science & Coaching, 2014,9(6):1383-1390.

以及决策时的自信心水平进行了研究,结果显示:专家决策具有合理性、直觉性和稳定性的特点,新手不具备直觉决策的能力;认知决策与直觉决策在简单与复杂运动情景中可以相互转化;运动水平从高到低呈现出决策准确性下降的趋势;专家自信心水平与决策准确性相一致。❶王明辉(2007)以决策的准确性和决策的速度为判断标准,采用3×2×2的实验设计,对篮球运动员决策过程中的眼动特征差异进行了研究,发现:不同水平篮球运动员注视不同难度场景图片时,眼动指标与决策速度、准确性都存在显著差异;不同水平篮球运动员的信息获得方式、信息加工速度和信息加工效率方面存在显著差异;不同水平篮球运动员运动决策差异的实质是:专项运动知识—专项认知能力—手眼动作联合三者整合的差异。❷ Afrodite C. Lola (2012) 采用实验法研究了显性学习与隐性学习对排球运动员决策准确性和决策时间的影响。被试分为四组:显性学习组、隐性学习组、混合组、控制组,每组被试需要进行实验前测试及四周训练后的测试,研究发现:经过训练后,三组实验组的决策时间均有所提高,控制组未表现出决策时间的提高;混合组比隐性学习组的决策更快、更准确,隐性学习组比显性学习组的决策更快、更准确;显性学习与隐性学习的交互作用更能提高决策速度与准确性。❸ 漆昌柱 (2001) 采用口语报告法,通过对口语记录的编码测量对羽毛球专家—新手在模拟比赛情景中的问题表征和运动思维特征进行比较分析,发现:羽毛球专家和新手在模拟比赛情景中的问题表征存在显著性差异:专家问题表征的概念数量较新手多,主要表现在专家具有更多的总概念、条件概念和行动概念。专家较新手在问题表征的层次结构方面更复杂、精细。专家具有更多的"针对对手"的目标概念和远比新手多的"基于内部信息"的条件概念。专家较新手所表征的概念种类更全面,在"条件—行动"这种概念间联系上远较新手多;羽毛球专家和新手的问题表征反映出专家和新手的运动思维特征不一样:专家解决问题时的运动思维较新手更积极,行动选择表现出更多的战术性和

---

❶ 常金栋. 模拟篮球运动情境中运动决策的实验研究[D]. 重庆:西南大学,2008.

❷ 王明辉. 篮球运动员运动决策准确性和速度差异性的眼动研究[J]. 北京体育大学学报,2007,30(6):774-776.

❸ Afrodite C, Lola George C, Tzetzis Helen Zetou.The Effect Of Implicit And Explicit Practice In The Development Of Decision Making In Volleyball Serving[J]. Perceptual and Motor Skills, 2012, 114(2):665-678.

更高的智能化倾向。从信息加工的方式看，专家在运动思维过程中，较之新手表现出明显的"自上而下"的加工倾向。从思维发展水平看，专家的运动思维表现出"产生式"思维的特点；羽毛球专家和新手在模拟比赛情景中的问题表征及运动思维特征差异，从一个侧面反映出运动思维战术性和直觉性的本质：从问题表征的角度看，条件概念的数量与层次结构可作为运动思维战术性的评价指标。专家建立在"产生式"思维基础之上的线索再认，可作为解释运动思维直觉性的心理机制。❶ 程勇民（2006）采用自主编制的"羽毛球运动决策能力测试系统"，从运动水平、知识表征及年龄三个维度对羽毛球运动员直觉性运动决策的速度和准确性进行了实验研究，实验表明：预期对羽毛球运动水平的作用机制主要依赖预期正确率；直觉性运动决策效果主要取决于关键信息，"出手动作、被动状态、习惯球路、战术意图、比赛局势"等是羽毛球运动员直觉性运动决策的关键线索；10-14岁是羽毛球运动员直觉性运动决策能力发展的快速增长期，14-20岁为平台期，20岁以后为缓慢发展期；专项知识贫乏和传授不足可能是导致直觉性运动决策能力发展平台期的重要原因。❷ 赵用强（2008）通过实验——眼动实验及网球运动员决策能力测试系统，探讨了生理成熟、运动水平和知识经验、运动情景对青少年运动决策能力发展的影响。研究结果显示：随着年龄的增长，青少年网球运动员的眼动模式有效性提升，具体表现为注视次数、注视时间、眼跳距离等眼动指标上的发展，能更快、更有效地注视到有效信息；青少年网球运动员的决策速度、准确性受运动水平、信息量的影响，在相同信息量的情况下，运动水平越高其决策速度越快、准确性越高。运动情境中信息量越大，决策速度越慢，决策准确性越低；青少年网球运动员的决策速度随着年龄的增长而加快，决策准确性随着年龄的增长而提高；青少年运动员决策能力年龄差异的实质是"信息获取—信息加工—采取行动"三者整合的差异，影响因素包括眼动模式、生理成熟策略、运动水平和知识经验以及运动情境中的信息量大

---

❶ 漆昌柱. 羽毛球专家—新手在模拟比赛情景中的问题表征与运动思维特征[D]. 北京：北京体育大学，2001.

❷ 程勇民. 运动水平、知识表征及其年龄对羽毛球竞赛情景中直觉性运动决策的影响[J]. 体育科学，2006，26（1）：86-95.

小。❶ 赵洪朋（2010）以运动专家认知优势的后天经验说为理论指导，以运动员信息加工过程为主线，将知觉预测过程分为视觉搜索、动作识别、预判三个环节，采用专家—新手范式，综合运用事件相关电位技术和眼动记录技术，对优秀散打运动员信息加工各阶段的认知特征与神经机制进行了探索性研究。研究结果显示：优秀散打运动员一般情境视觉搜索时投入的心理资源多、注意力集中程度高，进而保证了快速、准确反应。一般情境搜索难度未影响搜索速度，但随着难度加大，心理资源消耗量增多；优秀散打运动员通过动用较多的心理资源对有效进攻点进行精细加工，进而提高了视觉搜索的速度和准确性。搜索难度越大，动用的心理资源越多，加工速度越慢；优秀散打运动员技术动作识别时通过动用较多的心理资源，有效抑制了无关刺激的干扰，将注意力指向关键信息，使信息匹配速度加快，从而提高了技术动作识别效率。❷ 王利（2010）运用问卷调查法、图像呈现法、口语报告法对不同水平激流运动员不同压力情境下的运动决策特征进行了研究。结果显示：不同水平的激流运动员在不同压力情景下的决策准确性有显著差异，专家组的运动决策准确性显著高于新手组；高压情景与低压情景相比，激流运动员对知识的提取增加，在决策过程中表现出更多的对目标信息的激活和对信息评估的加工。同时，高压情景下运动员对无关信息关注的增加可能会影响运动员的决策加工，运动员在高压情景下会更加努力以保证最后行为及过程的高效，但这种努力也可能带来自动化加工受阻；决策过程中，专家组在高压下更多激活了对信息的消极评估，新手组则更多激活了对信息的积极评估；高压与低压情景相比，专家和新手都更多地表现出对自己内部技能目标的更多关注和技能选择；激流运动员在高低压两种情景下的成绩变化，主要与运动员对结果目标和信息评估的控制有关，尤其是对消极信息评估的控制。在高压情景下，运动员出现的更多结果期待和消极信息选择不利于其成绩的提高。❸

---

❶ 赵用强.青少儿网球运动员决策速度和准确性的年龄差异研究[D].湖南：湖南师范大学，2008.
❷ 赵洪朋.优秀散打运动员知觉预测过程认知特征与神经机制研究[D].上海：上海体育学院，2010.
❸ 王利.激流运动员在压力情境中的运动决策特征[J].武汉体育学院学报，2010，44(12)：47-51.

第五节 运动决策的研究趋势

通过对以上文献的分析,总结了运动决策领域研究的趋势:认知心理学是运动决策研究的主要方向;复杂的运动情景是运动决策研究不可脱离的基础;实证研究是运动决策研究的重要方式;高生态效度是设计运动决策研究方法首先要考虑的因素。

一、认知心理学是运动决策研究的主要方向

运动决策是体育运动学习与训练中必不可少的一个重要环节,因而体育运动中涉及决策问题的研究屡见不鲜。运动员在复杂的运动情景中搜索什么样的信息?如何加工信息并进行决策?这些问题成了运动心理学家密切关注的焦点。❶《国际运动心理学杂志》(International Journal of Sport Psychology)曾出版了三期关于运动决策与专家—新手研究的专辑❷,这充分说明了运动决策研究的认知心理学方向。运动领域最适合进行决策研究,运动决策的直接结果可以很容易被观察甚至测量。由于运动行为具有外显特点,运动决策成为运动认知心理学研究的最好素材。因此,运动领域可以被称为决策研究的实验室。一方面,运动决策为认知心理学的研究提供了有效的实验场所和条件;另一方面,认知心理学的研究成果为运动实践过程中的决策提供了有效的理论指导。

二、复杂的运动情景是运动决策研究不可脱离的基础

运动过程中的决策是在瞬息万变的运动情景下作出的。因此,运动决策的研究必须考虑运动项目特点。认知过程依托于背景环境,脱离环境的认识是不存在的。在每个情景中都会出现队友、对手、球等,现阶段球的

---

❶ 付全.运动决策研究综述[J].北京体育大学学报,2004,2(6):863-865.
❷ 马毅.运动决策研究进展[J].沈阳体育学院学报,2006,25(5):4-6.

位置在哪儿？运动的方向是什么？防守队员在哪儿？队友在哪儿？队友在哪儿接应？队友跑向何处？下一步会出现何种场景？这些问题都会出现在运动场景中，是决策者决策过程中必须要面对的情景问题。鉴于此，运动员如何进攻？如何防守？这些都是运动决策研究过程中必不可少的背景材料。因此，运动决策的研究必须以复杂的运动情景为基础。

三、实证研究是运动决策研究的重要方式

理论探讨与实证研究是两种不同的研究思路。运动决策是在复杂的运动情景下作出的选择方案，复杂的运动情景是运动决策研究的背景，其结果通过行为直接显现。因此，实证研究是运动决策研究的重要方式。张力为、毛志雄曾经归纳了运动认知心理学研究思路的三个重要特点：第一，强调分解，即把一个综合的、宏大的问题降解为更小的、可以操作性测量的心理学构念；第二，强调实验，即采用实验室实验方法而不是思辨的方法进行探索；第三，强调情景，即在具体运动情景中而不是一般情景中进行探索。❶ 这充分说明了实证对运动决策研究的重要性。

四、高生态效度是设计运动决策研究方法首先要考虑的因素

效度是测量的准确性或有效性，指测量工具或手段能够测量出所需测量事物的准确程度，其反映了所需测量的概念与其操作性定义的契合程度，契合程度越高测量效度越高。❷ 效度是科学的测量中必须具备的最重要条件，即任何测量工具首先要保证其准确性和有效性。缺乏效度的测量，即便其信度再高也无任何意义。运动决策研究至今，发展出诸多研究方法，如口语报告法、回忆和再认法、眼动记录法、图像定格法、视频定格法、脑功能成像技术等。在当代认知心理学中，生态学的研究已经成为一种范式，使研究尽可能贴近人们的实际生活，减少研究情景的人为性，

---

❶ 张力为,毛志雄. 运动心理学[M]. 上海:华东师范大学出版社,2003.
❷ 体育科学研究方法编写组. 体育科学研究方法[M]. 北京:北京体育大学出版社,2013(8).

即生态学效度,这直接导致认知心理学开始关注更具现实性的认知现象。❶ Neisser 曾呼吁:脱离于背景环境的独立认知过程不可能存在,研究者必须重视生态学效度。❷ 在实际的研究工作中,研究者通常综合运用各种方法,扬长避短,发挥各种方法的优势以更好地保证研究结果的客观性与有效性。在这种情况下,运动决策的研究开始大量采用模拟运动情景的方法以保证研究的生态学效度。

第六节 已有运动决策(足球)研究的不足

已有关于运动决策的理论探讨和实证研究取得了许多有价值的结论。足球战术决策研究同样取得了一些有价值的研究成果。这些研究为我们进行后续的验证和更深入的探索提供了理论基础和实证支撑。但已有足球战术决策研究仍存在有待进一步梳理和整合的问题,包括战术决策研究测试指标不够全面、战术决策发展趋势测试对象年龄跨度小、战术决策研究缺乏时间压力、战术决策研究缺乏定量探讨等问题。

一、战术决策研究的衡量指标不够全面

战术决策能力属于球员体、技、战、心、智竞技能力模型中的智力,是球员战术意识中的一部分。因此,对战术决策能力的评价必须考虑项目特点。足球竞技比赛是双方互相攻防的动态过程,比赛中的攻防决策能力构成了足球运动员的战术决策能力。因此,衡量球员战术决策能力的指标必须包含攻、防两方面,从整体上去把握战术决策能力的发展。

---

❶ 周成林. 竞技比赛过程中认知优势现象的诠释与思考[J]. 体育科学,2010,3(10):13-21.
❷ Neisser U. Cognitive science: External validity[C]. Paper presented at SUNY - Cortland, New York,1982.

二、战术决策发展趋势研究的测试对象年龄跨度小

以往关于足球战术决策能力发展趋势的研究，存在着年龄跨度小的不足。现有研究不管是运动决策研究还是足球战术决策研究，多数研究的测试对象仅包含了两到三个年龄水平，水平间的相似性会使结果缺乏稳定性。足球运动员的培养需要经历多年，因此，对足球运动员战术决策能力发展趋势的探讨需要从较大的年龄跨度角度去研究。

三、战术决策研究缺少时间压力

时间是影响人类决策制定的一个重要维度，作出决策是一个消耗时间的过程。战术决策是足球运动员在比赛中，面对各种压力，快速分析和理解场上的情景、预测可能发展的趋势，并以此为据作出行动方案准备实施的过程。因此，战术决策的研究必须考虑真实比赛情景下的时间压力。但是现阶段足球战术决策的研究中并没有将时间压力考虑在内，这会造成战术决策研究成果的客观性不足。因此，研究结论的价值会受到影响。

四、战术决策研究缺乏定量探讨

以往关于战术决策的探讨多是对战术决策测试数据进行定性分析，探讨不同年龄段战术决策的表现特征，缺乏有关战术决策能力发展速度等方面的研究。可以说仅考察了战术决策的定性表现特征，而没有考察战术决策的定量表现特征。通过定量分析对战术决策能力的发展过程进行研究，发现战术决策能力随年龄的增长所表现出的速度特征，定量研究辅以定性研究，可以更全面地描述战术决策能力的发展特征。

第三章 研究对象与方法

第一节 研究对象

以9-17岁男子足球运动员战术决策能力的年龄特征为研究对象。由于测试对象的总体边界不清无法制作抽样框。因此,采用立意抽样(又称判断抽样、主观抽样),即依据主观判断选取可以代表总体的个体作为样本。在设计样本规模时,精度要求与费用、抽样误差与非抽样误差始终是两对难以处理的矛盾。[1] 鉴于以上两个因素,选取山东鲁能泰山足球学校U9、U10、U11、U12、U13、U14、U15、U16、U17等梯队为测试对象,如表3-1-1所示。

表 3-1-1 测试对象样本量

年龄	U9	U10	U11	U12	U13	U14	U15	U16	U17
人数	19	16	26	27	33	27	24	24	20

---

[1] 袁方. 社会研究方法教程[M]. 北京:北京大学出版社,2013(8).

第二节 研究方法

一、文献资料法

以"认知心理学（cognitive psychology）""运动决策（sports decision-making）""足球（football）"等为主题，通过国家图书馆、北京体育大学图书馆、清华大学图书馆查阅相关方面的书籍资料；通过 CNKI、WOS 查阅相关方面的核心期刊论文，以了解运动决策领域研究的发展动态及前沿热点。对现有资料进行梳理，由上而下，层层递进，逐步归纳出与研究主题相关的核心知识，为论文整体思路的梳理、测试方法的设计等铺垫理论基础。

二、专家访谈法

访谈分为两个阶段，第一阶段为座谈会的形式，即将专家集中起来进行共同讨论，讨论主题涉及研究思路、测试方法设计、测试指标的确定等方面。通过笔者与专家之间的交流、专家相互之间的互动，完善论文的整体设计思路；第二阶段以个别访谈的形式进行。针对论文进行过程中出现的各种问题，如测试对象样本的选择、测试情景视频及图片的筛选、决策选项赋值等问题进行个别访谈，以深入细致的交谈获取专家建议。通过录音笔记录第一阶段与第二阶段的访谈过程，于访谈后反复听取录音，以确保访谈信息的充分利用（表3-2-1）。

表 3-2-1　专家访谈名单

专家	专业技术职称	工作单位
张廷安	教授	北京体育大学足球学院
黄竹杭	教授	北京体育大学足球学院
陈效科	教授	北京体育大学足球学院
李春满	教授	北京体育大学足球学院
任定猛	副教授	北京体育大学足球学院
毛志雄	教授	北京体育大学心理学院

三、测验法

测验法是以间接的方式收集个人的态度、人格结构和心理行为等方面资料的方法。测验法是一种标准化了的程序，受测人对一组预先设计好的刺激作出反应，这些反应使测验者能够以一个数或一组数来描写受测者，并由这个数或一组数推论受测者拥有这个测验所想测量的心理行为的状况。测验按照不同的标准而有不同的分类。目前一般采用的分类系统以心理或生理特征的类型作为分类标准。按照这种分类方法，测验可分为能力与成就测验、人格与兴趣测验两大类。能力测验包括一般智力测验和特殊能力测验。特殊能力指人在专业活动中表现出来的能力，战术决策能力测验即属于特殊能力测验。因此，战术决策能力测试过程的设计皆按照测验的标准化程序进行。所谓的标准化包括两方面的内容：①测验必须经过标准化的程序进行编制；②使用时必须按标准化的程序使用，即对每一个受试者给予相同的题目、相同的施测条件、相同的计分方法。因此，测验结果是可比的，可作统计分析。[1]

（一）测试系统的设计

1. 测试指标的确定

研究者拟从攻、防两个方面较完整考察 9-17 岁男子足球运动员的战

---

[1] 袁方. 社会研究方法教程[M]. 北京:北京大学出版社,2013.

第三章 研究对象与方法

术决策能力。因此，测试指标需尽可能的包含球员在比赛中的所有决策。鉴于此，以《现代足球》[1]中对足球比赛战术的分类为依据，通过专家访谈法确定具体的测试指标。专家访谈以座谈会的形式进行，即将专家们集中起来进行共同讨论测试指标的选取。最终从攻防两个方面（由守转攻纳入进攻、由攻转守纳入防守）出发选取了10项指标。进攻决策测试指标包括：传球、运球、射门、跑位、接应；防守决策测试指标包括：盯人、选位、保护、补位、回防。这些指标的情景选择包括个人战术决策与小组配合战术决策。传球指标的具体情景选择包括阵地进攻情景下的传球、由守转攻情景下的传球、背对进攻方向情景下的传球；运球指标的具体情景选择包括运球时机的把握、运球的目的；射门指标的具体情景选择包括不同角度、不同防守强度下把握射门或为队友创造射门机会的情景；跑位指标的具体情景选择包括跑位方式的选择；接应指标的具体情景选择包括接应的角度、接应的距离、接应的方式；盯人指标的具体情景选择包括盯人职责、盯人目的（抢球、阻止向前传球、阻止运球、阻止射门等）；选位指标的具体情景选择包括第一防守队员的选位、第三防守队员的选位、以少防多情景下的选位；保护指标的具体情景选择包括保护的角度、保护的距离；补位指标的具体情景选择包括防守队员被持球进攻队员突破后，临近防守队员的补位及队友离开原定的分工位置后，临近队员的补位；回防指标的具体情景选择包括回防路线、不同位置球员的回防目的。

另外，足球比赛中球员在传球、跑位等一些指标上，于不同场区、面对不同防守时，其观察、判断、决策不同，进而采取行动的整个过程也会有所区别。因此，将球场纵向划分为前场、中场、后场。前场指对方底线向场内延伸30米的区域；后场即与前场相对应的区域；中场即前场与后场之间的区域；横向划分为中路、边路。

研究中，将防守强度划分为有紧逼防守与无紧逼防守。有紧逼防守即防守队员与被防守队员相距较近（大约2米），并对进攻队员实施积极防守，进攻队员不能从容处理球等的防守。无紧逼防守即防守队员与被防守队员相距较远（2米以上），并对进攻队员实施积极防守，进攻队员能够从

---

[1] 何志林. 现代足球[M]. 北京：人民体育出版社，2000.

容处理球等的防守。❶

2. 测试情景的选择与筛选

测试场景素材来源于真实比赛录像。通过百度云盘在 www.jczqw.com 进行比赛录像下载,录像分辨率要求至少为 1280×720 分辨率的高清视频。具体内容包括 2014 年巴西足球世界杯淘汰赛、2014-2015 赛季欧洲足球冠军联赛决赛、2014-2015 赛季西班牙甲级足球联赛、2016 年西班牙国王杯决赛、2016 年法国欧洲杯小组赛及淘汰赛、2016 年欧洲超级杯比赛。不同年龄段球员的训练的目标不同,如 6-8 岁以 4V4 为主,到 8-10 岁逐步过渡到 7V7 为主,到 10-12 岁再过渡为 11V11。不同年龄段球员对足球比赛人数的限制不同。虽然人数不同,但都在足球比赛范畴之内,肯定存在共性的信息。足球比赛中包含着球、对手、队友、方向、球门、规则、裁判等要素,不论 11 人制比赛,还是 8 人制比赛、9 人制比赛等,这种构成比赛的要素是共同的。因此,8 人制、9 人制、11 人制肯定会存在大量相似的场景。另外,选取的是 11 人制比赛中的场景片段而不是整场比赛,这种场景决策片段代表的是某种场景信息。对于 8 人制、9 人制、11 人制来说,存在着大量相似的场景片段。可以说,选取 11 人制比赛中的场景片段可以测试 9-10 岁球员战术决策的年龄特征。

比赛中,球员每 4-6 秒钟就要改变行动。❷ 因此,将测试情景的视频长度定为 4-6 秒钟。首先,利用 Kinovea.Setup.0.8.15 播放已经选择好的比赛录像,根据传球、跑位、盯人等指标的要求进行选择;第二,对符合要求的决策场景进行逐帧播放,记录到《比赛情景剪辑表》并填入相应的比赛名称、比赛队伍、剪辑时间点、决策信息等;第三,利用 Kinovea 软件自带的截图功能保存决策场景,图片的定格时机以球员未暴露下一决策行为为前提;第四,利用 Kinovea 软件自带剪辑功能将决策场景前 4~6 秒钟的视频保存下来,即决策场景视频+图片(视频的最后一帧)。决策场景视频与图片的命名相同,如"1-后场边路无紧逼.jpg""1-后场边路无紧逼.mp4"。将不同场景的视频与图片保存在不同的文件中,如传球文件。对剪辑的视频与图片进行初步整理,删除存在画面质量与剪辑错误的视频

---

❶ 王前进. 青少年男子足球运动员战术行为认知水平发展年龄特征研究[D]. 北京:北京体育大学,2012(6).

❷ AFC/CFA"A"Certificate Coaching Course 2015:405.

与图片,重新剪辑存在剪辑失误的视频与图片。

通过上述步骤,共截取比赛情景画面 338 幅(视频+图片记为一幅)。将场景视频与图片重新编号,并邀请两位专家(兼具学术水平与专业水平,最低要求为足球方向副教授职称并获得亚洲足球教练员 B 级证书)进行评判。具体评判方法为:针对论文测试要求,与专家进行面对面交流,筛选符合要求的最佳测试场景视频与图片。最终筛选出 66 幅场景(视频+图片),其中传球 24 幅、运球 3 幅、射门 4 幅、跑位 11 幅、接应 6 幅、盯人 7 幅、选位 3 幅、保护 2 幅、补位 3 幅、回防 3 幅。另外,在被筛除的场景中选取了 4 幅场景以作测试前的讲解及练习用途。如表 3-2-2、表 3-2-3 所示。

表 3-2-2 评判专家信息

专家	专业技术职称	教练员等级	工作单位
张廷安	教授	亚足联 A 级教练员	北京体育大学足球学院
王朝信	副教授	亚足联 B 级教练员	菏泽学院体育与健康学院

表 3-2-3 比赛情景剪辑表

比赛名称	比赛队伍	剪辑时间点	决策	编号	备注

3. 情景画面的技术处理

将筛选出的 66 幅场景按测试指标分别编号并有序地分列于十个对应的文件夹中,讲解用途的场景单独放于一个文件夹。首先,利用 Kinovea 软件对筛选的视频与图片进行处理。为了队员能够快速明确决策,在视频及图片中将需要作出决策测试的球员用动态黄色圆圈标示;第二,利用 Adobe Photoshop CS6 对处理后的图片进行再次加工,以黄色线标示出传球路线、跑位路线等并对其进行数字编号,实线箭头代表传球,指向球门则代表射门,虚线箭头代表跑动;第三,将处理后的图片另存为 jpg 格式;最后,将处理后的测试情景视频与图片匹配后放到同一类别文件夹。

4. 战术决策选项的赋值

每幅场景图片的决策准确性用得分表示。每幅场景图片的决策选项由两位专家进行赋值，每幅测试场景图片中的决策选项赋值尺度为 0-3 分。具体方法为：与专家进行面对面交流，以视频中球员的选择为参考，最终针对每幅场景的具体情况进行分析后确定最佳选择并对每个选项赋值。

5. 战术决策测试系统的组合

将处理完善的测试场景视频与图片进行组合是技术处理过程中最关键的一步。第一，通过狸窝视频转换器将处理完善的测试场景视频转换为 Apple MacBook Air 笔记本电脑可以兼容的格式。第二，以 Apple MacBook Air 笔记本电脑中的 imovie 软件为技术处理工具，将测试场景视频与图片进行组合，视频在前、对应的图片在后。组合的过程中不得不考虑时间维度，这是机体能否做出最优化决策的重要资源和情景因素，时间充足可以尽可能充分地解决问题，时间少时就可能引起时间压力的情绪情感体验，从而影响决策加工的质量。❶ 足球运动员在快速攻防转换的比赛中往往出现各种失误，即时间压力的结果。换句话说，时间压力可能会使决策者制定的决策不符合多重特征效用模型的预期或者可能导致不能选择最高预期值的选项。❷ 时间压力是个体的一种主观反映状态，是在强加时间限制或缩短可利用时间的情况下，个体所能知觉到压力的情绪情感体验。感受到压力的最为重要的条件是个体必须认识到强加的时间限制是有限的，违背这一限制将导致被制裁。❸ 在时间压力情境中的决策，压力高且信息少，决策者可能会倾向于低标准决策，只会比较较少的特征；时间充裕的条件下，决策者会偏好高标准决策，尝试比较多的特征。同时，决策者的最初偏好也非常重要，尤其是高时间压力的情况下，决策者的初始偏好对决策的影响非常明显。❹ 因此，务必将时间压力融入测试的设计以提高测试的生态学效度。人的反应速度是有限的，需要进行复杂判断和认知的平均时间达 3-5s、复杂的选择反应时间达 1-3s。鉴于此，将测试场景图片的呈现时间范围设置为 3-5s，决策选项选择时间范围设置为 1-3s。以回龙观中心小学校足球队为测试对象，检验测试场景图片呈现时间与决策选项选择时

---

❶ 王大伟. 决策制定过程中的时间压力效应[J]. 心理研究, 2009, 2(6): 42-46.

❷ Ranyard R, Crozier R, Svenson O. Decision making: cognitive models and explanations[C]. London, New York: Routledge, 1997.

❸ Zakay D, Meran N, Ben-Sahlom H. Cognitive processes of time estimation[J]. Psychologica, 1989(1): 104-112.

❹ Kahneman D, Tversky A. Prospect theory. Econometrica, 1979(47): 263-292.

间，发现测试场景图片呈现时间（3s、4s、5s）设置为5s、决策选项选择时间（1s、2s、3s）设置为3s时，受试对象既能感受到时间压力又能完成测试过程。以此为据，最终将测试场景图片的呈现时间设置为5s，决策选项的选择时间设置为3s。另外，人的反应分为三个连续的时期：一是前期，即从预备信号到刺激；二是反应时间；三是后期。反映前期即反应准备状态，前期时间太短可能没有做好反应的准备；时间太长，准备又会松懈。一般2s左右的前期准备时间比较合适。❶ 鉴于此，将测试场景视频出现前的前期时间设置为2s。第三，决策选项选择时间结束后插入"叮咚"音乐响声提醒被试准备进行下一幅测试场景。最后，将所有测试场景视频与图片组合完成后，输出为MPEG-4格式的视频。

总体设计思路为：前期时间（2s）+场景视频（4-6s）+场景图片（5s）+决策选项选择时间（3s）+音乐提醒。测试的提示语为：测试场景视频的呈现时间为4-6s，视频的最后一幅画面会出现黄色圆圈（黄色圆圈标示的球员即决策者）及各种决策选项，画面呈现5s后消失。请在图片呈现的5s内做出选择，并在图片消失后的3s内在作答卷上作答，听到"叮咚"响声后请立即抬头准备观看下一幅测试情景。

6. 战术决策能力测试作答卷的设计

根据设计好的战术决策能力测试视频设计测试作答卷。将设计好的战术决策能力测试作答卷初稿打印为纸质版，以回龙观中心小学校足球队为测试对象进行预测试以检验作答卷设计的合理性。测试结束后以提问的形式获得被试反馈的信息，发现：第一、测试题之间的间隔太小，作答时容易发生错行；第二、黑色笔作答时与选项颜色相同，不易区分进而导致错行；第三、翻页时容易连翻多页。根据上述反馈信息，针对战术决策能力测试作答卷作出相应改变：第一、将测试作答题之间的行距设置为多倍行距，设置值为3.5；第二、用红色中性笔代替黑色中性笔，以明显区分黑色选项与红色作答标志；第三、将每页A4纸由前向后，逐张减去一部分，使前后两张纸错开并在左上角装订，以方便作答时翻页。最后，再次以回龙观中心小学校足球队为测试对象，检验改进后的战术决策能力测试作答卷。最终确定战术决策能力测试作答卷的最终版本。

---

❶ 项英华. 人类工效学[M]. 北京:北京理工大学出版社,2008.

（二）测试的实施

通过山东鲁能泰山足球俱乐部竞赛部与教学部的协调，将测试时间定于晚上7：00-8：00，即晚自习时间。由于各年龄段队伍皆有各自比赛任务，不能保证所有队伍全部在校。所以，测试以队伍集中在校时间为准，整个测试分为两次进行。第一，提前检测测试仪器，包括音箱、投影仪、电脑，将测试视频提前拷贝到电脑，熟悉整个测试流程，以确保正式测试的顺利进行。第二，提前通知各年龄段助理教练的测试时间与地点。测试时间为每晚7：00-8：00，地点为教学部阶梯教室。第三，提前30分钟到达测试地点再次检测测试设备，并提前将笔和测试作答卷放好。第四，每次只测试一个或两个年龄段，测试队员全部坐于投影仪的正前方，以保证测试的质量。第五，被试就座后，通过PPT讲解测试注意事项，包括测试图片中各种技术处理的含义、时间设置、作答要求等。确保被试能够理解测试的流程。第六，以例Ⅰ和例Ⅱ为例，播放预测试视频，使被试可以完全熟悉测试流程。第七，通过助理教练协助维持测试纪律，进行正式测试。第八，测试结束后，队员由助理教练带队有序离开，作答卷由测试人员集中收取。

（三）测试卷的分析

为了对9-17岁男子足球运动员的战术决策能力测试情况进行定量分析，将测试的基本信息以T、A、D三个字母进行了编码。具体定义如下：

（1）T表示测试总得分，A表示进攻测试得分，D表示防守测试得分。

（2）A1表示传球测试得分，A2表示运球测试得分，A3表示射门测试得分，A4表示跑位测试得分，A5表示接应测试得分。

（3）D1表示盯人测试得分，D2表示选位测试得分，D3表示保护测试得分，D4表示补位测试得分，D5表示回防测试得分。

（四）测试系统的信度与效度

1. 信度检验

测试系统的信度检验采用重测法。研究对鲁能足球9-17岁梯队队员进行了战术决策能力的初测，测试分为两次进行，时间间隔为2周。利用第二次测试对 U11 队员进行了重复测试,检验结果如表 3-2-4 所示。

表 3-2-4　战术决策能力测试系统信度检验结果

总得分	N	显著性（双尾）	Pearson 相关性
值	26	0.00	0.95

重测信度系数反映的是调查对象对同一测量问卷作出反应的稳定性,一般应达到 0.7 以上。❶ 通过上表数据可以看出：重测系数 r=0.95>0.7,说明测试系统的信度较高。

2. 效度检验

如上所述,测试过程的每个步骤都有两位专家紧密地参与,按照客观标准进行,保证了测试系统的有效性。另外,为了最大限度提高测试的生态学效度,在设计的过程中：

（1）选取的比赛情景完全取之于真实比赛。

（2）场景的呈现及作答融入了时间限制,完全模拟球员在比赛过程中的真实决策过程。

而且通过对测试数据的分析发现：球员的决策得分具有高度显著的年龄差异（$P<0.01$）。这说明测试基本上达到了预期目标,其效度比较理想。

四、数理统计法

测试数据以 Microsoft Office Excel 2007 储存,整理后的数据保存为".xlsx"格式并以 IBM SPSS Statistics 22.0 对统计数据进行分析。通过描述性统计、方差分析等具体方法了解年龄主效应的显著性及不同年龄段各项指标得分的平均水平、离散程度等。利用 IBM SPSS Statistics 22.0 的图表构建器设计条形图、折线图等。

---

❶ 彭迎春,常文虎,沈艳红. 如何测量问卷信度[J]. 中华医院管理杂志,2004,20(6):383-384.

第四章 结果与分析

第一节 足球比赛战术决策能力的内容结构

荷兰专家 Aric Schuanz 在《足球教练员培训教程》第二十三章中阐述了荷兰青少年足球良好指导的十步模式，其中第一步指出：要以足球学习的过程为主要出发点，同时要考虑不同年龄段球员的总体目标。[1]

表 4-1-1 不同年龄段训练指导

年龄	目标	内容	重点
6-8岁	4V4—足球是圆的……并且相当艰苦的项目	T.I.C 技术为主的训练活动	此阶段的训练以技术为主，意识其次，交流为辅
8-10岁	7V7—成年比赛的基础阶段	T.I.C 技术和意识为主	此阶段的训练以技术为主，同时加强意识的培养，交流为辅
10-12岁	11V11—成年比赛/技术能力	T.I.C 技术能力和场上每个位置的职责	此阶段的训练以技术和意识为主，加强交流
12-16岁	11V11—竞赛性质的成人比赛/局部指导	T.I.C 以提高比赛效率为主的指导	此阶段的训练以技术和意识为主，进一步加强交流

---

[1] 中国足球协会,国家体育总局干部培训中心.足球教练员培训教程(职业级)[M].北京:北京体育大学出版社,2007.

第四章　结果与分析

续表

年龄	目标	内容	重点
>16岁	11V11—运动员最理想的成熟期/最高水平的足球	T.I.C专门化或多功能对运动员的影响	此阶段的训练技术、意识和交流同等重要

注：T=技术，I=洞察力（意识），C=交流。

人类大脑所扮演的角色即神经系统起主导的地位——肌肉受大脑的支配；一切都与感知和领悟息息相关。从上表可以看出，技术、意识、交流的训练贯穿球员培养的整个过程，不同年龄段的训练重点不同而已。从4V4、7V7到11V11，比赛场景中都会出现球、对手、同伴、空间、方向、压迫、时间、规则、球门等因素，皆需要球员在攻、防两端作出决策行为。针对各种主题设计训练，通过对比赛中不同情景的不断重复，球员可以得到充分的认识，这对于作出正确的决策起到重要作用。这也是不能失去足球真正本色的体现。决策是意识中的一个环节，是观察、判断的结果并通过行为结果反映。可以说，意识水平的高低可以由战术决策水平的高低来衡量。以T.I.C为主的训练，在不同年龄段包含了足球比赛中所需的各种能力。决策能力由6-8岁到16岁以上逐步发展并逐渐成为训练的重点科目。鉴于此，可以说足球运动员的战术决策能力不会因年龄大小而出现是否存在的问题。

足球比赛是双方为了争夺胜利而展开相互攻守的动态过程，比赛中的攻守决策构成了足球运动员的战术决策能力。这种能力是球员在不确定情景下为了达到一定目的而作出的行动方案。鉴于此，可以说足球运动员的战术决策能力必须从攻防两个方面来衡量。根据《现代足球》[1]及《中国体育教练员岗位培训教材（足球）》[2]中对足球战术的分类，将战术决策能力分为进攻战术决策能力、防守战术决策能力。其中进攻战术决策能力从有球与无球两个方面进行评价，包括传球、运球、射门、跑位、接应；防守战术决策能力由盯人、选位、保护、补位、回防五个指标进行衡量。战术决策能力属于足球运动员竞技能力中的一环，其始终存在但水平差异巨大。因此，可以确定足球比赛战术决策能力的内容结构由攻防两端的传球、运球、射门、跑位、接应、盯人、选位、保护、补位、回防十个指标

[1] 何志林.现代足球[M].北京:人民体育出版社,2000.
[2] 杨一民.中国体育教练员岗位培训教材(足球)[M].北京:人民体育出版社,1997.

我国9—17岁男子足球运动员战术决策能力年龄特征研究

构成，不因年龄大小而改变，但水平差距因各种因素而存在（图4-1-1）。

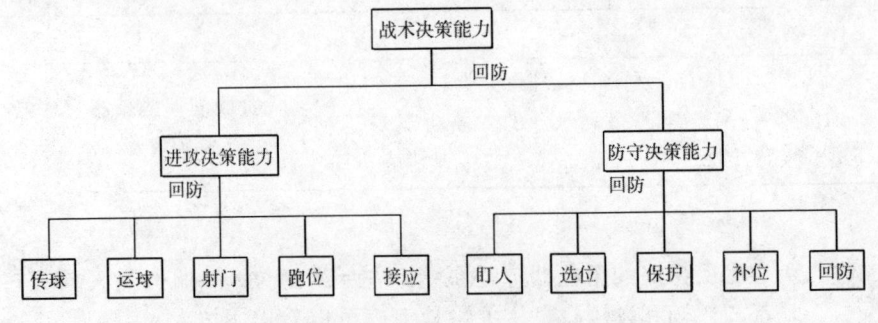

图4-1-1 战术决策能力内容结构图

第二节 战术决策能力的定量实证研究

一、战术决策能力得分的总体研究

表4-2-1 不同位置球员战术决策能力测试成绩的方差分析

得分	差异来源	平方和	自由度	均方	F	P
总得分	组间	574.48	3	191.49	1.14	0.34
	组内	35760.29	212	168.68		
	总计	36334.77	215			
进攻得分	组间	499.51	3	166.51	1.97	0.12
	组内	17880.82	212	84.34		
	总计	18380.33	215			
防守得分	组间	139.56	3	46.52	1.15	0.33
	组内	8603.78	212	40.58		
	总计	8743.33	215			

注：$P<0.05$ 表示差异具有显著性，$P<0.01$ 表示差异具有高度显著性。

以位置为自变量，得分为因变量，考察不同位置球员的得分是否具有显著性差异。由表4-2-1所示：不同位置球员的战术决策能力测试成绩并无显著性差异（$P>0.05$）。现代足球要求球员一专多能、全面发展，后卫、前锋各司其职的时代已经过去，比赛的需求要求球员在场中做到能攻善守，为球队提供全面帮助。影响足球运动员比赛中战术决策能力形成和发展的因素是多方面的，但年龄是主要因素之一。但是这一因素对战术决策能力发展水平的影响有多大？研究通过对连续年龄段战术决策能力的测试来考察其对战术决策能力发展水平的影响。因此，此研究以男子足球运动员的年龄为自变量来考察9-17岁男子足球运动员战术决策能力的发展水平，并进一步考察年龄间的差异体现在哪些方面。研究以鲁能泰山足球俱乐部U9-U17梯队运动员参与的战术决策能力测试的结果为分析对象，对各年龄段测试的总平均分和标准差进行统计，并进行不同年龄间的方差分析和各年龄段平均分的差异性检验，以期从总体上对各年级的测试情况有一个了解和把握（表4-2-2）。

表4-2-2 各年龄段球员战术决策能力测试得分的平均值与标准差

年龄	决策总得分	进攻决策得分	防守决策得分
U9	128.12±10.47	96.48±10.05	31.64±5.01
U10	141.39±11.42	104.32±8.59	37.07±6.94
U11	147.01±9.33	105.72±7.64	41.29±5.15
U12	155.56±9.31	109.68±7.26	45.88±5.10
U13	146.62±12.03	105.90±9.52	40.72±4.26
U14	156.49±10.05	111.86±7.34	44.63±5.89
U15	160.55±7.05	114.45±6.06	46.10±4.05
U16	155.00±7.05	111.13±7.72	44.86±4.17
U17	160.48±8.11	113.70±6.36	46.78±4.99

表4-2-3 各年龄段球员战术决策能力测试总成绩的方差分析

差异来源	平方和	自由度	均方	F	P
组间	16561.95	8	2070.25	21.67	0.00

续表

差异来源	平方和	自由度	均方	F	P
组内	19772.82	207	95.52		
总计	36334.77	215			

注：$P<0.05$ 表示差异具有显著性，$P<0.01$ 表示差异具有高度显著性。

以 9-17 岁男子足球运动员战术决策能力测试总得分为因变量，以年龄为自变量，进行单因素方差分析。结果发现：9 岁男子足球运动员战术决策能力测试总得分均值为 128.12；10 岁球员测试总得分为 141.39；11 岁球员测试总得分为 147.01；12 岁球员测试总得分为 155.56；13 岁球员测试总得分为 146.62；14 岁球员测试总得分为 156.49；15 岁球员测试总得分为 160.55；16 岁球员测试总得分为 155；17 岁球员测试总得分为 160.48。在战术决策能力测试中，各年龄段球员战术决策能力测试总成绩之间的 $F=21.67$，$P<0.01$，年龄主效应显著（表 4-2-3）。

表 4-2-4 各年龄段球员战术决策能力测试总得分差异性的多重比较

年龄	9	10	11	12	13	14	15	16
9								
10	0.00							
11	0.00	0.49						
12	0.00	0.00	0.27					
13	0.00	0.15	0.99	0.59				
14	0.00	0.00	0.12	1.00	0.33			
15	0.00	0.00	0.00	0.71	0.00	0.89		
16	0.00	0.00	0.05	0.99	0.21	1.00	0.98	
17	0.00	0.00	0.00	0.53	0.00	0.76	1.00	0.92

注：$P<0.05$ 表示差异具有显著性，$P<0.01$ 表示差异具有高度显著性。

为了具体了解年龄因素对战术决策能力发展的影响，笔者对不同年龄球员测试总得分的差异性进行了多重比较，结果如表 4-2-4 所示。从统计结果中可以发现：9 岁球员与其他年龄段球员之间都存在显著性差异，10 岁球员与 11 岁、13 岁球员之间不存在显著性差异，与其他年龄段球员之间都存在显著性差异，11岁球员与9岁、15-17岁球员之间存在显著性差异，与其他年龄段球员之间无显著性差异，12岁球员与9-10岁球员之间存在显著性差异，与其他年龄段球员之间无显著性差异，13岁球员与9岁、15岁、17岁之间存在显著性差异，与其他球员之间无显著性差异，14岁球员与9-10岁球员之间存在显著性差异，与其他球员之间无显著性差异，15岁球员与9-11岁、13岁球员之间存在显著性差异，与其他球员之间无显著性差异，16岁球员与9-11岁球员之间存在显著性差异，与其他球员之间无显著性差异，17岁球员与9-11岁、13岁球员之间存在显著性差异，与其他球员之间无显著性差异。如图4-2-1所示，可以直观地观察到不同年龄段球员战术决策能力的发展情况。9-12岁阶段战术决策能力快速发展；13岁出现显著下降；14岁开始反弹并超过12岁；15岁达到较高水平后16岁出现下降；17岁出现反弹并达到最高水平。

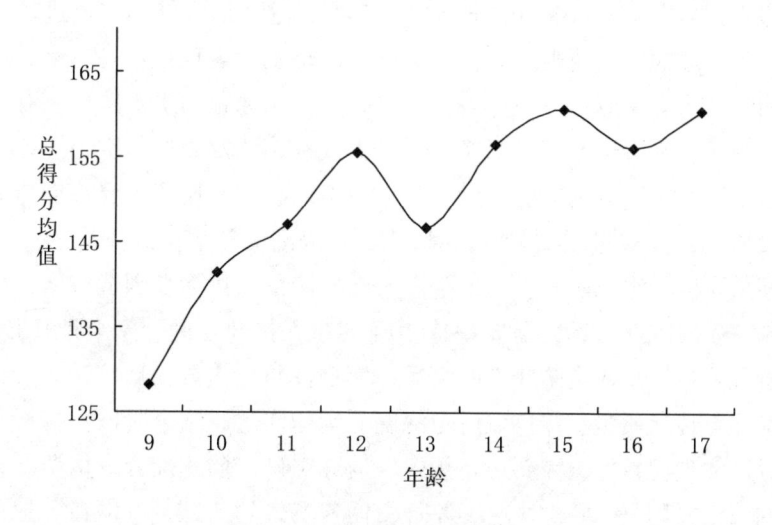

图4-2-1 战术决策能力发展趋势

　　从不同年龄段球员战术决策能力总得分的差异检验结果及发展趋势图可以看到：总体上，9-17岁球员的战术决策能力水平随着年龄的增长而提高，而整体上可以分为四个得分水平，即9岁一个得分水平，10岁一个得分水平，11岁及13岁一个得分水平，12岁及14-17岁一个得分水平。总体上看，四个得分水平处于战术决策能力发展的不同阶段，且得分水平之间存在显著性差异。通过下面的各个分测试及一些具体问题的分析进一步获得不同年龄段球员战术决策能力发展过程中的一些特征。

二、进攻决策能力得分的总体研究

进攻是一个极其复杂而又高度灵活的动态系统。教练员既要考虑攻守双方的实力对比，又要考虑比赛环境的变异及比分等战局变化，随时调整。一支球队为了取得比赛的胜利，场上 11 名球员必须在共同遵循的进攻原则指引下，统一认识、统一行动。这种共同的进攻原则是：宽度、渗透、灵活、即兴。所谓宽度，即扩大防区，尽量利用场地的宽度，将防守者拉开，被迫扩大横向防守面积，以便于创造可利用的进攻空间。渗透即在横向拉开的基础上，随即采用渗透性的纵向传球。及时而有效地执行这一原则，其结果不是直接获得射门机会就是为射门创造其他有利的赛势。灵活即攻方离守方禁区越近，守方盯人越紧。这一防守特征迫使进攻战术中有球和无球的灵活原则油然而生。有球活动主要表现在：向右侧运球可以为同伴创造向左侧切入的空当，反之亦然。无球跑动主要体现在有意识的穿插跑位，为无球及持球同伴拉开空当或利用队友创造的空当。即兴即在进攻结束阶段即兴创造射门机会和运用射门技术。比赛中要想创造流利的进攻局面，要对进攻的阶段产生清晰而深刻的认识。进攻分为三个阶段：开始阶段、组织阶段、结束阶段。开始阶段：目标是创造空间、牢稳地控制球。实现此目标，需要快速由守转攻、拉开空间、安全地接控球。组织阶段：目标是攻击防守者的身后。实现此目标需要无球跑动、有球配合，并注意传球质量、保持宽度与深度、运球渗透。结束阶段：目标是射门得分。实现此目标，需要边路传中、运球突破、墙式配合、传切配合等技巧的灵活运用。❶ 通过对进攻各阶段任务场景的测试，可以在定量视阈下获得进攻战术决策能力的发展情况。

研究从进攻与防守两个方面的十项子指标出发来考察不同年龄段球员战术决策能力的发展水平。因此，其发展水平在进攻与防守两个方面也会有所体现。为了进一步了解不同年龄段球员的战术决策能力在进攻与防守两个方面的体现，将分别对测试中进攻与防守部分的结果进行统计分析，以期获得有关的结论。

---

❶ 中国体育教练员岗位培训教材(足球)[M].北京:人民体育出版社,1997.

表 4-2-5　各年龄段进攻决策能力测试成绩的方差分析

差异来源	平方和	自由度	均方	F	显著性
组间	5345.75	8	668.22	10.61	0.00
组内	13034.58	207	62.97		
总计	18380.33	215			

注：$P<0.05$ 表示差异具有显著性，$P<0.01$ 表示差异具有高度显著性。

以 9-17 岁男子足球运动员战术决策能力测试中的进攻决策得分为因变量、年龄为自变量，进行单因素方差分析。结果发现：9 岁男子足球运动员战术决策能力测试进攻决策得分为 96.48，10 岁球员进攻决策得分为 104.32，11 岁球员进攻决策得分为 105.72，12 岁球员进攻决策得分为 109.68，13 岁球员进攻决策得分为 105.9，14 岁球员进攻决策得分为 111.86，15 岁球员进攻决策得分为 114.45，16 岁球员进攻决策得分为 111.13，17 岁球员进攻决策得分为 113.7。各年龄段球员战术决策能力测试中进攻决策得分之间的 $F=10.61$，$P<0.01$，年龄主效应显著（表 4-2-5）。

表 4-2-6　各年龄段球员进攻决策能力测试得分差异性的多重比较

年龄	9	10	11	12	13	14	15	16
9								
10	0.09							
11	0.00	1.00						
12	0.00	0.45	0.57					
13	0.00	0.99	1.00	0.77				
14	0.00	0.07	0.08	0.98	0.15			
15	0.00	0.00	0.00	0.44	0.00	0.96		
16	0.00	0.17	0.21	0.99	0.35	1.00	0.87	
17	0.00	0.01	0.01	0.73	0.02	0.99	1.00	0.98

注：$P<0.05$ 表示差异具有显著性，$P<0.01$ 表示差异具有高度显著性。

为了具体了解年龄因素对进攻决策能力发展的影响，对不同年龄球员进攻得分的差异性进行了多重比较，结果如表 4-2-6 所示。从统计结果中可以发现：9 岁球员与 11-17 岁球员之间存在显著性差异，10 岁、11 岁、

13岁球员与15岁、17岁球员之间存在显著性差异，12岁、14岁、15岁、16岁、17岁五个年龄段球员之间不存在显著性差异。如图4-2-2所示，可以直观地观察到不同年龄段球员进攻决策能力的发展情况。9-10岁快速发展，10-11岁年龄段发展缓慢，12岁发展迅速，13岁出现明显下降，14岁开始反弹并超过12岁，15岁达到最高水平后16岁开始下降，17岁出现反弹并达到接近最高水平的程度。

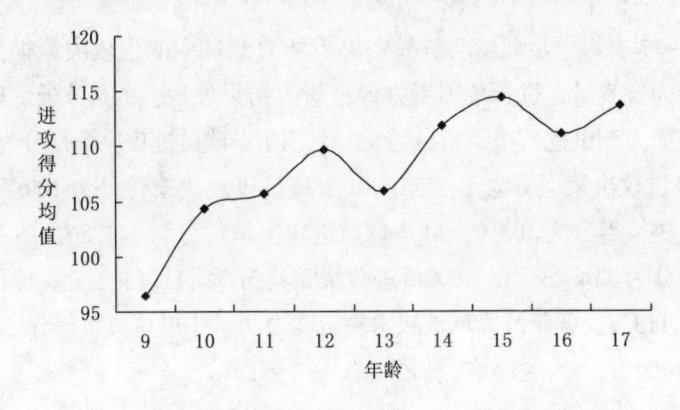

图4-2-2 进攻决策能力发展趋势

从不同年龄段球员进攻决策能力得分的差异检验结果及发展趋势图可以看到：总体上，9-17岁球员的进攻决策能力水平随着年龄的增长而提高。整体上可以分为三个得分水平，即9岁为一个得分水平，10岁、11岁、13岁为一个得分水平，12岁、14-17岁为一个得分水平。三个得分水平处于进攻决策能力发展的不同阶段，且得分水平之间存在显著性差异。

三、防守决策能力得分的总体研究

足球比赛中技战术失误率高，攻防转换十分迅速，防守的破坏力大大超过进攻的组织能力，攻难而守易。决定足球比赛最基本特征的重要决定因素就是足球比赛快速激烈的对抗和主要用脚来完成技战术动作这两大因素。积极、有效的防守和配合是造成足球比赛攻防转换迅速的主要原因。足球比赛就是控球权与反控球权之间的争夺，进攻与防守这一对矛盾始终贯穿于整个比赛过程，渗透在每个球员的行动中。这对矛盾是相互制约、相互影响、相互促进的,并由此而推动足球技术、战术的不断创新与发展。攻强守弱则会失球,而失球是防守失败的最直接结果,可以归纳为五种具体原因:对持球人没有紧逼、对抢球队员缺乏支援、没有紧盯前插的无球进攻队员、罚球区附近的失误、没有重视任意球。比赛中想要获得稳固而有效的防守主要取决于平时有计划、有目的的防守训练。训练时首先应对比赛中的防守程序有一个清晰、深刻的认识和理解,只有这样才能收到事半功倍的效果。防守程序体现在四个方面:由攻转守、延缓进攻、控制罚球区、保护球门。防守具体可分为三个阶段,即开始阶段:目标是站于球后。快速由攻转守,近球者阻抢,其他队员快速回防。组织阶段:目标是对进攻者施加压力。形成防守纵深,缩小防区范围,加强中场防守,准备进行1V1争夺。结束阶段:目标是不让对手射门。站于基准线上,紧逼盯人,预判对手动作迫使对手进行1V1争夺。❶ 通过对防守过程各阶段任务场景的测试,可以在定量视阈下发现防守决策能力的发展过程。

表4-2-7 各年龄段防守决策能力测试成绩的方差分析

差异来源	平方和	自由度	均方	F	显著性
组间	3494.29	8	436.79	17.23	0.00
组内	5249.04	207	25.36		
总计	8743.33	215			

注:$P<0.05$ 表示差异具有显著性,$P<0.01$ 表示差异具有高度显著性。

以9-17岁男子足球运动员战术决策能力测试中的防守决策得分为因变量、年龄为自变量,进行单因素方差分析。结果发现:9岁男子足球运动员战术决策能力测试防守决策得分为31.64,10岁球员防守决策得分为37.07,11岁球员防守决策得分为41.29,12岁球员防守决策得分为45.88,13岁球员防守决策得分为40.72,14岁球员防守决策得分为44.63,15岁球员防守决策得分为46.1,16岁球员防守决策得分为44.86,17岁球员防守决策得分为46.78。各年龄段球员战术决策能力测试中防守决策得分之间的$F=17.23$,$P<0.01$,年龄主效应显著(表4-2-7)。

---

❶ 中国体育教练员岗位培训教材(足球)[M].北京:人民体育出版社,1997.

表 4-2-8　各年龄段球员防守决策能力测试得分差异性的多重比较

年龄	9	10	11	12	13	14	15	16
9								
10	0.04							
11	0.00	0.02						
12	0.00	0.00	0.79					
13	0.00	0.00	1.00	0.97				
14	0.00	0.02	0.99	0.99	1.00			
15	0.00	0.00	0.81	1.00	0.97	0.99		
16	0.00	0.00	0.66	1.00	0.91	0.97	1.00	
17	0.00	0.00	0.16	0.95	0.36	0.54	0.97	0.99

注：$P<0.05$ 表示差异具有显著性，$P<0.01$ 表示差异具有高度显著性。

为了具体了解年龄因素对防守决策能力发展的影响，笔者对不同年龄球员防守得分的差异性进行了多重比较，结果如表 4-2-8 所示。从统计结果中可以发现：9 岁球员与其他年龄段球员之间都存在显著性差异，10 岁球员与其他年龄段球员之间都存在显著性差异，11 岁、12 岁、13 岁、14 岁、15 岁、16 岁、17 岁球员之间不存在显著性差异。通过图 4-2-3，可以直观地观察到不同年龄段球员防守决策能力的发展情况。9-12 岁阶段防守决策能力快速发展，13 岁出现下降，14 岁之后缓慢发展并在 17 岁达到最高水平。

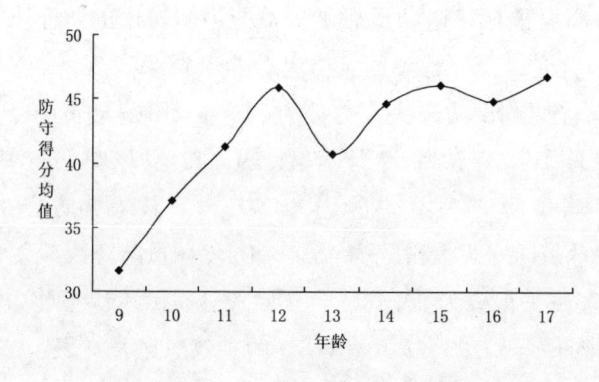

图 4-2-3　防守决策能力发展趋势

从不同年龄段球员防守决策能力得分的差异检验结果及发展趋势图可以看到：总体上，9-17 岁球员的防守决策能力水平随着年龄的增长而提高。整体上可以分为三个得分水平，即 9 岁为一个得分水平，10 岁为一个得分水平，11-17 岁为一个得分水平。三个得分水平处于防守决策能力发展的不同阶段，且得分水平之间存在显著性差异（图 4-2-3）。

四、进攻决策能力得分的具体研究

表 4-2-9　各年龄段球员进攻决策能力各指标测试得分的平均值与标准差

年龄	传球得分	运球得分	射门得分	跑位得分	接应得分
U9	48.53±6.75	3.79±1.44	8.37±1.77	22.11±4.20	13.68±2.79
U10	52.88±4.28	3.88±1.59	8.94±1.39	24.25±4.39	14.19±2.26
U11	53.06±4.64	4.03±1.51	8.81±1.44	24.88±3.94	15.12±2.18
U12	54.19±5.08	4.48±1.78	8.52±1.39	26.19±3.97	16.30±1.68
U13	52.00±5.66	3.69±1.26	9.45±1.60	25.18±3.61	15.58±3.03
U14	56.04±4.54	4.52±1.63	9.41±1.15	25.70±3.93	16.19±2.66
U15	57.04±4.14	5.08±1.44	8.54±1.47	27.33±2.53	16.46±2.00
U16	54.88±4.70	5.00±0.93	8.79±1.87	25.96±3.59	16.50±1.64
U17	57.25±3.43	5.25±1.52	8.90±1.33	26.80±3.25	15.50±2.48

如表 4-2-9 所示，关于 9-17 岁男子足球运动员战术决策能力测试中进攻决策能力的研究是从传球、运球、射门、跑位、接应五个方面出发来考量进攻决策能力的年龄特征。因此，关于进攻决策能力的年龄特征也将在此五个方面展开定量研究。为了进一步了解 9-17 岁男子足球运动员进攻决策能力在以上五个方面的具体体现和不同年龄发展特征，将分别对五个方面测试结果进行统计分析，以期获得定量方面的相关研究结果。

（一）传球决策能力得分的研究

表 4-2-10　各年龄段球员传球决策能力测试成绩的方差分析

差异来源	平方和	自由度	均方	F	P
组间	1312.19	8	164.02	6.84	0.00
组内	4962.69	207	23.97		
总计	6274.88	215			

注：$P<0.05$ 表示差异具有显著性，$P<0.01$ 表示差异具有高度显著性。

以 9-17 岁男子足球运动员战术决策能力测试中的传球决策得分为因变量、年龄为自变量，进行单因素方差分析。结果发现：9 岁男子足球运动员战术决策能力测试中传球决策得分为 48.53，10 岁球员传球决策得分为 52.88，11 岁球员传球决策得分为 53.06，12 岁球员传球决策得分为 54.19，13 岁球员传球决策得分为 52，14 岁球员传球决策得分为 56.04，15 岁球员传球决策得分为 57.04，16 岁球员传球决策得分为 54.88，17 岁球员传球决策得分为 57.25。各年龄段球员战术决策能力测试中传球决策得分之间的 $F=6.84$，$P<0.01$，年龄主效应显著（表 4-2-10）。

表 4-2-11　各年龄段球员传球决策能力测试得分差异性的多重比较

年龄	9	10	11	12	13	14	15	16
9								
10	0.14							
11	0.08	1.00						
12	0.00	0.99	0.98					
13	0.26	0.99	0.99	0.73				
14	0.00	0.59	0.32	0.90	0.04			
15	0.00	0.23	0.07	0.49	0.00	0.99		
16	0.00	0.97	0.88	1.00	0.42	0.99	0.84	
17	0.00	0.22	0.07	0.46	0.00	0.99	1.00	0.80

注：$P<0.05$ 表示差异具有显著性，$P<0.01$ 表示差异具有高度显著性。

第四章 结果与分析

　　为了具体了解年龄因素对传球决策能力发展的影响，对不同年龄球员传球得分的差异性进行了多重比较，结果如表 4-2-11 所示。从统计结果中可以发现：9 岁球员与 10 岁、13 岁球员之间不存在显著性差异，与其他年龄段球员之间都存在显著性差异，10 岁球员与 11-17 岁球员之间不存在显著性差异，11 岁球员与 12-17 岁球员之间不存在显著性差异，12 岁球员与 13-17 岁球员之间不存在显著性差异，13 岁球员与 14 岁、15 岁、17 岁球员之间存在显著性差异，与其他球员之间无显著性差异，14-17 岁球员之间不存在显著性差异。如图 4-2-4 所示，可以直观地观察到不同年龄段球员传球决策能力的发展情况。9-10 岁快速发展，10-12 岁发展缓慢，13 岁出现明显下降，14 岁出现反弹并超过 12 岁，14-15 岁发展缓慢，16 岁出现下降，17 岁出现反弹并达到最高水平。

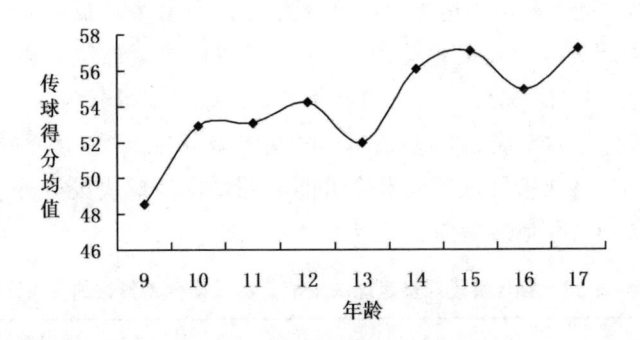

图 4-2-4　传球决策能力发展趋势

　　从不同年龄段球员传球决策能力得分的差异检验结果及发展趋势图可以看到：总体上，9-17 岁球员的传球决策能力水平随着年龄的增长而提高。整体上可以分为四个得分水平，即 9 岁为一个得分水平，10-12 岁为一个得分水平，13 岁为一个得分水平，14-17 岁为一个得分水平。四个得分水平处于传球决策能力发展的不同阶段，且得分水平之间存在显著性差异。

（二）运球决策能力得分的研究

表 4-2-12　各年龄段球员运球决策能力测试成绩的方差分析

差异来源	平方和	自由度	均方	F	P
组间	63.85	8	7.98	3.67	0.00
组内	450.48	207	2.18		
总计	514.33	215			

注：$P<0.05$ 表示差异具有显著性，$P<0.01$ 表示差异具有高度显著性。

以 9-17 岁男子足球运动员战术决策能力测试中的运球决策得分为因变量、年龄为自变量，进行单因素方差分析。结果发现：9 岁男子足球运动员战术决策能力测试中运球决策得分为 3.79，10 岁球员运球决策得分为 3.88，11 岁球员运球决策得分为 4.03，12 岁球员运球决策得分为 4.48，13 岁球员运球决策得分为 3.69，14 岁球员运球决策得分为 4.52，15 岁球员运球决策得分为 5.08，16 岁球员运球决策得分为 5，17 岁球员运球决策得分为 5.25。各年龄段球员战术决策能力测试中运球决策得分之间的 $F=3.67$，$P<0.01$，年龄主效应显著（表 4-2-12）。

表 4-2-13　各年龄段球员运球决策能力测试得分差异性的多重比较

年龄	9	10	11	12	13	14	15	16
9								
10	1.00							
11	1.00	1.00						
12	0.82	0.93	0.96					
13	1.00	1.00	0.99	0.58				
14	0.78	0.90	0.94	1.00	0.52			
15	0.11	0.22	0.17	0.87	0.03	0.91		
16	0.16	0.31	0.26	0.94	0.05	0.96	1.00	
17	0.06	0.13	0.09	0.71	0.01	0.76	1.00	1.00

注：$P<0.05$ 表示差异具有显著性，$P<0.01$ 表示差异具有高度显著性。

第四章 结果与分析

为了具体了解年龄因素对运球决策能力发展的影响，对不同年龄球员运球得分的差异性进行了多重比较，结果如表4-2-13所示。从统计结果中可以发现：仅13岁球员与15岁、16岁、17岁球员之间存在显著性差异，其他年龄段球员之间并无显著性差异。如图4-2-5所示，可以直观地观察到不同年龄段球员运球决策能力的发展情况。9-11岁发展缓慢，12岁快速发展，13岁出现明显下降，之后开始快速发展并于15岁达到较高水平，15-17岁发展缓慢并于17岁达到最高水平。

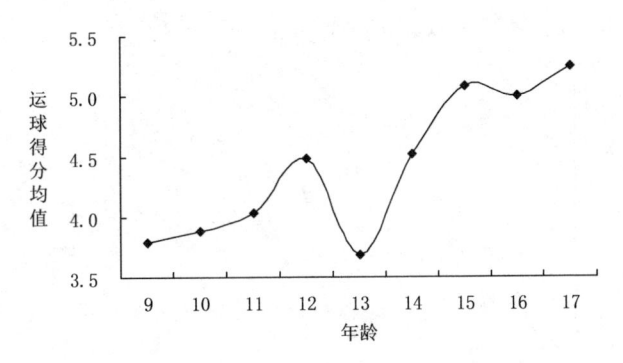

图4-2-5 运球决策能力发展趋势

从不同年龄段球员运球决策能力得分的差异检验结果及发展趋势图可以看到：总体上，9-17岁球员的运球决策能力水平随着年龄的增长而提高。整体上可以分为三个得分水平，即9-11岁、13岁为一个得分水平，12岁、14岁为一个得分水平，15-17岁为一个得分水平。三个得分水平处于运球决策能力发展的不同阶段，且得分水平之间存在显著性差异。

（三）射门决策能力得分的研究

表4-2-14 各年龄段球员射门决策能力测试成绩的方差分析

差异来源	平方和	自由度	均方	F	P
组间	29.99	8	3.75	1.66	0.11
组内	468.56	207	2.26		
总计	498.55	215			

注：$P<0.05$ 表示差异具有显著性，$P<0.01$ 表示差异具有高度显著性。

我国9—17岁男子足球运动员战术决策能力年龄特征研究

以9-17岁男子足球运动员战术决策能力测试中的射门决策得分为因变量、年龄为自变量，进行单因素方差分析。结果发现：9岁男子足球运动员战术决策能力测试中射门决策得分为8.37，10岁球员射门决策得分为3.88，11岁球员射门决策得分为8.81，12岁球员射门决策得分为8.52，13岁球员射门决策得分为9.45，14岁球员射门决策得分为9.41，15岁球员射门决策得分为8.54，16岁球员射门决策得分为8.79，17岁球员射门决策得分为8.9。各年龄段球员战术决策能力测试中射门决策得分之间的 $F = 1.66$，$P > 0.05$，年龄主效应不显著（表4-2-14）。

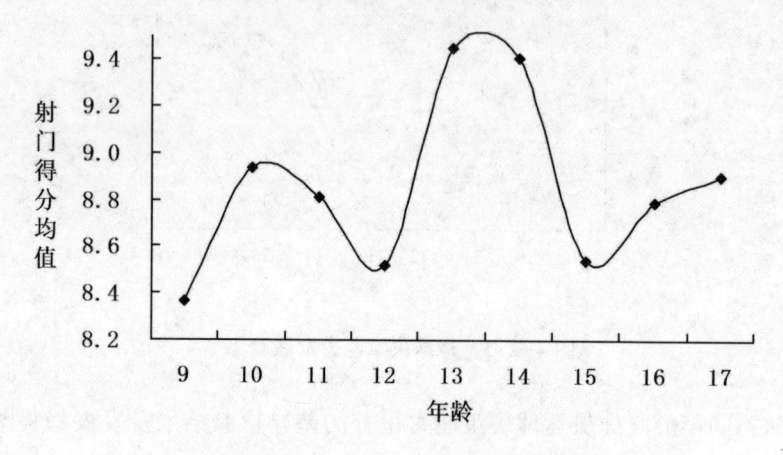

图4-2-6 射门决策能力发展趋势

如图4-2-6所示，可以直观地观察到不同年龄段球员射门决策能力的发展情况。9-10岁快速发展，11-12岁显著下降，12-13岁快速发展，14岁与13岁水平相当并达到最高水平，15岁明显下降，之后出现反弹。可以说，9-17岁球员射门决策能力的发展并未随年龄的增长出现显著的变大趋势。整体上看，可以分为三个得分水平，即9岁、12岁、15岁为一个得分水平且得分最低，10岁、11岁、16岁、17岁为一个得分水平且得分高于第一个得分水平，13岁、14岁为一个得分水平且得分最高，得分水平之间并无显著性差异。

（四）跑位决策能力得分的研究

表4-2-15　各年龄段球员跑位决策能力测试成绩的方差分析

差异来源	平方和	自由度	均方	F	P
组间	390.29	8	48.79	3.52	0.00
组内	2869.55	207	13.86		
总计	3259.84	215			

注：$P<0.05$表示差异具有显著性，$P<0.01$表示差异具有高度显著性。

以9-17岁男子足球运动员战术决策能力测试中的跑位决策得分为因变量、年龄为自变量，进行单因素方差分析。结果发现：9岁男子足球运动员战术决策能力测试中跑位决策得分为22.11，10岁球员跑位决策得分为24.25，11岁球员跑位决策得分为24.88，12岁球员跑位决策得分为26.19，13岁球员跑位决策得分为25.18，14岁球员跑位决策得分为25.7，15岁球员跑位决策得分为27.33，16岁球员跑位决策得分为25.96，17岁球员跑位决策得分为26.8。各年龄段球员战术决策能力测试中跑位决策得分之间的$F=3.52$，$P<0.01$，年龄主效应显著（表4-2-15）。

表4-2-16　各年龄段球员跑位决策能力测试得分差异性的多重比较

年龄	9	10	11	12	13	14	15	16
9								
10	0.75							
11	0.25	1.00						
12	0.01	0.78	0.94					
13	0.10	0.99	1.00	0.98				
14	0.04	0.95	0.99	1.00	1.00			
15	0.00	0.21	0.33	0.97	0.44	0.83		
16	0.02	0.89	0.98	1.00	0.99	1.00	0.94	
17	0.00	0.52	0.73	1.00	0.84	0.99	1.00	0.99

注：$P<0.05$表示差异具有显著性，$P<0.01$表示差异具有高度显著性。

我国 9—17 岁男子足球运动员战术决策能力年龄特征研究

为了具体了解年龄因素对跑位决策能力发展的影响，对不同年龄球员跑位得分的差异性进行了多重比较，结果如表 4-2-16 所示。从统计结果中可以发现：9 岁球员与 12 岁、14-17 岁球员之间存在显著性差异，其他年龄段球员之间并无显著性差异。如图 4-2-7 所示，可以直观地观察到不同年龄段球员跑位决策能力的发展情况。9-12 岁期间跑位决策能力随着年龄增长显著提高，13 岁出现明显下降，14 岁出现反弹并于 15 岁达到最高，16 岁出现显著下降后 17 岁出现反弹。

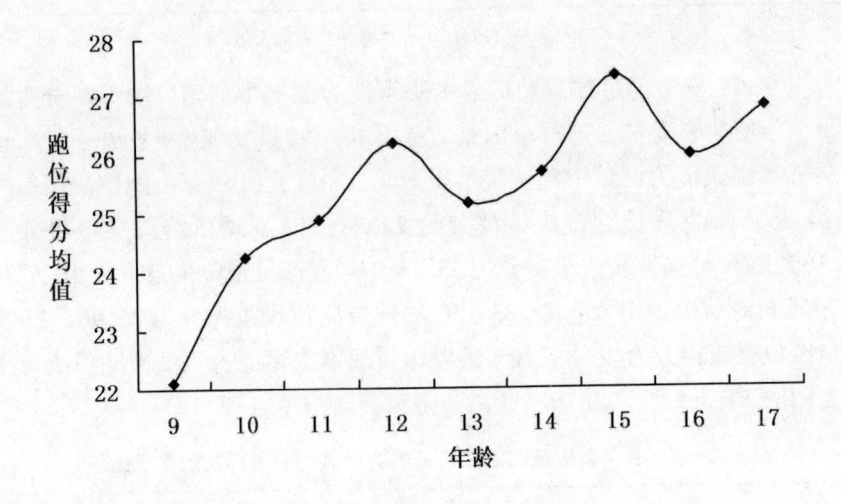

图 4-2-7　跑位决策能力发展趋势

从不同年龄段球员跑位决策能力得分的平均值、差异检验结果及发展趋势图可以看到：总体上，9-17 岁球员的跑位决策能力水平随着年龄的增长而提高。整体上可以分为三个得分水平，即 9 岁为一个得分水平，10 岁、11 岁、13 岁为一个得分水平，12 岁、14-17 岁为一个得分水平。三个得分水平处于跑位决策能力发展的不同阶段，且得分水平之间存在显著性差异。

（五）接应决策能力得分的研究

表 4-2-17　各年龄段球员接应决策能力测试成绩的方差分析

差异来源	平方和	自由度	均方	F	P
组间	167.41	8	20.93	3.74	0.00
组内	1157.92	207	5.59		
总计	1325.33	215			

注：$P<0.05$ 表示差异具有显著性，$P<0.01$ 表示差异具有高度显著性。

以 9-17 岁男子足球运动员战术决策能力测试中的接应决策得分为因变量、年龄为自变量，进行单因素方差分析。结果发现：9 岁男子足球运动员战术决策能力测试中接应决策得分为 13.68，10 岁球员接应决策得分为 14.19，11 岁球员接应决策得分为 15.12，12 岁球员接应决策得分为 16.3，13 岁球员接应决策得分为 15.58，14 岁球员接应决策得分为 16.19，15 岁球员接应决策得分为 16.46，16 岁球员接应决策得分为 16.5，17 岁球员接应决策得分为 15.5。各年龄段球员战术决策能力测试中接应决策得分之间的 $F=3.74$，$P<0.01$，年龄主效应显著（表 4-2-17）。

表 4-2-18　各年龄段球员接应决策能力测试得分差异性的多重比较

年龄	9	10	11	12	13	14	15	16
9								
10	0.99							
11	0.54	0.95						
12	0.00	0.11	0.67					
13	0.13	0.59	0.99	0.96				
14	0.01	0.16	0.78	1.00	0.99			
15	0.00	0.08	0.54	1.00	0.90	1.00		
16	0.00	0.07	0.49	1.00	0.87	1.00	1.00	
17	0.29	0.77	1.00	0.97	1.00	0.99	0.92	0.89

注：$P<0.05$ 表示差异具有显著性，$P<0.01$ 表示差异具有高度显著性。

我国9—17岁男子足球运动员战术决策能力年龄特征研究

　　为了具体了解年龄因素对接应决策能力发展的影响，对不同年龄球员接应得分的差异性进行了多重比较，结果如表4-2-18所示。从统计结果中可以发现：9岁球员与12岁、14岁、15岁、16岁球员之间存在显著性差异，与其他年龄段球员之间并无显著性差异；10-17岁球员之间并无显著性差异。如图4-2-8所示，可以直观地观察到不同年龄段球员接应决策能力的发展情况。9-12岁期间接应决策能力随着年龄增长明显提高，13岁出现显著下降，14岁出现反弹，15-16岁平稳增长达到最高后在17岁时出现明显下降。

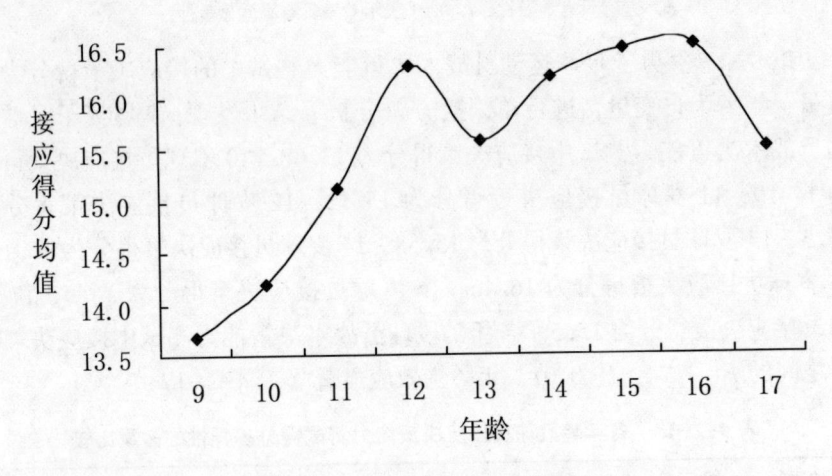

图4-2-8　接应决策能力发展趋势

　　从不同年龄段球员接应决策能力得分的差异检验结果及发展趋势图可以看到：总体上，9-17岁球员的接应决策能力水平随着年龄的增长而提高。整体上可以分为三个得分水平，即9-10岁为一个得分水平，11岁、13岁、17岁为一个得分水平，12岁、14-16岁为一个得分水平。三个得分水平处于接应决策能力发展的不同阶段，且得分水平之间存在显著性差异。

五、防守决策能力得分的具体研究

表 4-2-19　各年龄段球员防守决策能力各指标测试得分的平均值与标准差

年龄	盯人得分	选位得分	保护得分	补位得分	回防得分
U9	13.21±3.14	3.95±2.01	3.63±2.14	3.74±1.88	7.11±2.16
U10	14.06±3.24	4.69±2.44	4.88±1.50	5.63±2.50	7.81±1.47
U11	16.11±2.38	5.65±2.86	5.54±1.10	5.58±1.79	8.41±1.05
U12	17.00±2.80	7.22±2.24	5.78±0.80	7.19±1.79	8.69±0.88
U13	16.61±2.90	4.91±2.23	4.63±1.53	6.44±2.04	8.13±1.19
U14	16.70±3.06	6.11±2.69	5.67±0.96	7.27±1.51	8.88±0.49
U15	16.92±2.89	7.88±1.73	5.50±1.14	7.21±1.25	8.59±0.89
U16	17.38±2.41	7.25±2.15	5.55±1.33	6.58±1.69	8.10±1.41
U17	17.60±2.01	8.25±1.30	5.70±1.34	6.85±2.41	8.38±1.25

关于9-17岁男子足球运动员战术决策能力测试中防守决策能力的研究是从盯人、选位、保护、补位、回防五个方面出发来考量防守决策能力的年龄特征（表4-2-19）。因此，关于防守决策能力的年龄特征也将在此五个方面展开定量研究。为了进一步了解9-17岁男子足球运动员防守决策能力在以上五个方面的具体体现和不同年龄发展特征，将分别对测试中的五个分测试结果进行统计分析，以期获得定量方面的相关研究结果。

（一）盯人决策能力得分的研究

表 4-2-20　各年龄段球员盯人决策能力测试成绩的方差分析

差异来源	平方和	自由度	均方	F	P
组间	353.13	8	44.14	5.74	0.00
组内	1592.53	207	7.69		
总计	1945.66	215			

注：$P<0.05$ 表示差异具有显著性，$P<0.01$ 表示差异具有高度显著性。

我国 9—17 岁男子足球运动员战术决策能力年龄特征研究

以 9-17 岁男子足球运动员战术决策能力测试中的盯人决策得分为因变量、年龄为自变量,进行单因素方差分析。结果发现:9 岁男子足球运动员战术决策能力测试中盯人决策得分为 13.21,10 岁球员盯人决策得分为 14.06,11 岁球员盯人决策得分为 16.11,12 岁球员盯人决策得分为 17,13 岁球员盯人决策得分为 16.61,14 岁球员盯人决策得分为 16.7,15 岁球员盯人决策得分为 16.92,16 岁球员盯人决策得分为 17.38,17 岁球员盯人决策得分为 17.6。各年龄段球员战术决策能力测试中接应决策得分之间的 $F=5.74$,$P<0.01$,年龄主效应显著(表 4-2-20)。

表 4-2-21 各年龄段球员盯人决策能力测试得分差异性的多重比较

年龄	9	10	11	12	13	14	15	16
9								
10	0.99							
11	0.02	0.32						
12	0.00	0.03	0.96					
13	0.00	0.07	0.99	1.00				
14	0.00	0.07	0.99	1.00	1.00			
15	0.00	0.04	0.98	1.00	1.00	1.00		
16	0.00	0.00	0.79	1.00	0.98	0.99	1.00	
17	0.00	0.00	0.67	0.99	0.94	0.97	0.99	1.00

注:$P<0.05$ 表示差异具有显著性,$P<0.01$ 表示差异具有高度显著性。

为了具体了解年龄因素对盯人决策能力发展的影响,对不同年龄球员盯人得分的差异性进行了多重比较,结果如表 4-2-21 所示。从统计结果中可以发现:9 岁球员与 10 岁球员之间不存在显著性差异,与其他年龄段球员之间都存在显著性差异,10 岁球员与 9 岁、11 岁、13-14 岁球员之间不存在显著性差异,与其他年龄段球员之间都存在显著性差异,11-17 岁球员之间不存在显著性差异。如图 4-2-9 所示,可以直观地观察到不同年龄段球员盯人决策能力的发展情况。9-12 岁阶段快速发展并于 12 岁达到较高阶段,13 岁出现下降,14 岁出现反弹后发展缓慢并于 17 岁达到最高水平。

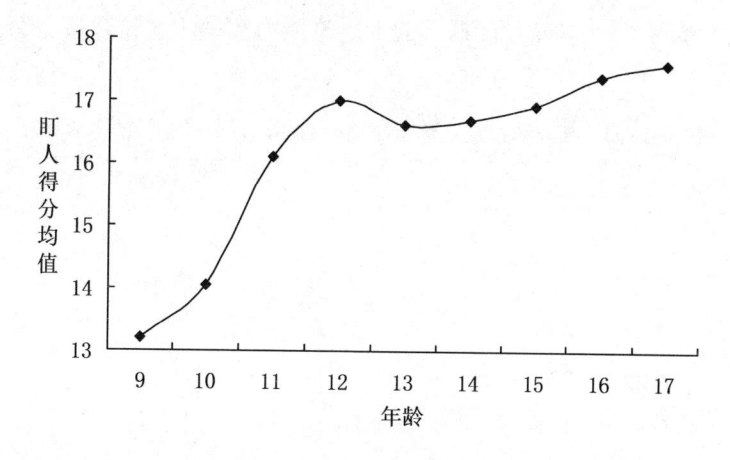

图 4-2-9 盯人决策能力发展趋势

从不同年龄段球员盯人决策能力得分的差异检验结果及发展趋势图可以看到：总体上，9-17岁球员的盯人决策能力水平随着年龄的增长而提高。整体上可以分为三个得分水平，即9-10岁为一个得分水平，11岁为一个得分水平，12-17岁为一个得分水平。三个得分水平处于盯人决策能力发展的不同阶段，且得分水平之间存在显著性差异。

（二）选位决策能力得分的研究

表 4-2-22 各年龄段球员选位决策能力测试成绩的方差分析

差异来源	平方和	自由度	均方	F	P
组间	401.75	8	50.22	9.87	0.00
组内	1053.21	207	5.09		
总计	1454.96	215			

注：$P<0.05$ 表示差异具有显著性，$P<0.01$ 表示差异具有高度显著性。

以9-17岁男子足球运动员战术决策能力测试中的选位决策得分为因变量、年龄为自变量，进行单因素方差分析。结果发现：9岁男子足球运动员战术决策能力测试中选位决策得分为3.95，10岁球员选位决策得分为4.69，11岁球员选位决策得分为5.65，12岁球员选位决策得分为7.22，13岁球员选位决策得分为4.91，14岁球员选位决策得分为6.11，15岁球员选位决策得分为7.88，16岁球员选位决策得分为7.25，17岁球员选位

65

决策得分为8.25。各年龄段球员战术决策能力测试中选位决策得分之间的 $F=9.87$，$P<0.01$，年龄主效应显著（表4-2-22）。

表4-2-23 各年龄段球员选位决策能力测试得分差异性的多重比较

年龄	9	10	11	12	13	14	15	16
9								
10	0.99							
11	0.23	0.91						
12	0.00	0.01	0.22					
13	0.86	1.00	0.94	0.00				
14	0.04	0.54	0.99	0.68	0.51			
15	0.00	0.00	0.01	0.98	0.00	0.13		
16	0.00	0.01	0.23	1.00	0.00	0.68	0.99	
17	0.00	0.00	0.00	0.83	0.00	0.04	1.00	0.87

注：$P<0.05$表示差异具有显著性，$P<0.01$表示差异具有高度显著性。

为了具体了解年龄因素对选位决策能力发展的影响，对不同年龄球员选位决策得分的差异性进行了多重比较，结果如表4-2-23。从统计结果中可以发现：9岁球员与10岁、11岁、13岁球员之间不存在显著性差异，与其他年龄段球员之间都存在显著性差异，10岁球员与9岁、11岁、13-14岁球员之间不存在显著性差异，与其他年龄段球员之间存在显著性差异，11岁球员与15岁、17岁球员之间存在显著性差异，与其他年龄段球员之间不存在显著性差异，12岁球员与9-10岁、13岁球员之间存在显著性差异，与其他年龄段球员之间不存在显著性差异，13岁球员与12岁、15-17岁球员之间存在显著性差异，与其他年龄段球员之间不存在显著性差异，14岁球员与9岁、17岁球员之间存在显著性差异，与其他年龄段球员之间不存在显著性差异，15-17岁球员之间不存在显著性差异。如图4-2-10所示，可以直观地观察到不同年龄段球员选位决策能力的发展情况：9-12岁阶段快速发展，13岁出现明显下降，14岁出现反弹，14-15岁快速发展，16岁再次出现波动性下降并于17岁达到最高水平。

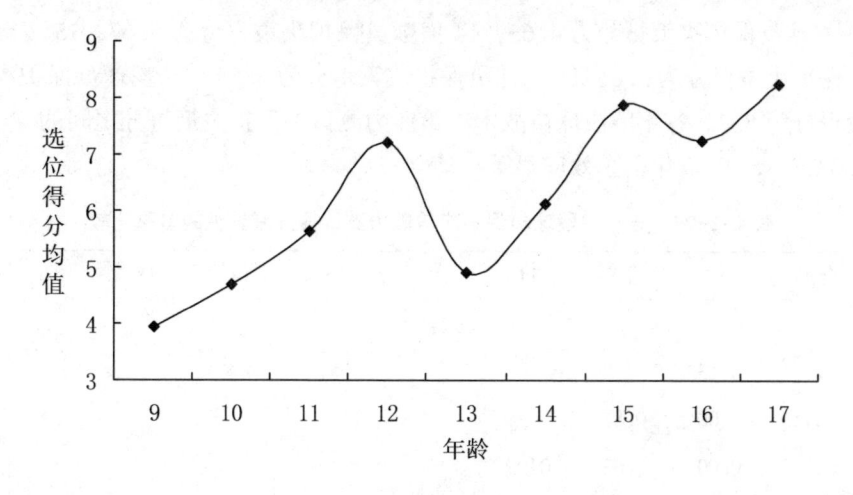

图 4-2-10 选位决策能力发展趋势

从不同年龄段球员选位决策能力得分的差异检验结果及发展趋势图可以看到：总体上，9-17 岁球员的选位决策能力水平随着年龄的增长而提高。整体上可以分为三个得分水平，即 9 岁、10 岁、13 岁为一个得分水平，11 岁、14 岁为一个得分水平，12 岁、15-17 岁为一个得分水平。三个得分水平处于选位决策能力发展的不同阶段，且得分水平之间存在显著性差异。

（三）保护决策能力得分的研究

表 4-2-24　各年龄段球员保护决策能力测试成绩的方差分析

差异来源	平方和	自由度	均方	F	P
组间	84.03	8	10.50	6.02	0.00
组内	361.31	207	1.75		
总计	445.34	215			

注：$P<0.05$ 表示差异具有显著性，$P<0.01$ 表示差异具有高度显著性。

以 9-17 岁男子足球运动员战术决策能力测试中的保护决策得分为因变量、年龄为自变量，进行单因素方差分析。结果发现：9 岁男子足球运动员战术决策能力测试中保护决策得分为 3.63，10 岁球员保护决策得分为 4.88，11 岁球员保护决策得分为 5.54，12 岁球员保护决策得分为 5.78，

我国9—17岁男子足球运动员战术决策能力年龄特征研究

13岁球员保护决策得分为4.63,14岁球员保护决策得分为5.67,15岁球员保护决策得分为5.5,16岁球员保护决策得分为5.55,17岁球员保护决策得分为5.7。各年龄段球员战术决策能力测试中保护决策得分之间的$F=6.02$,$P<0.01$,年龄主效应显著(表4-2-24)。

表4-2-25　各年龄段球员保护决策能力测试得分差异性的多重比较

年龄	9	10	11	12	13	14	15	16
9								
10	0.13							
11	0.00	0.81						
12	0.00	0.43	0.99					
13	0.26	1.00	0.27	0.05				
14	0.00	0.61	1.00	1.00	0.12			
15	0.00	0.87	1.00	0.99	0.35	1.00		
16	0.00	0.76	1.00	0.99	0.19	1.00	1.00	
17	0.00	0.64	1.00	1.00	0.16	1.00	1.00	1.00

注:$P<0.05$表示差异具有显著性,$P<0.01$表示差异具有高度显著性。

为了具体了解年龄因素对保护决策能力发展的影响,对不同年龄球员保护决策得分的差异性进行了多重比较,结果如表4-2-25所示。从统计结果中可以发现:9岁球员与10岁、13岁球员之间不存在显著性差异,与其他年龄段球员之间存在显著性差异,10岁球员与其他年龄段球员之间不存在显著性差异,11岁球员与9岁外的其他年龄段球员之间不存在显著性差异,12岁球员与13岁球员之间存在显著性差异,与其他年龄段球员之间不存在显著性差异,14-17岁球员之间不存在显著性差异,如图4-2-11所示,可以直观地观察到不同年龄段球员保护决策能力的发展情况:9-12岁阶段快速发展并于12岁达到最高水平,13岁出现明显下降,之后出现反弹,14-17发展趋于平稳。

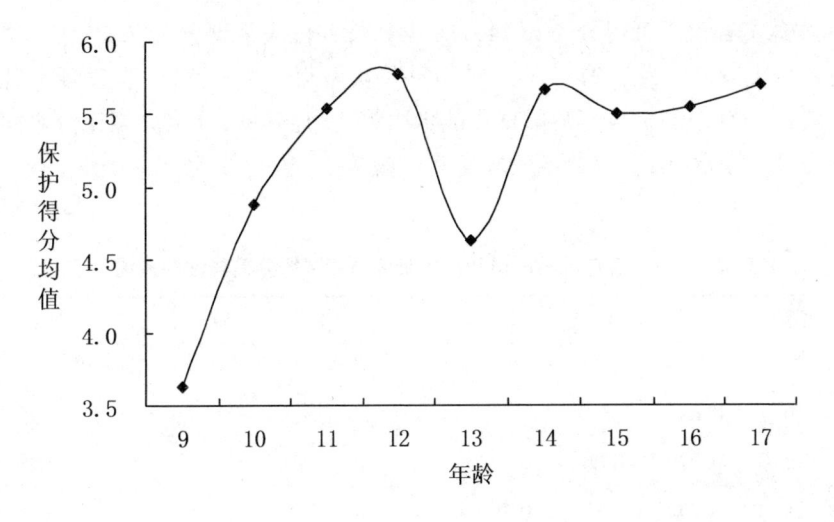

图 4-2-11 保护决策能力发展趋势

从不同年龄段球员保护决策能力得分的差异检验结果及发展趋势图可以看到：总体上，9-17岁球员的保护决策能力水平随着年龄的增长而提高。整体上可以分为三个得分水平，即9岁为一个得分水平，10岁、13岁为一个得分水平，11-12岁、14-17岁为一个得分水平。三个得分水平处于保护决策能力发展的不同阶段，且得分水平之间存在显著性差异。

（四）补位决策能力得分的研究

表 4-2-26 各年龄段球员补位决策能力测试成绩的方差分析

差异来源	平方和	自由度	均方	F	P
组间	224.35	8	28.04	8.11	0.00
组内	715.41	207	3.46		
总计	939.76	215			

注：$P<0.05$ 表示差异具有显著性，$P<0.01$ 表示差异具有高度显著性。

以9-17岁男子足球运动员战术决策能力测试中的补位决策得分为因变量、年龄为自变量，进行单因素方差分析。结果发现：9岁男子足球运动员战术决策能力测试中补位决策得分为3.74，10岁球员补位决策得分为5.63，11岁球员补位决策得分为5.58，12岁球员补位决策得分为7.19，

13岁球员补位决策得分为6.44，14岁球员补位决策得分为7.27，15岁球员补位决策得分为7.21，16岁球员补位决策得分为6.58，17岁球员补位决策得分为6.85。各年龄段球员战术决策能力测试中补位决策得分之间的$F=8.11$，$P<0.01$，年龄主效应显著（表4-2-26）。

表4-2-27　各年龄段球员补位决策能力测试得分差异性的多重比较

年龄	9	10	11	12	13	14	15	16
9								
10	0.03							
11	0.07	1.00						
12	0.00	0.17	0.04					
13	0.00	0.89	0.75	0.87				
14	0.00	0.90	0.02	1.00	0.74			
15	0.00	0.18	0.05	1.00	0.87	1.00		
16	0.00	0.81	0.61	0.97	1.00	0.90	0.96	
17	0.00	0.57	0.35	1.00	1.00	0.99	0.99	1.00

注：$P<0.05$表示差异具有显著性，$P<0.01$表示差异具有高度显著性。

为了具体了解年龄因素对补位决策能力发展的影响，对不同年龄球员补位得分的差异性进行了多重比较，结果如表4-2-27所示。从统计结果中可以发现：9岁球员与11岁球员之间不存在显著性差异，与其他年龄段球员之间都存在显著性差异，10岁球员与9岁之外的其他年龄段球员之间都不存在显著性差异，11岁球员与12岁、14-15岁球员之间存在显著性差异，与其他年龄段球员之间不存在显著性差异，12-17岁球员之间不存在显著性差异。如图4-2-12所示，可以直观地观察到不同年龄段球员补位决策能力的发展情况：9-10岁快速发展，10-11岁发展缓慢，12岁出现快速增长，13岁出现下降，14岁出现反弹并达到最高水平，之后有所下降但稳定在较高水平。

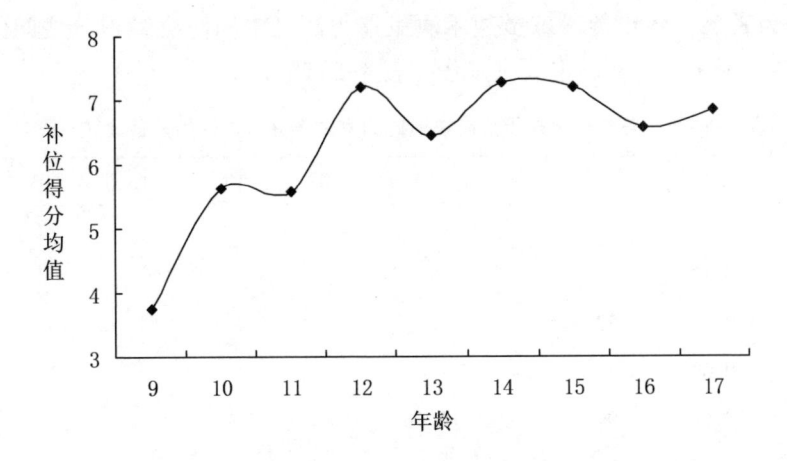

图 4-2-12　补位决策能力发展趋势

从不同年龄段球员补位决策能力得分的差异检验结果及发展趋势图可以看到：总体上，9-17 岁球员的补位决策能力水平随着年龄的增长而提高。整体上可以分为三个得分水平，即 9 岁为一个得分水平，10-11 岁为一个得分水平，12-17 岁为一个得分水平。三个得分水平处于补位决策能力发展的不同阶段，且得分水平之间存在显著性差异。

（五）回防决策能力得分的研究

表 4-2-28　各年龄段球员回防决策能力测试成绩的方差分析

差异来源	平方和	自由度	均方	F	P
组间	50.22	8	6.28	4.36	0.00
组内	298.37	207	1.44		
总计	348.59	215			

注：$P<0.05$ 表示差异具有显著性，$P<0.01$ 表示差异具有高度显著性。

以 9-17 岁男子足球运动员战术决策能力测试中的回防决策得分为因变量，年龄为自变量，进行单因素方差分析。结果发现：9 岁男子足球运动员战术决策能力测试中回防决策得分为 7.11，10 岁球员回防决策得分为 7.81，11 岁球员回防决策得分为 8.41，12 岁球员回防决策得分为 8.69，13 岁球员回防决策得分为 8.13，14 岁球员回防决策得分为 8.88，15 岁球员回防决策得分为 8.59，16 岁球员回防决策得分为 8.1，17 岁球员回防决策得分为 8.38。各年龄段球员战术决策能力测试中回防决策得分之间的 $F=4.36$，$P<0.01$，年龄主效应显著（表4-2-28）。

表4-2-29　各年龄段球员回防决策能力测试得分差异性的多重比较

年龄	9	10	11	12	13	14	15	16
9								
10	0.72							
11	0.01	0.82						
12	0.00	0.34	0.99					
13	0.13	0.99	0.99	0.76				
14	0.00	0.09	0.85	1.00	0.32			
15	0.00	0.50	1.00	1.00	0.90	0.99		
16	0.19	0.99	0.99	0.77	1.00	0.35	0.90	
17	0.02	0.88	1.00	0.99	0.99	0.82	0.99	0.99

注：$P<0.05$ 表示差异具有显著性，$P<0.01$ 表示差异具有高度显著性。

为了具体了解年龄因素对回防决策能力发展的影响，对不同年龄球员回防得分的差异性进行了多重比较，结果如表4-2-29所示。从统计结果中可以发现：9岁球员与10岁、13岁、16岁球员之间不存在显著性差异，与其他年龄段球员之间都存在显著性差异；10-17岁球员之间不存在显著性差异。如图4-2-13所示，可以直观地观察到不同年龄段球员回防决策能力的发展情况。9-12岁快速发展，13岁出现下降，14岁出现反弹并达到最高水平，15-16岁出现明显下降，17岁出现反弹。

从不同年龄段球员回防决策能力得分的差异检验结果及发展趋势图可以看到：总体上，9-17岁球员的回防决策能力水平随着年龄的增长而提高。整体上可以分为三个得分水平，即9岁为一个得分水平，10岁、13岁、16岁为一个得分水平，11岁、12岁、14岁、15岁、17岁为一个得分水平。四个得分水平处于回防决策能力发展的不同阶段，且得分水平之间存在显著性差异。

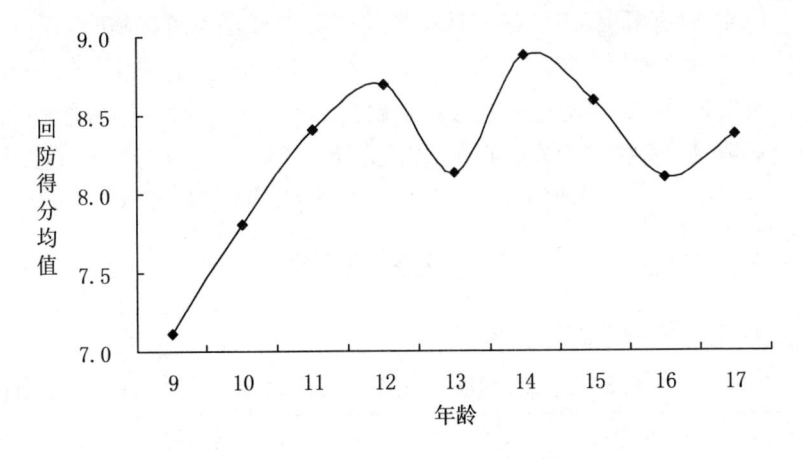

图 4-2-13 回防决策能力发展趋势

第三节 战术决策能力的定性实证研究

一、传球决策能力的定性研究

传球是组织进攻、渗透突破、创造射门、实现战术目的的重要手段，亦是比赛中运用最多的一项技术。当代足球正处于快速、全攻全守的发展方向，在比赛中不停顿的及时传球、高度准确的中长传转移、高速运球过程中进行隐蔽性传球以创造射门及进球良机已是世界足球强队的重要标志。

传球的目的是为了实现进攻、进球。为此，必须明确传球原则：①能射不传。②向前、向对方身后传球；组织进攻的目的是就是要突破对方防线，取得射门机会。向对方身后传球若能成功，即意味着防线的突破，能给对方球门构成威胁。这是传球者的第一选择。③向前、向同伴脚下传球；若不能向对方身后传球，则快速向前方同伴的脚下传球，通过同伴再去创造空间。这是传球者的第二选择。④向前、向两侧同伴转移中长传球；利用中长传转移，扯动防守，再创向前机会，这是传球者的第三选择。⑤向左右两侧同伴横、回传球；当前三种传球皆不可实施时，向左右两侧同伴横、回传，保持控球权，再寻找机会发动向前的进攻。这是传球者的最后选择。❶ 足球比赛千变万化、瞬息万变。可以说，不可能存在相同的比赛情景，只能说存在类似的比赛情景。不同的比赛情景中，控球队员因对手、队友、球、球门等因素的影响而选择不同的处理球的方式。

（一）阵地进攻情景下的传球决策特征

1. 后场边路的传球决策特征

表 4-3-1　9-17 岁男子足球运动员后场边路无紧逼情景下传球决策的百分比统计

指标	9岁	10岁	11岁	12岁	13岁	14岁	15岁	16岁	17岁
回传	5.3	24.9	0.0	0.0	0.0	3.7	0.0	8.3	0.0
前传脚下	42.1	37.5	73.2	81.5	68.5	85.2	95.8	75.1	95.0
向前运球	5.3	18.8	11.5	3.7	7.3	11.1	4.2	8.3	5.0
转移	42.1	6.3	11.5	3.7	18.1	0.0	0.0	8.3	0.0
传身后	5.2	12.5	3.8	11.1	6.1	0.0	0.0	0.0	0.0

如表 4-3-1 所示为阵地进攻过程中，持球进攻球员处于后场边路且面对无防守队员紧逼的情景下对球的处理情况。此情景下，持球进攻队员处于后场边路位置且无防守压力：第一种选择是向身后同伴回传，可以保证不丢失球权继续组织进攻，但是在可以向前传的情况下选择回传会延缓己方的进攻；第二种选择是向处于中场无压力情景下的同伴传球，既可以保证球权的控制又可以持续向进攻方向推进，是此情景下的最佳决策；第三种选择是向进攻方向运球，虽然可以向前推进，但是距离对方第一防守队员的距离并不远，向前运球的同时对方的第一防守队员可以立即实施逼抢，最终可能导致球权丢失或向身后同伴传球；第四种选择是长传球转移到球场另一侧，接球同伴虽然无人盯防，但是球在空中运行的过程需要时间，同伴接到转移球的同时对方防守球员可能已经逼近持球同伴；第五种选择是长传球向对方后卫线身后传球，虽然传向对方身后容易突破对方防线，但此时接球同伴处于两名防守队员的中间，相较于进攻队员，防守队员更容易破坏这次传球。

---

❶ 中国体育教练员岗位培训教材（足球）[M]. 北京：人民体育出版社，1997.

第四章　结果与分析

如表4-3-1所示：9岁男子足球运动员在后场边路位置无紧逼情景下持球进攻时：5.3%的球员选择了向身后的同伴回传，42.1%的球员选择了向前方的同伴传球，5.3%的球员选择了向进攻方向运球，42.1%的球员选择了将球长传转移到球场另一侧，5.2%的球员选择了向对方后卫线身后传球。10岁男子足球运动员在后场边路位置无紧逼情景下持球进攻时：24.9%的球员选择了回传身后的同伴，37.5%的球员选择了向前方的同伴传球，18.8%的球员选择了向进攻方向运球，6.3%的球员选择了将球长传转移到球场的另一侧，12.5%的球员选择了向对方后卫线身后传球。11岁男子足球运动员在后场边路位置无紧逼情景下持球进攻时：无人选择回传身后的同伴，73.2%的球员选择了向前方的同伴传球，11.5%的球员选择了向进攻方向运球，11.5%的球员选择了将球长传转移到球场的另一侧，3.8%的球员选择了向对方后卫线身后传球。12岁男子足球运动员在后场边路位置无紧逼情景下持球进攻时：无人选择向身后同伴回传，81.5%的球员向前方同伴传球，3.7%的球员选择了向进攻方向运球，3.7%的球员选择了将球长传转移到球场的另一侧，11.1%的球员选择了向对方后卫线身后传球。13岁男子足球运动员在后场边路位置无紧逼情景下持球进攻时：无人选择向后方同伴传球，68.5%的球员选择了向前方同伴传球，7.3%的球员选择了向进攻方向运球，18.1%的球员选择了长传球转移到球场另一侧，6.1%的球员选择了向对方后卫线身后传球。14岁男子足球运动员在后场边路位置无紧逼情景下持球进攻时：3.7%的球员选择了回传身后同伴，85.2%的球员选择了向前方同伴传球，11.1%的球员选择了向进攻方向运球，无人选择长传球转移到球场另一侧和向对方后卫线身后传球。15岁男子足球运动员在后场边路位置无紧逼情景下持球进攻时：无人选择回传身后同伴、长传球转移到球场另一侧和向对方后卫线身后传球，95.8%的球员选择了向前方同伴传球，4.2%的球员选择了向进攻方向运球。16岁男子足球运动员在后场边路位置无紧逼情景下持球进攻时：8.3%的球员选择了向身后同伴传球，75.1%的球员选择了向前方同伴传球，8.3%的球员选择了向进攻方向运球，8.3%的球员选择了长传球转移到球场另一侧，无人选择向对方后卫线身后传球。17岁男子足球运动员在后场边路位置无紧逼情景下持球进攻时：无人选择回传身后同伴、长传球转移到球场另一侧和向对方后卫线身后传球，95%的球员选择了向前方同伴传球，5%的球员选择了向进攻方向运球。

总的来看，9-17岁球员在后场边路位置无紧逼情景下持球进攻时对球的处理表现出以前传队友脚下的传球特征。但是，9岁球员此情景下以前传脚下和转移两种方式为主，占比都为42.1%；10岁球员以前传脚下为主，占比37.5%，回传、向前运球、传身后三种方式占据一定比例；自10岁开始，即11-17岁球员以前传脚下为主，占比几乎都在70%以上。可以说，9-10岁球员的决策以前传脚下为主，但其他方式仍占据一定比例，即处理球的方式较为分散；从10岁开始，前传脚下的占比出现显著增长，但是13岁时，前传脚下的占比突然出现下降。总的来说，这种趋势随年龄增长逐渐变大且处理球的方式越来越集中。

表4-3-2 9-17岁男子足球运动员后场边路有紧逼情景下传球决策的百分比统计

指标	9岁	10岁	11岁	12岁	13岁	14岁	15岁	16岁	17岁
传身后	0.0	25	7.7	3.7	6.1	3.7	0.0	0.0	0.0
转移	15.8	18.8	30.7	25.9	27.3	37	20.8	12.5	0.0
向前运球	0.0	0.0	15.4	3.7	0.0	0.0	0.0	0.0	5
前传脚下	73.7	50	38.5	55.6	63.6	59.3	45.9	62.5	80
回传	10.5	6.2	7.7	11.1	0.0	0.0	33.3	25	15

如表4-3-2所示为阵地进攻过程中，持球进攻球员处于后场边路且面对防守队员紧逼的情景下对球的处理情况。此情景下，持球进攻队员处于后场边路位置且面临巨大压力，第一种选择是向对方防线身后传球，接球同伴被防守队员盯防且处于人数劣势，此种选择的直接结果就是球权的丢失；第二种选择是长传球转移到球场另一侧，接球同伴无人盯防，但距离防守队员较近，同伴接到长传球的同时防守队员可以形成紧逼，有可能会导致丢球；第三种选择是向进攻方向运球，此时持球队员的进攻空间非常狭窄，向前强行运球突破成功的可能性非常小，大概率会丢失球权；第四种选择是向中场无人盯防的同伴传球，此种选择有可能成功，但是这种传球路线已经被防守队员发现并向该传球路线移动，有可能会造成丢球，一旦在这个位置丢球，对方可以直接射门；第五种选择是回传身后同伴，持球队员向前传球的选择空间都被防守队员封锁，此时身后同伴无人盯防且传球空间较大，通过回传身后同伴保持控球并继续组织进攻是最佳决策。

如表4-3-2所示：9岁男子足球运动员在后场边路位置有紧逼情景下持球进攻时：无人选择向对方防线身后传球和向进攻方向运球，15.8%的球员选择了长传球转移到球场另一侧，73.7%的球员选择了向前方同伴传球，10.5%的球员选择了向身后同伴传球。10岁男子足球运动员在后场边路位置有紧逼情景下持球进攻时：25%的球员选择了向对方后卫线身后传球，18.8%的球员选择了将球长传转移到球场另一侧，无人选择向进攻方向运球，50%的人选择了向前方同伴传球，6.2%的球员选择了回传身后同伴。11岁男子足球运动员在后场边路位置有紧逼情景下持球进攻时：7.7%的球员选择了向对方后卫线身后传球，30.7%的球员选择了长传球转移到球场另一侧，15.4%的球员选择了向进攻方向运球，38.5%的球员选择了向前方同伴传球，7.7%的球员选择了向身后同伴回传。12岁男子足球运动员在后场边路位置有紧逼情景下持球进攻时：3.7%的球员选择了向对方后卫线身后传球，25.9%的球员选择了将球长传转移到球场另一侧，3.7%的球员选择了向进攻方向运球，55.6%的球员选择了向前方同伴传球，11.1%的球员选择了回传身后同伴。13岁男子足球运动员在后场边路位置有紧逼情景下持球进攻时：6.1%的球员选择了向对方后卫线身后传球，27.3%的球员选择了长传转移到球场另一侧，3%的球员选择了向进攻方向运球，63.6%的球员选择了向前方同伴传球，无人选择向身后同伴传球。14岁男子足球运动员在后场边路位置有紧逼情景下持球进攻时：3.7%的球员选择了向对方后卫线身后传球，37%的球员选择了长传球转移到球场另一侧，59.3%的球员选择了向前方同伴脚下传球，无人选择向进攻方向运球和回传身后同伴。15岁男子足球运动员在后场边路位置有紧逼情景下持球进攻时：无人选择向对方后卫线身后传球和向进攻方向运球，20.8%的球员选择了将球长传转移到球场另一侧，45.9%的球员选择了向前方同伴传球，33.3%的球员选择了回传身后同伴。16岁男子足球运动员在后场边路位置有紧逼情景下持球进攻时：无人选择向对方后卫线身后传球和向进攻方向运球，12.5%的球员选择了长传球转移到球场另一侧，62.5%的球员选择了向前方同伴传球，25%的球员选择了回传身后同伴。17岁男子足球运动员在后场边路位置有紧逼情景下持球进攻时：无人选择向对方后卫线身后传球和长传球转移到球场另一侧，5%的球员选择了向进攻方向运球，80%的球员选择了向前方同伴传球，15%的球员选择了向身后同伴传球。

总的来看，9-17岁男子足球运动员在后场边路位置有紧逼情景下持球进攻时对球的处理表现出以前传队友脚下为主的传球特征，但是这种特征并未随年龄变化而出现显著的变化。9-14岁球员以前传队友脚下为主，转移球的处理方式占据一定比例，15-17岁球员以前传队友脚下为主，回传球的处理方式占据一定比例。

2. 后场中路的传球决策特征

表4-3-3　9-17岁男子足球运动员后场中路无紧逼情景下传球决策的百分比统计

指标	9岁	10岁	11岁	12岁	13岁	14岁	15岁	16岁	17岁
回传	0.0	6.3	0.0	0.0	3.0	0.0	0.0	0.0	0.0
横传	10.5	18.8	19.2	11.1	15.2	7.4	8.3	0.0	5.0
向前运球	10.5	31.3	34.6	18.5	9.1	3.7	4.2	12.5	5.0
前传脚下	36.8	43.8	38.5	44.4	57.6	81.5	87.5	87.5	85.0
转移	10.5	0.0	3.8	14.8	6.1	3.7	0.0	0.0	0.0
传身后	31.6	0.0	3.8	11.1	9.1	3.7	0.0	0.0	5.0

如表4-3-3所示为阵地进攻过程中，持球进攻队员处于后场中路且面对无防守队员紧逼的情景下对球的处理方式。此情景下，持球进攻队员处于后场中路位置且无压力，第一种选择是向身后同伴传球，这种选择可以保证不丢球，但是属于无效传球，不利于进攻；第二种选择是将球横传给处于接应位置的同伴，这种选择与第一种选择类似；第三种选择是向进攻方向运球，运球的同时防守队员会第一时间进行压迫，可以保持控球但不能持续向前推进；第四种选择是向处于中场位置且无压力的同伴传球，通过中场同伴的控球持续向前推进，是此情景下的最佳决策；第五种选择是通过长传球的形式将球转移到中场的边路位置，此时同伴无人盯防，可以接球并控球，但是球在空中运行的过程给了较近位置的防守队员充足的时间对接球同伴进行压迫。

如表4-3-3所示：9岁男子足球运动员在后场中路位置无紧逼情景下持球进攻时：无人选择向身后同伴传球，10.5%的球员选择了横传接应的同伴，10.5%的球员选择了向进攻方向运球，36.8%的球员选择了向前方同伴传球，10.5%的球员选择了将球长传转移到中场边路位置，31.6%的球员选择了通过长传球向对方后卫线身后传球。10岁男子足球运动员在后场中路位置无紧逼情景下持球进攻时：6.3%的球员选择了向身后同伴传球，18.8%的球员选择了横传接应的同伴，31.3%的球员选择了向进攻方向运球，43.8%的球员选择了向前方同伴传球，无人选择将球长传转移到中场边路位置和长传球向对方后卫线身后传球。11岁男子足球运动员在后场中路位置无紧逼情景下持球进攻时：无人选择向身后同伴传球，19.2%的球员选择了横传接应的同伴，34.6%的球员选择了向进攻方向运球，38.5%的球员选择了向前方同伴传球，3.8%的球员选择了将球长传转移到中场边路位置，3.8%的球员选择了长传球向对方后卫线身后传球。12岁男子足球运动员在后场中路位置无紧逼情景下持球进攻时：无人选择向身后同伴传球，11.1%的球员选择了横传接应的同伴，18.5%的球员选择了向进攻方向运球，44.4%的球员选择了向前方同伴传球，14.8%的球员选择了将球长传转移到中场边路位置，11.1%的球员选择了通过长传球向对方后卫线身后传球。13岁男子足球运动员在后场中路位置无紧逼情景下持球进攻时：3%的球员选择了向身后同伴传球，15.2%的球员选择了横传接应的同伴，9.1%的球员选择了向进攻方向运球，57.6%的球员选择了向前方同伴传球，6.1%的球员选择了将球长传转移到中场边路位置，9.1%的球员选择了通过长传球向对方后卫线身后传球。14岁男子足球运动员在后场中路位置无紧逼情景下持球进攻时：无人选择向身后同伴传球，7.4%的球员选择了横传接应的同伴，3.7%的球员选择了向进攻方向运球，81.5%的球员选择了向前方同伴传球，3.7%的球员选择了将球长传转移到中场边路位置，3.7%的球员选择了通过长传球向对方后卫线身后传球。15岁男子足球运动员在后场中路位置无紧逼情景下持球进攻时：无人选择向身后同伴传球、长传转移到中场边路位置和长传球向对方后卫线身后传球，8.3%的球员选择了横传接应的同伴，4.2%的球员选择了向进攻方向运球，87.5%的球员选择了向前方同伴传球。16岁男子足球运动员在后场中路位置无紧逼情景下持球进攻时：无人选择向身后同伴传球、横传接应的同伴、长传转移到中场边路位置和长传球向对方后卫线身后传球，12.5%的球员选择了向进攻方向运球，87.5%的球员选择了向前方同伴传球。17岁男子足球运动员在后场中路位置无紧逼情景下持球进攻时：无人选择向身后同伴传球和长传转移到中场边路位置，5%的球员选择了横传接应的同伴，5%的球员选择了向进攻方向运球，85%的球员选择了向前方同伴传球，5%的球员选择了通过长传球向对方后卫线身后传球。

总的来看，9-17岁球员此情景下对球的处理表现出以前传队友脚下为主的传球特征。但是，9-11岁球员前传队友脚下方式的占比并不明显，12-17岁球员前传队友脚下方式的占比明显高于其他决策方式，并随年龄增长逐渐变得更加明显。此外，9-13岁球员此情景下处理球的方式较分散，自14岁开始，球员处理球的方式集中于前传队友脚下且占比全部在85%以上。

表4-3-4 9-17岁男子足球运动员后场中路有紧逼情景下传球决策的百分比统计

指标	9岁	10岁	11岁	12岁	13岁	14岁	15岁	16岁	17岁
横传	31.6	31.2	7.7	7.4	18.2	14.8	8.3	8.3	25.0
转移	42.1	50.0	42.3	33.3	27.3	37.0	41.7	16.7	25.0
向前运球	0.0	0.0	0.0	7.4	3.0	0.0	4.2	4.2	0.0
前传脚下	15.8	18.8	50.0	51.9	48.5	48.2	45.8	70.8	45.0
传身后	10.5	0.0	0.0	0.0	3.0	0.0	0.0	0.0	5.0

如表4-3-4所示为阵地进攻过程中，持球进攻队员处于后场中路且面对防守队员紧逼的情景下对球的处理方式。此情景下，持球进攻队员处于后场中路位置且面临防守压力，第一种选择是横传中路接应同伴，可以保证球权的控制并继续组织进攻；第二种选择是将球转移到球场另一侧接应的队友，此时接应队友无防守队员盯防，进攻方向有充足的进攻空间，可以快速向进攻方向推进，是此情景下的最佳决策；第三种选择是向进攻方向运球，此时持球队员前方有多名防守队员进行逼抢，强行向前运球突破可能会导致球权的丢失，一旦由攻转守，对方可以在此位置直接选择射门；第四种选择是向前方同伴传球，可以保证控球并继续组织进攻，但是接应同伴周围的防守队员数量占优势，不利于快速向进攻方向推进；第五种选择是向对方身后传球，此时接球同伴附近有防守队员对其进行盯防，其接球的同时，防守队员可以直接进行逼抢，可能会造成球权的丢失。

如表4-3-4所示：9岁男子足球运动员在后场中路位置有紧逼情景下持球进攻时：31.6%的球员选择了横传处于接应位置的同伴，42.1%的球员选择了长传球转移到球场另一侧，无人选择向进攻方向运球突破，

15.8%的球员选择了向前方同伴传球，10.5%的球员选择了向对方身后传球。10岁男子足球运动员在后场中路位置有紧逼情景下持球进攻时：31.2%的球员选择了横传处于接应位置的同伴，50%的球员选择了长传球转移到球场另一侧，无人选择向进攻方向运球突破和向对方身后传球，18.8%的球员选择了向前方同伴传球。11岁男子足球运动员在后场中路位置有紧逼情景下持球进攻时：7.7%的球员选择了横传处于接应位置的同伴，42.3%的球员选择了长传球转移到球场另一侧，无人选择向进攻方向运球突破和向对方身后传球，50%的球员选择了向前方同伴传球。12岁男子足球运动员在后场中路位置有紧逼情景下持球进攻时：7.4%的球员选择了横传处于接应位置的同伴，33.3%的球员选择了长传球转移到球场另一侧，7.4%的球员选择了向进攻方向运球突破，51.9%的球员选择了向前方同伴传球，无人选择向对方身后传球。13岁男子足球运动员在后场中路位置有紧逼情景下持球进攻时：18.2%的球员选择了横传处于接应位置的同伴，27.3%的球员选择了长传球转移到球场另一侧，3%的球员选择了向进攻方向运球突破，48.5%的球员选择了向前方同伴传球，3%的球员选择了向对方身后传球。14岁男子足球运动员在后场中路位置有紧逼情景下持球进攻时：14.8%的球员选择了横传处于接应位置的同伴，37%的球员选择了长传球转移到球场另一侧，无人选择向进攻方向运球突破和向对方身后传球，48.2%的球员选择了向前方同伴传球。15岁男子足球运动员在后场中路位置有紧逼情景下持球进攻时：8.3%的球员选择了横传处于接应位置的同伴，41.7%的球员选择了长传球转移到球场另一侧，4.2%的球员选择了向进攻方向运球突破，45.8%的球员选择了向前方同伴传球，无人选择向对方身后传球。16岁男子足球运动员在后场中路位置有紧逼情景下持球进攻时：8.3%的球员选择了横传处于接应位置的同伴，16.7%的球员选择了长传球转移到球场另一侧，4.2%的球员选择了向进攻方向运球突破，70.8%的球员选择了向前方同伴传球，无人选择向对方身后传球。17岁男子足球运动员在后场中路位置有紧逼情景下持球进攻时：25%的球员选择了横传处于接应位置的同伴，25%的球员选择了长传球转移到球场另一侧，无人选择向进攻方向运球突破和向对方身后传球，45%的球员选择了向前方同伴传球；5%的球员选择了向对方身后传球。

总的来看，9-17岁男子足球运动员在后场中路位置有紧逼情景下持球进攻时处理球的方式分为两个阶段，即9-10岁球员以转移球的方式为主，横传、前传队友脚下占据一定比例，11-17岁球员以前传队友脚下的方式为主，转移、横传占据一定比例。可以说，9-17岁球员此情景下处理球的方式主要集中在横传、转移、前传队友脚下三种决策方式，但9-10岁以转移为主，其他两种方式占据一定比例；从11岁开始，以前传队友脚下为主，其他两种方式占据一定比例。这种特征在10岁之后出现明显变化，但并未随年龄增长而出现显著的变化。

3. 中场边路的传球决策特征

表 4-3-5　9-17岁男子足球运动员中场边路无紧逼情景下传球决策的百分比统计

指标	9岁	10岁	11岁	12岁	13岁	14岁	15岁	16岁	17岁
回传	10.5	6.2	3.8	7.4	6.1	0.0	0.0	4.2	5.0
转移	21.1	31.3	19.2	18.5	9.1	14.8	12.5	12.5	10.0
向前运球	26.3	12.5	19.2	7.4	6.1	0.0	8.3	4.2	5.0
前传脚下	15.8	12.5	19.2	37.1	51.6	44.5	50.0	54.1	55.0
传身后	26.3	37.5	38.6	29.6	27.3	40.7	29.2	25.0	25.0

如表4-3-5所示为阵地进攻过程中，持球进攻队员处于中场边路且面对无防守队员紧逼的情景下对球的处理方式。此情景下，持球进攻队员处于中场边路位置且无防守压力，第一种选择是回传身后接应的同伴，这种选择可以保证球权的控制并继续组织进攻，但错过了前方处于更好位置的同伴；第二种选择是长传球转移到球场另一侧，此时球场另一侧的同伴与防守队员距离较近，接到球的同时会面临防守队员的逼抢；第三种选择是向进攻方向运球，此时持球进攻队员身前有防守队员，在其向前运球推进的同时会快速向其靠近并进行逼抢；第四种选择是向前方同伴传球，此时前方同伴无人盯防，接球后直接转身面向进攻方向并继续寻找向前的进攻机会，是此情景下的最佳决策；第五种选择是向对方后卫线身后传球，此时接球同伴斜前跑位前插对方后卫线身后，可以将防守队员带离防守位置制造空当或直接摆脱防守队员直接面临守门员，但是面临防守队员的逼抢可能会造成球权的丢失。

如表4-3-5所示：9岁男子足球运动员在中场边路位置且无防守压力情景下持球进攻时：10.5%的球员选择了回传身后接应同伴，21.1%的球

第四章　结果与分析

员选择了通过长传球的形式将球转移到球场另一侧；26.3%的球员选择了向中场中路位置运球，15.8%的球员选择了向前方同伴传球，26.3%的球员选择了向对方后卫线身后传球。10岁男子足球运动员在中场边路位置且无防守压力情景下持球进攻时：6.2%的球员选择了回传身后接应同伴，31.3%的球员选择了通过长传球的形式将球转移到球场另一侧；12.5%的球员选择了向中场中路位置运球，12.5%的球员选择了向前方同伴传球，37.5%的球员选择了向对方后卫线身后传球。11岁男子足球运动员在中场边路位置且无防守压力情景下持球进攻时：3.8%的球员选择了回传身后接应同伴，19.2%的球员选择了通过长传球的形式将球转移到球场另一侧；19.2%的球员选择了向中场中路位置运球，19.2%的球员选择了向前方同伴传球，38.6%的球员选择了向对方后卫线身后传球。12岁男子足球运动员在中场边路位置且无防守压力情景下持球进攻时：7.4%的球员选择了回传身后接应同伴，18.5%的球员选择了通过长传球的形式将球转移到球场另一侧；7.4%的球员选择了向中场中路位置运球，37.1%的球员选择了向前方同伴传球，29.6%的球员选择了向对方后卫线身后传球。13岁男子足球运动员在中场边路位置且无防守压力情景下持球进攻时：6.1%的球员选择了回传身后接应同伴，9.1%的球员选择了通过长传球的形式将球转移到球场另一侧；6.1%的球员选择了向中场中路位置运球，51.6%的球员选择了向前方同伴传球，27.3%的球员选择了向对方后卫线身后传球。14岁男子足球运动员在中场边路位置且无防守压力情景下持球进攻时：无人选择回传身后接应同伴和向中场中路位置运球，14.8%的球员选择了通过长传球的形式将球转移到球场另一侧；44.5%的球员选择了向前方同伴传球，40.7%的球员选择了向对方后卫线身后传球。15岁男子足球运动员在中场边路位置且无防守压力情景下持球进攻时：无人选择回传身后接应同伴，12.5%的球员选择了通过长传球的形式将球转移到球场另一侧；8.3%的球员选择了向中场中路位置运球，50%的球员选择了向前方同伴传球，29.2%的球员选择了向对方后卫线身后传球。16岁男子足球运动员在中场边路位置且无防守压力情景下持球进攻时：4.2%的球员选择了回传身后接应同伴，12.5%的球员选择了通过长传球的形式将球转移到球场另一侧；4.2%的球员选择了向中场中路位置运球，54.1%的球员选择了向前方同伴传球，25%的球员选择了向对方后卫线身后传球。17岁男子足球运动员在中场边路位置且无防守压力情景下持球进攻时：5%的球员选择了回传身后接应同伴，10%的球员选择了通过长传球的形式将球转移到球场另一侧；5%的球员选择了向中场中路位置运球，55%的球员选择了向前方同伴传球，25%的球员选择了向对方后卫线身后传球。

总的来看，9-17岁男子足球运动员在中场边路位置且无防守压力情景下持球进攻时，对球的处理表现出不同的特征。9-11岁球员以传身后球为主，但占比仅30%左右，处理球的方式比较分散，12-17岁球员以前传队友脚下为主，占比在50%以上，传身后的决策方式占据一定比例，处理球的方式集中于前传队友脚下及传防守队员身后两种方式。可以说，高年龄段此情景下处理球的方式更具攻击性，但这种特征并未随年龄增长而出现显著变化。

表 4-3-6 9-17岁男子足球运动员中场边路有紧逼情景下传球决策的百分比统计

指标	9岁	10岁	11岁	12岁	13岁	14岁	15岁	16岁	17岁
回传	0.0	0.0	0.0	0.0	6.1	0.0	12.5	12.5	5.0
向前运球	0.0	0.0	3.8	0.0	3.0	0.0	0.0	0.0	0.0
横传	68.4	81.1	73.1	85.2	81.8	96.3	79.1	83.3	90.0
转移	15.8	6.3	11.5	3.7	6.1	3.7	4.2	0.0	0.0
前传脚下	10.5	6.3	7.7	11.1	0.0	0.0	4.2	4.2	0.0
传身后	5.3	6.3	3.7	0.0	3.0	0.0	0.0	0.0	5.0

如表4-3-6所示为阵地进攻过程中，持球进攻队员处于中场边路且面对防守队员紧逼的情景下对球的处理方式。此情景下，持球进攻队员处于中场边路位置且面临防守队员的紧逼，第一种选择是回传身后接应的同伴，保持控球并继续寻找向前的进攻机会；第二种选择是向中场中路位置运球突破，此时持球进攻队员面临两名防守队员的紧逼防守，持球向中场中路位置强行运球突破的结果可能是球权的丢失，并给予对方快速反击的机会；第三种选择是横传中场中路位置的接应同伴，此时接应的同伴无人盯防，接球后可以继续组织进攻并寻找向前的机会；第四种选择是通过长传球的形式将球转移到球场另一侧，此时球场另一侧的同伴周围无人盯防，但是球在空中运行的过程给了防守队员快速靠近接球同伴的时间，同伴接球后会直接面临防守队员的紧逼防守；第五种选择是向前方同伴传

球,此时接球同伴身后有防守队员进行防守,接球的同时将面临防守队员的逼抢,与第四种选择的效果类似;第六种选择是通过长传球的形式向对方后卫线身后传球,此时前方接球的同伴身边有两名防守队员,接球同伴很大的可能会失去控球的机会。

如表4-3-6所示:9岁男子足球运动员在中场边路位置且面临防守队员紧逼情景下持球进攻时:无人选择回传身后接应同伴和向中场中路位置运球,68.4%的球员选择了横传中场中路位置的接应同伴,15.8%的球员选择了通过长传球的形式将球转移到球场另一侧,10.5%的球员选择了向前方同伴传球,5.3%的球员选择了向对方后卫线身后传球。10岁男子足球运动员在中场边路位置且面临防守队员紧逼情景下持球进攻时:无人选择回传身后接应同伴和向中场中路位置运球,81.1%的球员选择了横传中场中路位置的接应同伴,6.3%的球员选择了通过长传球的形式将球转移到球场另一侧,6.3%的球员选择了向前方同伴传球,6.3%的球员选择了向对方后卫线身后传球。11岁男子足球运动员在中场边路位置且面临防守队员紧逼情景下持球进攻时:无人选择回传身后接应同伴,3.8%的球员选择了向中场中路位置运球,73.1%的球员选择了横传中场中路位置的接应同伴,11.5%的球员选择了通过长传球的形式将球转移到球场另一侧,7.7%的球员选择了向前方同伴传球,3.7%的球员选择了向对方后卫线身后传球。12岁男子足球运动员在中场边路位置且面临防守队员紧逼情景下持球进攻时:无人选择回传身后接应同伴、向中场中路位置运球和向对方后卫线身后传球,85.2%的球员选择了横传中场中路位置的接应同伴,3.7%的球员选择了通过长传球的形式将球转移到球场另一侧,11.1%的球员选择了向前方同伴传球。13岁男子足球运动员在中场边路位置且面临防守队员紧逼情景下持球进攻时:无人选择向前方同伴传球,6.1%的球员选择了回传身后接应同伴,3%的球员选择了向中场中路位置运球,81.8%的球员选择了横传中场中路位置的接应同伴,6.1%的球员选择了通过长传球的形式将球转移到球场另一侧,3%的球员选择了向对方后卫线身后传球。14岁男子足球运动员在中场边路位置且面临防守队员紧逼情景下持球进攻时:无人选择回传身后同伴、向中场中路运球、向前方同伴传球和向对方后卫线身后传球,96.3%的球员选择了横传中场中路位置的接应同伴。15岁男子足球运动员在中场边路位置且面临防守队员紧逼情景下持球进攻时:无人选择向中场中路运球和向对方后卫线身后传球，12.5%的球员选择了向身后接应同伴传球，79.1%的球员选择了横传中场中路位置的接应同伴，4.2%的球员选择了通过长传球的形式将球转移到球场另一侧，4.2%的球员选择了向前方同伴传球。16岁男子足球运动员在中场边路位置且面临防守队员紧逼情景下持球进攻时：无人选择向中场中路运球、长传球转移到球场另一侧和向对方后卫线身后传球，12.5%的球员选择了回传身后接应同伴，83.3%的球员选择了横传中场中路接应同伴，4.2%的球员选择了向前方同伴传球。17岁男子足球运动员在中场边路位置且面临防守队员紧逼情景下持球进攻时：无人选择向中场中路运球、长传球转移到球场另一侧和向前方同伴传球，5%的球员选择了回传身后接应同伴，90%的球员选择了横传中场中路接应同伴，5%的球员选择了向对方后卫线身后传球。

总的来说，9-17岁男子足球运动员在中场边路位置且面临防守队员紧逼情景下持球进攻时，处理球的方式表现出以横传接应队员为主的传球特征，占比几乎全部高于70%。10岁时，横传接应队员的方式的占比出现明显增加并随年龄增长而逐渐变大。

4. 中场中路的传球决策特征

表4-3-7　9-17岁男子足球运动员中场中路无紧逼情景下传球决策的百分比统计

指标	9岁	10岁	11岁	12岁	13岁	14岁	15岁	16岁	17岁
回传	15.8	6.3	3.8	0.0	6.0	0.0	8.3	9.2	10.0
向前运球	10.5	6.3	3.8	0.0	2.1	3.7	4.2	8.3	5.0
前传脚下	15.8	31.1	11.5	3.7	10.3	22.2	4.2	6.7	10.0
转移	52.6	50.0	65.5	88.9	69.4	66.7	79.1	63.3	75.0
传身后	5.3	6.3	15.4	7.4	12.1	7.4	4.2	12.5	0.0

如表4-3-7所示为阵地进攻过程中，持球进攻队员处于中场中路且没有无防守队员紧逼的情景下对球的处理情况。此情景下，持球进攻队员处于中场中路位置且无防守压力，第一种选择是回传身后接应的同伴，此时接应的同伴无人盯防，可以继续组织进攻；第二种选择是向进攻方向运球，此时持球进攻队员无人盯防，向前运球可以继续控球并寻找向前的进攻机会，但是其前方的运球空间并不充足，就近的防守队员可以快速对其进行逼抢；第三种选择是向前方同伴传球，接球同伴无人盯防，可以接球

第四章 结果与分析

转身并继续组织进攻；第四种选择是通过长传球的形式将球转移给边路插上的同伴，此时接球同伴无人盯防，且身前有较大空当，可以持球向前推进并快速接近对方禁区，是此情景下的最佳决策；第五种选择是向对方后卫线身后传球，此时接球同伴被防守队员贴身盯防，且人数不对等，处于劣势，这种选择有很大的概率会直接导致球权的丢失。

如表4-3-7所示：9岁男子足球运动员在中场中路位置且无防守压力情景下持球进攻时：15.8%的球员选择了回传身后接应的同伴，10.5%的球员选择了向进攻方向运球，15.8%的球员选择了向前方同伴传球，52.6%的球员选择了通过长传球的形式将球转移给边路插上的同伴，5.3%的球员选择了向对方后卫线身后传球。10岁男子足球运动员在中场中路位置且无防守压力情景下持球进攻时：6.3%的球员选择了回传身后接应的同伴，6.3%的球员选择了向进攻方向运球，31.1%的球员选择了向前方同伴传球，50%的球员选择了通过长传球的形式将球转移给边路插上的同伴，6.3%的球员选择了向对方后卫线身后传球。11岁男子足球运动员在中场中路位置且无防守压力情景下持球进攻时：3.8%的球员选择了回传身后接应的同伴，3.8%的球员选择了向进攻方向运球，11.5%的球员选择了向前方同伴传球，65.5%的球员选择了通过长传球的形式将球转移给边路插上的同伴，15.4%的球员选择了向对方后卫线身后传球。12岁男子足球运动员在中场中路位置且无防守压力情景下持球进攻时：无人选择回传身后接应的同伴和向进攻方向运球，3.7%的球员选择了向前方同伴传球，88.9%的球员选择了通过长传球的形式将球转移给边路插上的同伴，7.4%的球员选择了向对方后卫线身后传球。13岁男子足球运动员在中场中路位置且无防守压力情景下持球进攻时：6.1%的球员选择了回传身后接应的同伴，2.1%的球员选择了向进攻方向运球，10.3%的球员选择了向前方同伴传球，69.4%的球员选择了通过长传球的形式将球转移给边路插上的同伴，12.1%的球员选择了向对方后卫线身后传球。14岁男子足球运动员在中场中路位置且无防守压力情景下持球进攻时：无人选择回传身后接应的同伴，3.7%的球员选择了向进攻方向运球，22.2%的球员选择了向前方同伴传球，66.7%的球员选择了通过长传球的形式将球转移给边路插上的同伴，7.4%的球员选择了向对方后卫线身后传球。15岁男子足球运动员在中场中路位置且无防守压力情景下持球进攻时：8.3%的球员选择了回传身后接应的同伴，4.2%的球员选择了向进攻方向运球，4.2%的球员选择了向前方同伴传球，79.1%的球员选择了通过长传球的形式将球转移给边路插上的同伴，4.2%的球员选择了向对方后卫线身后传球。16岁男子足球运动员在中场中路位置且无防守压力情景下持球进攻时：9.2%的球员选择了回传身后接应的同伴，8.3%的球员选择了向进攻方向运球，6.7%的球员选择了向前方同伴传球，63.3%的球员选择了通过长传球的形式将球转移给边路插上的同伴，12.5%的球员选择了向对方后卫线身后传球。17岁男子足球运动员在中场中路位置且无防守压力情景下持球进攻时：无人选择向对方后卫线身后传球，10%的球员选择了回传身后接应的同伴，5%的球员选择了向进攻方向运球，10%的球员选择了向前方同伴传球，75%的球员选择了通过长传球的形式将球转移给边路插上的同伴。

  总的来看，9-17岁男子足球运动员处于中场中路且没有无防守队员紧逼的情景下对球的处理表现出以通过长传球的形式将球转移给边路插上的同伴为主的传球特征。整体上看，这种特征所占比例在10岁后出现显著的增加，并随着年龄增长而逐渐变得明显。

表 4-3-8　9-17 岁男子足球运动员中场中路有紧逼情景下传球决策的百分比统计

指标	9岁	10岁	11岁	12岁	13岁	14岁	15岁	16岁	17岁
横传	10.5	18.8	19.2	29.6	24.2	40.7	37.5	16.7	15.0
向前运球	10.5	6.3	23.1	11.1	15.2	0.0	12.5	16.7	0.0
前传脚下	10.5	6.3	7.7	3.7	15.2	7.4	0.0	24.9	5.0
传身后	10.5	56.3	26.9	37.1	33.3	51.9	50.0	41.7	70.0
转移	58.0	12.3	23.1	18.5	12.1	0.0	0.0	0.0	10.0

  如表 4-3-8 所示为阵地进攻过程中，持球进攻队员处于中场中路且面对防守队员紧逼的情景下对球的处理情况。此情景下，持球进攻队员处于中场中路位置且面临防守队员紧逼，第一种选择是横传边路接应的同伴，此时接应同伴无人盯防，可以保证球权并继续组织进攻；第二种选择是向进攻方向运球突破，此时持球进攻队员面临逼抢并不能轻松摆脱防守队员，有可能会造成球权的丢失；第三种选择是向前方同伴传球，此时前方接应的同伴被防守队员贴身盯防，同伴接球后无法顺利转身，有可能会造成球权丢失；第四种选择是向对方后卫线身后传球，此时对方两名后卫之

间距离过大、出现空当,同伴通过前插跑位可以直接突破对方防线,是此情景下的最佳决策;第五种选择是通过长传球的形式将球转移到球场另一侧,此时接应的同伴无人盯防,接球后可以继续向前组织进攻。

如表4-3-8所示:9岁男子足球运动员在中场中路位置且面对防守队员紧逼情景下持球进攻时:10.5%的球员选择了横传边路接应的同伴,10.5%的球员选择了向进攻方向运球,10.5%的球员选择了向前方同伴传球,10.5%的球员选择了向对方后卫线身后传球,58%的球员选择了通过长传球的形式将球转移到球场另一侧。10岁男子足球运动员在中场中路位置且面对防守队员紧逼情景下持球进攻时:18.8%的球员选择了横传边路接应的同伴,6.3%的球员选择了向进攻方向运球,6.3%的球员选择了向前方同伴传球,56.3%的球员选择了向对方后卫线身后传球,12.3%的球员选择了通过长传球的形式将球转移到球场另一侧。11岁男子足球运动员在中场中路位置且面对防守队员紧逼情景下持球进攻时:19.2%的球员选择了横传边路接应的同伴,23.1%的球员选择了向进攻方向运球,7.7%的球员选择了向前方同伴传球,26.9%的球员选择了向对方后卫线身后传球,23.1%的球员选择了通过长传球的形式将球转移到球场另一侧。12岁男子足球运动员在中场中路位置且面对防守队员紧逼情景下持球进攻时:29.6%的球员选择了横传边路接应的同伴,11.1%的球员选择了向进攻方向运球,3.7%的球员选择了向前方同伴传球,37.1%的球员选择了向对方后卫线身后传球,18.5%的球员选择了通过长传球的形式将球转移到球场另一侧。13岁男子足球运动员在中场中路位置且面对防守队员紧逼情景下持球进攻时:24.2%的球员选择了横传边路接应的同伴,15.2%的球员选择了向进攻方向运球,15.2%的球员选择了向前方同伴传球,33.3%的球员选择了向对方后卫线身后传球,12.1%的球员选择了通过长传球的形式将球转移到球场另一侧。14岁男子足球运动员在中场中路位置且面对防守队员紧逼情景下持球进攻时:40.7%的球员选择了横传边路接应的同伴,无人选择向进攻方向运球,7.4%的球员选择了向前方同伴传球,51.9%的球员选择了向对方后卫线身后传球,无人选择通过长传球的形式将球转移到球场另一侧。15岁男子足球运动员在中场中路位置且面对防守队员紧逼情景下持球进攻时:37.5%的球员选择了横传边路接应的同伴,12.5%的球员选择了向进攻方向运球,无人选择向前方同伴传球,50%的球员选了向对方后卫线身后传球,无人选择通过长传球的形式将球转移到球场另一侧。16岁男子足球运动员在中场中路位置且面对防守队员紧逼情景下持球进攻时:16.7%的球员选择了横传边路接应的同伴,16.7%的球员选择了向进攻方向运球,24.9%的球员选择了向前方同伴传球,41.7%的球员选择了向对方后卫线身后传球,无人选择通过长传球的形式将球转移到球场另一侧。17岁男子足球运动员在中场中路位置且面对防守队员紧逼情景下持球进攻时:15%的球员选择了横传边路接应的同伴,无人选择向进攻方向运球,5%的球员选择了向前方同伴传球,70%的球员选择了向对方后卫线身后传球,10%的球员选择了通过长传球的形式将球转移到球场另一侧。

总的来看,9岁男子足球运动员在中场中路位置且面对防守队员紧逼情景下持球进攻时以通过长传球的形式将球转移到球场另一侧为主,占比58%。10岁开始,出现明显变化,以向对方后卫线身后传球为主,占比56.3%。10岁之后,以向对方后卫线身后传球为主的特征并未随年龄增长而出现明显提高。整体来看,此情景下对球的处理方式较分散。

5. 前场边路的传球决策特征

表4-3-9　9—17岁男子足球运动员前场边路无紧逼情景下传球决策的百分比统计

指标	9岁	10岁	11岁	12岁	13岁	14岁	15岁	16岁	17岁
转移	5.3	0.0	0.0	0.0	3.0	3.7	4.1	0.0	5.0
前传脚下	26.2	18.8	15.4	18.5	12.1	14.8	8.3	8.3	15.0
向前运球	15.8	6.3	3.8	7.4	3.0	22.2	29.2	37.5	35.0
传身后	5.3	12.4	11.5	3.7	9.1	0.0	4.1	8.3	5.0
传前插队友	47.4	62.5	69.3	70.4	72.8	59.3	54.3	45.9	40.0

如表4-3-9所示为阵地进攻过程中,持球进攻队员处于前场边路且面对无防守队员紧逼的情景下对球的处理情况。此情景下,持球进攻队员处于前场边路位置且无防守压力,第一种选择是通过长传球的形式将球转移到球场的另一侧,此时球场另一侧的接球同伴无人盯防,可以保持控球,但是球在空中运行的路线较长,给予了防守队员充足的时间对其进行逼抢,无法直接向进攻方向推进;第二种选择是向前方同伴传球,此时前方的接球同伴无人盯防,接球后可以直接转身面向进攻方向并进一步向前组

织进攻；第三种选择是向进攻方向运球，此种选择可以保证不丢球，但是在后方同伴前插空当、前方同伴接应的同时向前运球会延误己方的进攻；第四种选择是向对方后卫线身后传球，此时前锋线的同伴向对方后卫线身后斜前跑位，但是其周围防守人数较多，成功突破防线的可能较小；第五种选择是将球传给边路位置由后向前前插边路空当的同伴，此时边空当较大，前插同伴接球后可以直接突破对方防线创造射门机会，是此情景下的最佳决策。

如表4-3-9所示：9岁男子足球运动员在前场边路位置且无防守压力情景下持球进攻时：5.3%的球员选择了将球转移到球场另一侧，26.2%的球员选择了向前方同伴传球，15.8%的球员选择了向进攻方向运球，5.3%的球员选择了向对方后卫线身后传球，47.4%的球员选择传给前插至边路空当的同伴。10岁男子足球运动员在前场边路位置且无防守压力情景下持球进攻时：无人选择通过长传球的形式将球转移到球场另一侧，18.8%的球员选择了向前方同伴传球，6.3%的球员选择了向进攻方向运球，12.4%的球员选择了向对方后卫线身后传球，62.5%的球员选择了传给前插至边路空当的同伴。11岁男子足球运动员在前场边路位置且无防守压力情景下持球进攻时：无人选择通过长传球的形式将球转移到球场另一侧，15.4%的球员选择了向前方同伴传球，3.8%的球员选择了向进攻方向运球，11.5%的球员选择了向对方后卫线身后传球，69.3%的球员选择传给前插至边路空当的同伴。12岁男子足球运动员在前场边路位置且无防守压力情景下持球进攻时：无人选择通过长传球的形式将球转移到球场另一侧，18.5%的球员选择了向前方同伴传球，7.4%的球员选择了向进攻方向运球，3.7%的球员选择了向对方后卫线身后传球，70.4%的球员选择了向前插边路空当的同伴传球。13岁男子足球运动员在前场边路位置且无防守压力情景下持球进攻时：3%的球员选择了将球转移到球场另一侧，12.1%的球员选择了向前方同伴传球，3%的球员选择了向进攻方向运球，9.1%的球员选择了向对方后卫线身后传球，72.8%的球员选择了向前插边路空当的同伴传球。14岁男子足球运动员在前场边路位置且无防守压力情景下持球进攻时：无人选择向对方后卫线身后传球，3.7%的球员选择了通过长传球的形式将球转移到球场另一侧，14.8%的球员选择了向前方同伴传球，22.2%的球员选择了向进攻方向运球，59.3%的球员选择了向前插边路空当的同伴传球。15岁男子足球运动员在前场边路位置且无防守压力情景下持球进攻时：4.1%的球员选择了将球转移到球场另一侧，8.3%的球员选择了向前方同伴传球，29.2%的球员选择了向进攻方向运球，4.1%的球员选择了向对方后卫线身后传球，54.3%的球员选择了向前插边路空当的同伴传球。16岁男子足球运动员在前场边路位置且无防守压力情景下持球进攻时：无人选择通过长传球的形式将球转移到球场另一侧，8.3%的球员选择了向前方同伴传球，37.5%的球员选择了向进攻方向运球，8.3%的球员选择了向对方后卫线身后传球，45.9%的球员选择了向前插边路空当的同伴传球。17岁男子足球运动员在前场边路位置且无防守压力情景下持球进攻时：5%的球员选择了将球转移到球场另一侧，15%的球员选择了向前方同伴传球，35%的球员选择了向进攻方向运球，5%的球员选择了向对方后卫线身后传球，40%的球员选择了向前插边路空当的同伴传球。

总的来看，9-17岁男子足球运动员在前场边路位置且无防守压力情景下对球的处理表现出以传给前插队友为主的特征。但是这种特征随年龄增长表现出两种变化，即9-13岁男子足球运动员以传给前插队友为主，前传队友脚下占据一定比例；传给前插队友的占比在10岁出现显著增长，并随年龄增长逐渐变大，14-17岁男子足球运动员以传给前插队友为主，但14岁时，传给前插队友的占比出现明显下降，向前运球占比突然变大。

表4-3-10 9-17岁男子足球运动员前场边路有紧逼情景下传球决策的百分比统计

指标	9岁	10岁	11岁	12岁	13岁	14岁	15岁	16岁	17岁
回传	42.1	56.2	73.2	55.6	60.6	77.8	91.6	70.8	90.0
向前运球	15.8	25.0	11.5	25.9	9.1	14.8	4.2	25.0	5.0
前传脚下	0.0	0.0	0.0	7.4	12.1	3.7	4.2	4.2	0.0
传身后	26.3	18.8	3.8	11.1	9.1	3.7	0.0	0.0	0.0
转移	15.8	0.0	11.5	0.0	9.1	0.0	0.0	0.0	0.0

如表4-3-10为阵地进攻过程中，持球进攻队员处于前场边路且面对防守队员紧逼的情景下对球的处理情况。此情景下，持球进攻队员处于前场边路位置且面临防守队员紧逼，第一种选择是回传给身后接应的同伴，此时身后接应的同伴面对进攻方向，视野更好，将球回传给身后接应同伴既能保证球权的控制，还能进一步向前组织进攻，是此情景下的最佳决

策；第二种选择是向前运球突破，此时持球进攻队员面对两名防守队员的紧逼防守，强行向前运球突破的结果很大可能是球权的丢失；第三种选择是传给前方接应的同伴，此时接球的同伴处于防守队员的盯防之下，通过回撤接球可以保持控球但无法转身，其很大的可能是直接将球回传给接应同伴，继续组织进攻；第四种选择是向对方后卫线身后传球，此时接球的同伴被一名防守队员盯防，接球后会直接面临防守队员的逼抢，甚至直接被防守队员破坏；第五种选择是通过长传球的形式将球转移到球场另一侧，此时接球同伴无人盯防，但是球在空中运行的距离较长，就近的防守队员有充足的时间向其靠近并进行逼抢。

如表4-3-10所示，9岁男子运动员在前场边路位置且面对防守队员紧逼防守情景下持球进攻时：42.1%的球员选择了将球回传给身后接应的同伴，15.8%的球员选择了向进攻方向运球，无人选择向前方接应的同伴传球，26.3%的球员选择了向对方后卫线身后传球，15.8%的球员选择了通过长传球的形式将球转移到球场另一侧。10岁男子足球运动员在前场边路位置且面对防守队员紧逼防守情景下持球进攻时：56.2%的球员选择了将球回传给身后接应的同伴，25%的球员选择了向进攻方向运球，无人选择向前方接应的同伴传球，18.8%的球员选择了向对方后卫线身后传球，无人选择通过长传球的形式将球转移到球场另一侧。11岁男子运动员在前场边路位置且面对防守队员紧逼防守情景下持球进攻时：73.2%的球员选择了将球回传给身后接应的同伴，11.5%的球员选择了向进攻方向运球，无人选择向前方接应的同伴传球，3.8%的球员选择了向对方后卫线身后传球，11.5%的球员选择了通过长传球的形式将球转移到球场另一侧。12岁男子运动员在前场边路位置且面对防守队员紧逼防守情景下持球进攻时：55.6%的球员选择了将球回传给身后接应的同伴，25.9%的球员选择了向进攻方向运球，7.4%球员选择了向前方接应的同伴传球，11.1%的球员选择了向对方后卫线身后传球，无人选择通过长传球的形式将球转移到球场另一侧。13岁男子运动员在前场边路位置且面对防守队员紧逼防守情景下持球进攻时：60.6%的球员选择了将球回传给身后接应的同伴，9.1%的球员选择了向进攻方向运球，12.1%球员选择了向前方接应的同伴传球，9.1%的球员选择了向对方后卫线身后传球，9.1%的球员选择了通过长传球的形式将球转移到球场另一侧。14岁男子运动员在前场边路位置且面对防守队员紧逼防守情景下持球进攻时：77.8%的球员选择了将球回传给身后接应的同伴，14.8%的球员选择了向进攻方向运球，3.7%球员选择了向前方接应的同伴传球，3.7%的球员选择了向对方后卫线身后传球，无人选择通过长传球的形式将球转移到球场另一侧。15岁男子运动员在前场边路位置且面对防守队员紧逼防守情景下持球进攻时：91.6%的球员选择了将球回传给身后接应的同伴，4.2%的球员选择了向进攻方向运球，4.2%球员选择了向前方接应的同伴传球，无人选择向对方后卫线身后传球和通过长传球的形式将球转移到球场另一侧。16岁男子运动员在前场边路位置且面对防守队员紧逼防守情景下持球进攻时：70.8%的球员选择了将球回传给身后接应的同伴，25%的球员选择了向进攻方向运球，4.2%球员选择了向前方接应的同伴传球，无人选择向对方后卫线身后传球和通过长传球的形式将球转移到球场另一侧。17岁男子运动员在前场边路位置且面对防守队员紧逼防守情景下持球进攻时：90%的球员选择了将球回传给身后接应的同伴，5%的球员选择了向进攻方向运球，无人选择向前方接应的同伴传球和向对方后卫线身后传球，5%的球员选择了通过长传球的形式将球转移到球场另一侧。

总的来看，9-17岁男子足球运动员在前场边路位置且面临防守队员紧逼情景下对球的处理方式表现出以回传为主的传球特征，其所占比例在10岁时出现明显变大并随年龄增长而逐渐变大。低年龄段球员处理球的方式较分散，随着年龄的增长，高年龄段处理球的方式逐渐变得比较集中。

6. 前场中路的传球决策特征

表4-3-11　9-17岁男子足球运动员前场中路无紧逼情景下传球决策的百分比统计

指标	9岁	10岁	11岁	12岁	13岁	14岁	15岁	16岁	17岁
横传	0.0	0.0	0.0	3.0	3.7	0.0	4.2	0.0	10.0
回传	21.1	0.0	7.7	0.0	3.0	0.0	0.0	4.2	0.0
传身后	47.3	87.4	76.9	72.8	59.3	96.3	66.6	62.2	75.0
向前运球	0.0	6.3	7.7	3.0	0.0	0.0	0.0	4.2	0.0
前传脚下	31.6	6.3	7.7	18.2	37.0	3.7	29.2	29.4	15.0

如表4-3-11所示为阵地进攻过程中，持球进攻队员处于前场中路且

面对无防守队员紧逼的情景下对球的处理情况。此情景下,持球进攻队员处于前场中路位置且无防守压力,第一种选择是横传给接应的同伴,此时接应的同伴无人盯防,可以保证球权的控制,但是这种选择过于保守;第二种选择是回传给身后处于边路位置的接应的同伴,接球同伴无人盯防,这种选择与第一种选择的结果相近;第三种选择是向对方后卫线身后传球,此时准备接球的同伴由后向前前插跑位,身前空当较大且无人盯防,接球后可以直接突破对方的防线并创造射门的机会,是此情景下的最佳决策;第四种选择是向进攻方向运球,此种选择可以保持对球权的控制,但是运球方向有两名防守队员进行防守,继续向前推进的难度较大;第五种选择是向前方同伴传球,此时前方同伴无人盯防,但是防守队员距离其并不远,同伴接球后可以选择直接射门。

如表4-3-11所示:9岁男子运动员在前场中路且面对无防守队员紧逼的情景下持球进攻时:无人选择将球横传给无人盯防的接应同伴,21.1%的球员选择了将球回传给身后处于边路位置的接应同伴,47.3%的球员选择了向对方后卫线身后传球,无人选择向进攻方向运球,31.6%的球员选择了向前方无人盯防的同伴传球。10岁男子运动员在前场中路且面对无防守队员紧逼的情景下持球进攻时:无人选择将球横传给无人盯防的接应同伴和回传给身后处于边路位置的接应同伴,87.4%的球员选择了向对方后卫线身后传球,6.3%的球员选择了向进攻方向运球,6.3%的球员选择了向前方无人盯防的同伴传球。11岁男子运动员在前场中路且面对无防守队员紧逼的情景下持球进攻时:无人选择将球横传给无人盯防的接应同伴,7.7%的球员选择了将球回传给身后处于边路位置的接应同伴,76.9%的球员选择了向对方后卫线身后传球,7.7%的球员选择了向进攻方向运球,7.7%的球员选择了向前方无人盯防的同伴传球。12岁男子运动员在前场中路且面对无防守队员紧逼的情景下持球进攻时:3%的球员选择了将球横传给无人盯防的接应同伴,无人选择将球回传给身后处于边路位置的接应同伴,72.8%的球员选择了向对方后卫线身后传球,3%的球员选择了向进攻方向运球,18.2%的球员选择了向前方无人盯防的同伴传球。13岁男子运动员在前场中路且面对无防守队员紧逼的情景下持球进攻时:3.7%的球员选择了将球横传给无人盯防的接应同伴,3%的球员选择了将球回传给身后处于边路位置的接应同伴,59.3%的球员选择了向对方后卫线身后传球,

我国9—17岁男子足球运动员战术决策能力年龄特征研究

无人选择向进攻方向运球，37%的球员选择了向前方无人盯防的同伴传球。14岁男子运动员在前场中路且面对无防守队员紧逼的情景下持球进攻时：无人选择将球横传给无人盯防的接应同伴、回传给身后处于边路位置的接应同伴和向进攻方向运球，96.3%的球员选择了向对方后卫线身后传球，3.7%的球员选择了向前方无人盯防的同伴传球。15岁男子运动员在前场中路且面对无防守队员紧逼的情景下持球进攻时：4.2%的球员选择了将球横传给无人盯防的接应同伴，无人选择将球回传给身后处于边路位置的接应同伴和向进攻方向运球，66.6%的球员选择了向对方后卫线身后传球，29.2%的球员选择了向前方无人盯防的同伴传球。16岁男子运动员在前场中路且面对无防守队员紧逼的情景下持球进攻时：无人选择将球横传给无人盯防的接应同伴，4.2%的球员选择了将球回传给身后处于边路位置的接应同伴，62.2%的球员选择了向对方后卫线身后传球，4.2%的球员选择了向进攻方向运球，29.4%的球员选择了向前方无人盯防的同伴传球。17岁男子运动员在前场中路且面对无防守队员紧逼的情景下持球进攻时：10%的球员选择了将球横传给无人盯防的接应同伴，无人选择将球回传给身后处于边路位置的接应同伴和向进攻方向运球，75%的球员选择了向对方后卫线身后传球，15%的球员选择了向前方无人盯防的同伴传球。

总的来看，9-17岁男子足球运动员处于前场中路位置且无防守压力情景下持球进攻时，对球的处理方式表现出以传防守队员身后为主的传球特征。随着年龄的增长，传防守队员身后的占比在10岁时出现明显的变大，而且处理球的方式逐渐变得集中。但是在整个发展过程中，13岁传身后的球员占比突然出现下降。

表4-3-12 9-17岁男子足球运动员前场中路有紧逼情景下传球决策的百分比统计

指标	9岁	10岁	11岁	12岁	13岁	14岁	15岁	16岁	17岁
回传	10.5	18.8	19.2	18.5	30.3	25.9	20.8	20.8	30.0
前传脚下	42.1	25.0	42.3	44.4	36.4	33.3	66.7	54.2	35.0
射门	31.6	25.0	23.1	3.7	3.0	14.8	0.0	0.0	0.0
向前运球	0.0	12.4	0.0	7.4	6.1	11.1	0.0	16.7	20.0
传身后	5.3	0.0	3.8	14.8	12.1	11.1	8.3	8.3	15.0
转移	10.5	18.8	11.6	11.2	12.1	3.8	4.2	0.0	0.0

如表4-3-12所示为阵地进攻过程中，持球进攻队员处于前场中路且面对防守队员紧逼的情景下对球的处理情况。此情景下，持球进攻队员处于前场中路位置且面临防守队员紧逼，第一种选择是回传给身后的接应同伴，此时控球队员处于防守队员的逼抢之下，身后接应同伴无人盯防且面对进攻方向，视野较好，可以继续组织进攻；第二种选择是向前方同伴传球，此时接球的同伴无人盯防且前方空当较大，接球后可以突破对方防线并继续向前组织进攻，是此情景下的最佳决策；第三种选择是直接射门，此时距离对方球门较远且有防守队员封堵射门角度，通过射门形成进球的概率较小；第四种选择是向进攻方向运球，此时控球队员面临防守队员的逼抢且前方有防守队员封堵运球路线，运球并形成进攻威胁的概率较小；第五种选择是向对方后卫线身后传球，此时前方接球同伴的位置不够理想且防守队员多于进攻队员，这种选择的直接后果就是球权的丢失；第六种选择是通过长传球的形式将球转移到边路位置，此时接球同伴无人盯防，但是防守队员在接球同伴准备接球的过程中有充足的时间向其靠近并进行逼抢。

如表4-3-12所示：9岁男子足球运动员在前场中路位置且面临防守队员紧逼的情景下持球进攻时：10.5%的球员选择了回传给身后无人盯防的接应同伴，42.1%的球员选择了向前方无人盯防的同伴传球，31.6%的球员选择了直接射门，无人选择向进攻方向运球，5.3%的球员选择了向对方后卫线身后传球，10.5%的球员选择了通过长传球的形式将球转移到边路位置。10岁男子足球运动员在前场中路位置且面临防守队员紧逼的情景下持球进攻时：18.8%的球员选择了回传给身后无人盯防的接应同伴，25%的球员选择了向前方无人盯防的同伴传球，25%的球员选择了直接射门，12.4%的球员选择了向进攻方向运球，无人选择向对方后卫线身后传球，18.8%的球员选择了通过长传球的形式将球转移到边路位置。11岁男子足球运动员在前场中路位置且面临防守队员紧逼的情景下持球进攻时：19.2%的球员选择了回传给身后无人盯防的接应同伴，42.3%的球员选择了向前方无人盯防的同伴传球，23.1%的球员选择了直接射门，无人选择向进攻方向运球，3.8%的球员选择了向对方后卫线身后传球，11.6%的球员选择了通过长传球的形式将球转移到边路位置。12岁男子足球运动员在前场中路位置且面临防守队员紧逼的情景下持球进攻时：18.5%的球员选择了回传给身后无人盯防的接应同伴，44.4%的球员选择了向前方无人盯防的同伴传球，3.7%的球员选择了直接射门，7.4%的球员选择了向进攻方向运球，14.8%的球员选择了向对方后卫线身后传球，11.2%的球员选择了通过长传球的形式将球转移到边路位置。13岁男子足球运动员在前场中路位置且面临防守队员紧逼的情景下持球进攻时：30.3%的球员选择了回传给身后无人盯防的接应同伴，36.4%的球员选择了向前方无人盯防的同伴传球，3%的球员选择了直接射门，6.1%的球员选择了向进攻方向运球，12.1%的球员选择了向对方后卫线身后传球，12.1%的球员选择了通过长传球的形式将球转移到边路位置。14岁男子足球运动员在前场中路位置且面临防守队员紧逼的情景下持球进攻时：25.9%的球员选择了回传给身后无人盯防的接应同伴，33.3%的球员选择了向前方无人盯防的同伴传球，14.8%的球员选择了直接射门，11.1%的球员选择了向进攻方向运球，11.1%的球员选择了向对方后卫线身后传球，3.8%的球员选择了通过长传球的形式将球转移到边路位置。15岁男子足球运动员在前场中路位置且面临防守队员紧逼的情景下持球进攻时：20.8%的球员选择了回传给身后无人盯防的接应同伴，66.7%的球员选择了向前方无人盯防的同伴传球，无人选择直接射门和向进攻方向运球，8.3%的球员选择了向对方后卫线身后传球，4.2%的球员选择了通过长传球的形式将球转移到边路位置。16岁男子足球运动员在前场中路位置且面临防守队员紧逼的情景下持球进攻时：20.8%的球员选择了回传给身后无人盯防的接应同伴，54.2%的球员选择了向前方无人盯防的同伴传球，无人选择直接射门和将球转移到边路位置，16.7%的球员选择了向进攻方向运球，8.3%的球员选择了向对方后卫线身后传球。17岁男子足球运动员在前场中路位置且面临防守队员紧逼的情景下持球进攻时：30%的球员选择了回传给身后无人盯防的接应同伴，35%的球员选择了向前方无人盯防的同伴传球，无人选择直接射门和将球转移到边路位置，20%的球员选择了向进攻方向运球，15%的球员选择了向对方后卫线身后传球。

总的来说，9—17岁男子足球运动员处于前场中路且面对防守队员紧逼的情景下持球进攻时，对球的处理表现出以前传队友脚下为主的传球特征，但是前传队友脚下的占比并未明显高于其他处理球的方式，且并未随年龄增长而变大。9-11岁男子足球运动员处理球的方式主要集中于前传队友脚下和射门两种方式，12-17岁主要集中于前传队友脚下和回传两种方式。可以说，低年龄段球员处理球的方式更具攻击性，而高年龄段球员更具合理性。整体来看，9-17岁男子足球运动员此情景下处理球的方式较分散，并无明显的年龄特征。

综上所述，9-17岁男子足球运动员在阵地进攻过程中不同场区、不同防守状态下对球的处理表现出一定的特征。边路区域处于无防守队员紧逼状态下，球员对球的处理首先表现出一定趋势并随着年龄增长变得明显；这种随年龄增长逐渐变得明显的趋势随着靠近防守方球门变得不再明显且处理球的方式变得比较分散；边路区域处于防守队员紧逼状态下，球员对球的处理首先表现出比较分散的特征，随着靠近防守方球门，逐渐变得比较集中并随年龄增长而逐渐变得明显。中路区域处于无防守队员紧逼状态下，球员对球的处理表现出比较集中的特征并随年龄增长而逐渐变得明显，并未因前场、中场、后场场区的变化而出现变化；中路区域处于防守队员紧逼状态下，球员对球的处理表现出比较分散的特征，并未因前场、中场、后场场区的变化而出现变化。从整体上看，9-17岁球员阵地进攻过程中处理球的方式随着年龄的增长逐渐变得更加合理化，并在10岁左右出现明显改善。

（二）由守转攻情景下的传球决策特征

1. 后场无紧逼情景下由守转攻瞬间的传球决策特征

表4-3-13 9-17岁男子足球运动员后场无紧逼情景下由守转攻瞬间传球决策的百分比统计

指标	9岁	10岁	11岁	12岁	13岁	14岁	15岁	16岁	17岁
回传	0.0	0.0	0.0	3.7	3.0	11.1	4.2	20.8	25.0
横传	0.0	6.3	3.8	0.0	6.1	11.1	8.3	0.0	0.0
向前运球	0.0	0.0	0.0	0.0	3.0	0.0	4.2	4.2	0.0
传给前插队友	100.0	93.8	96.2	96.3	87.9	77.8	83.3	75.0	75.0

如表4-3-13所示为后场由守转攻瞬间，持球进攻队员面对无防守队员紧逼的情景下对球的处理情况。此情景下，持球进攻队员在本方后场位置处于由守转攻瞬间，且无防守队员对其进行逼抢，第一种选择是回传给

身后接应的同伴,此时接应同伴无人盯防,且面对进攻方向,可以保持球权并继续向前组织进攻;第二种选择是横传给后场中路的同伴,此时接球同伴身后有两名防守队员,其接球后将直接面对防守队员的逼抢,不利于进攻的组织;第三种选择是向进攻方向运球突破,此时处于由守转攻的时刻,对方一定会对其进行高压逼抢,试图重新获得球权,且其运球方向有多名防守队员,除防守队员外还有本方球员处于运球方向挤压进攻空间,不利于持球进攻队员运球向前突破,此时向前运球突破有很大的可能会导致球权的丢失,进而使得球队处于由攻转守的不利局面;第四种选择是将球传给前插的同伴,此时球队处于由守转攻的瞬间,对方尚未组织好防守阵型,前插的同伴无人盯防,且前方空当较大,前插跑位接球后可以直接突破对方的防线并向前推进对对方球门形成威胁,是此情景下的最佳决策。

如表4-3-13所示:9岁男子足球运动员在本方后场位置处于由守转攻瞬间且无防守队员对其进行逼抢的情景下持球进攻时:无人选择回传给身后无人盯防的接应同伴、横传给后场中路的同伴和向进攻方向运球突破,全部球员选择了将球传给快速前插的无人盯防的同伴。10岁男子足球运动员在本方后场位置处于由守转攻瞬间且无防守队员对其进行逼抢的情景下持球进攻时:无人选择回传给身后无人盯防的接应同伴和向进攻方向运球突破,6.3%的球员选择了横传给后场中路的同伴,93.8%的球员选择了将球传给快速前插的无人盯防的同伴。11岁男子足球运动员在本方后场位置处于由守转攻瞬间且无防守队员对其进行逼抢的情景下持球进攻时:无人选择回传给身后无人盯防的接应同伴和向进攻方向运球突破,3.8%的球员选择了横传给后场中路的同伴,96.2%的球员选择了将球传给快速前插的无人盯防的同伴。12岁男子足球运动员在本方后场位置处于由守转攻瞬间且无防守队员对其进行逼抢的情景下持球进攻时:3.7%的球员选择了回传给身后无人盯防的接应同伴,无人选择横传给后场中路的同伴和向进攻方向运球突破,96.3%的球员选择了将球传给快速前插的无人盯防的同伴。13岁男子足球运动员在本方后场位置处于由守转攻瞬间且无防守队员对其进行逼抢的情景下持球进攻时:3%的球员选择了回传给身后无人盯防的接应同伴,6.1%的球员选择了横传给后场中路的同伴,3%的球员选择了向进攻方向运球突破，87.9%的球员选择了将球传给快速前插的无人盯防的同伴。14岁男子足球运动员在本方后场位置处于由守转攻瞬间且无防守队员对其进行逼抢的情景下持球进攻时：11.1%的球员选择了回传给身后无人盯防的接应同伴，11.1%的球员选择了横传给后场中路的同伴，无人选择向进攻方向运球突破，77.8%的球员选择了将球传给快速前插的无人盯防的同伴。15岁男子足球运动员在本方后场位置处于由守转攻瞬间且无防守队员对其进行逼抢的情景下持球进攻时：4.2%的球员选择了回传给身后无人盯防的接应同伴，8.3%的球员选择了横传给后场中路的同伴，4.2%的球员选择了向进攻方向运球突破，83.3%的球员选择了将球传给快速前插的无人盯防的同伴。16岁男子足球运动员在本方后场位置处于由守转攻瞬间且无防守队员对其进行逼抢的情景下持球进攻时：20.8%的球员选择了回传给身后无人盯防的接应同伴，无人选择横传给后场中路的同伴，4.2%的球员选择了向进攻方向运球突破，75%的球员选择了将球传给快速前插的无人盯防的同伴。17岁男子足球运动员在本方后场位置处于由守转攻瞬间且无防守队员对其进行逼抢的情景下持球进攻时：25%的球员选择了回传给身后无人盯防的接应同伴，无人选择横传给后场中路的同伴和向进攻方向运球突破，75%的球员选择了将球传给快速前插的无人盯防的同伴。

总的来说，9-17岁男子足球运动员在本方后场由守转攻瞬间，面对无防守队员紧逼的情景下对球的处理情况表现出明显的以传给前插队友为主的传球特征，通过传给前插的队友创造向前进攻的机会，占比全部高于75%。

2. 后场有紧逼情景下由守转攻瞬间的传球决策特征

表4-3-14 9-17岁男子足球运动员后场有紧逼情景下由守转攻瞬间传球决策的百分比统计

指标	9岁	10岁	11岁	12岁	13岁	14岁	15岁	16岁	17岁
回传	5.3	0.0	7.7	3.7	12.1	0.0	4.2	8.3	5.0
前传脚下	89.4	100.0	84.6	96.3	75.8	100.0	95.8	91.7	90.0
向前运球	5.3	0.0	7.7	0.0	12.1	0.0	0.0	0.0	5.0

如表4-3-14所示为后场由守转攻瞬间，持球进攻队员面对防守队员紧逼情景下对球的处理情况。此情景下，球队处于由守转攻的瞬间，持球进攻队员处于后场位置且面对防守队员的紧逼防守，其第一种选择是将球回传给身后的接应同伴，此时持球进攻队员面对防守队员的逼抢且距离本方球门较近，将球回传给身后无人盯防的接应同伴可以保证球权的控制并降低丢球的风险；第二种选择是将球传给前方无人盯防的同伴，此时前方接球的同伴无人盯防且身前有较大的空当，接球后可以直接转身继续向前组织进攻，以最快的速度冲击对方尚未组织好的阵型，是此情景下的最佳决策；第三种选择是向进攻方向运球突破，此时球员处于后场且距离本方球门较近、面对防守队员的紧逼防守、身前身后都有无人盯防的同伴，选择向前运球突破不但会延误本方的进攻，还存在丢失球权的风险，即：将球队置于由守转攻后在此由攻转守的不利局面，且距离球门较近，对方获得球权后可以直接选择射门，进而造成本方丢球。

如表4-3-14所示：9岁男子足球运动员在本方后场位置处于由守转攻瞬间且面对防守队员紧逼的情景下持球进攻时：5.3%的球员选择了将球回传给身后无人盯防的接应同伴，89.4%的球员选择了将球传给前方无人盯防的同伴，5.3%的球员选择了向进攻方向运球突破。10岁男子足球运动员在本方后场位置处于由守转攻瞬间且面对防守队员紧逼的情景下持球进攻时：无人选择将球回传给身后无人盯防的接应同伴和向进攻方向运球突破，全部球员选择了将球传给前方无人盯防的同伴。11岁男子足球运动员在本方后场位置处于由守转攻瞬间且面对防守队员紧逼的情景下持球进攻时：7.7%的球员选择了将球回传给身后无人盯防的接应同伴，84.6%的球员选择了将球传给前方无人盯防的同伴，7.7%的球员选择了向进攻方向运球突破。12岁男子足球运动员在本方后场位置处于由守转攻瞬间且面对防守队员紧逼的情景下持球进攻时：3.7%的球员选择了将球回传给身后无人盯防的接应同伴，96.3%的球员选择了将球传给前方无人盯防的同伴，无人选择向进攻方向运球突破。13岁男子足球运动员在本方后场位置处于由守转攻瞬间且面对防守队员紧逼的情景下持球进攻时：12.1%的球员选择了将球回传给身后无人盯防的接应同伴，75.8%的球员选择了将球传给前方无人盯防的同伴，12.1%的球员选择了向进攻方向运球突破。14岁男子足球运动员在本方后场位置处于由守转攻瞬间且面对防守队员紧逼的情景下持球进攻时：无人选择将球回传给身后无人盯防的接应同伴和向进攻方向运球突破，全部球员选择了将球传给前方无人盯防的同伴。15岁男子足球运动员在本方后场位置处于由守转攻瞬间且面对防守队员紧逼的情景下持球进攻时：4.2%的球员选择了将球回传给身后无人盯防的接应同伴，95.8%的球员选择了将球传给前方无人盯防的同伴，无人选择向进攻方向运球突破。16岁男子足球运动员在本方后场位置处于由守转攻瞬间且面对防守队员紧逼的情景下持球进攻时：8.3%的球员选择了将球回传给身后无人盯防的接应同伴，91.7%的球员选择了将球传给前方无人盯防的同伴，无人选择向进攻方向运球突破。17岁男子足球运动员在本方后场位置处于由守转攻瞬间且面对防守队员紧逼的情景下持球进攻时：5%的球员选择了将球回传给身后无人盯防的接应同伴，95%的球员选择了将球传给前方无人盯防的同伴，5%的球员选择了向进攻方向运球突破。

总的来说，9-17岁男子足球运动员在球队由守转攻瞬间处于后场位置且面对防守队员紧逼防守情景下，持球进攻队员对球的处理表现出明显的以前传队友脚下为主的传球特征，通过前传队友脚下第一时间摆脱防守队员的紧逼并保持控球权进而继续向前组织进攻，占比几乎全部高于80%以上。

3. 中场无紧逼情景下由守转攻瞬间的传球决策特征

表4-3-15 9-17岁男子足球运动员中场无紧逼情景下由守转攻瞬间传球决策的百分比统计

指标	9岁	10岁	11岁	12岁	13岁	14岁	15岁	16岁	17岁
向前运球	5.3	6.2	19.3	7.4	9.1	0.0	8.3	12.5	0.0
回传	5.3	0.0	0.0	0.0	0.0	3.7	0.0	0.0	0.0
转移	5.3	18.8	3.8	7.4	3.0	3.7	4.2	4.2	0.0
前传近端队友	10.4	0.0	0.0	0.0	6.1	11.1	4.2	0.0	5.0
前传远端队友	73.7	75.0	76.9	85.2	81.8	81.5	83.3	83.3	95.0

如表4-3-15所示为中场由守转攻瞬间，持球进攻队员面对无防守队员紧逼的情景下对球的处理情况。此情景下，球队处于由守转攻瞬间，持球进攻队员处于中场位置且无防守队员盯防，其处理球的第一选择是向进

攻方向运球，此时持球进攻队员的前方空当较大，向前快速运球可以保证球权的控制并向前推进；第二种选择是将球回传给身后的接应同伴，此时身后的接应同伴无人盯防，将球传给身后的同伴可以保证球权不丢失，但是在可以继续向前组织进攻的选择之下选择向后传球，相当于给予了防守队员组织防守的时间，延误了本方向前快速进攻的时机；第三种选择是通过长传球的形式将球转移给球场另一侧的同伴，此时接球同伴有防守队员盯防，且球在空中运行的距离较大，防守队员有充足的时间对球进行破坏，这种选择不仅丢失球权的风险较大且将球队置于由守转攻并再次由攻转守的危险之下；第四种选择是将球传给前方近端的同伴，此时前方的接球同伴无人盯防，接球后可以继续控球并直接转身面向进攻方向并继续向前组织进攻；第五种选择是将球传给前方远端的同伴，此时远端的接球同伴无人盯防，且身前的空当较大，接球后可以直接突破对方的后卫线直接面对对方的球门，进而创造射门的机会，是此情景下的最佳决策。

如表4-3-15所示：9岁男子足球运动员在中场位置处于由守转攻瞬间且无防守队员紧逼的情景下持球进攻时：5.3%的球员选择了向进攻方向运球，5.3%的球员选择了回传给身后无人盯防的接应同伴，5.3%的球员选择了通过长传球的形式将球转移到球场另一侧，10.4%的球员选择了将球传给前方近端无人盯防的同伴，73.7%的球员选择了将球传给前方远端无人盯防的同伴。10岁男子足球运动员在中场位置处于由守转攻瞬间且无防守队员紧逼的情景下持球进攻时：6.2%的球员选择了向进攻方向运球，无人选择回传给身后无人盯防的接应同伴和传给前方近端无人盯防的同伴，18.8%的球员选择了通过长传球的形式将球转移到球场另一侧，75%的球员选择了将球传给前方远端无人盯防的同伴。11岁男子足球运动员在中场位置处于由守转攻瞬间且无防守队员紧逼的情景下持球进攻时：19.3%的球员选择了向进攻方向运球，无人选择回传给身后无人盯防的接应同伴和传给前方近端无人盯防的同伴，3.8%的球员选择了通过长传球的形式将球转移到球场另一侧，76.9%的球员选择了将球传给前方远端无人盯防的同伴。12岁男子足球运动员在中场位置处于由守转攻瞬间且无防守队员紧逼的情景下持球进攻时：7.4%的球员选择了向进攻方向运球，无人选择回传给身后无人盯防的接应同伴和传给前方近端无人盯防的同伴，7.4%的球员选择了通过长传球的形式将球转移到球场另一侧，85.2%的球员选择了将球传给前方远端无人盯防的同伴。13岁男子足球运动员在中场位置处于由守转攻瞬间且无防守队员紧逼的情景下持球进攻时：9.1%的球员选择了向进攻方向运球，无人选择回传给身后无人盯防的接应同伴，3%的球员选择了通过长传球的形式将球转移到球场另一侧，6.1%的球员选择了将球传给前方近端无人盯防的同伴，81.8%的球员选择了将球传给前方远端无人盯防的同伴。14岁男子足球运动员在中场位置处于由守转攻瞬间且无防守队员紧逼的情景下持球进攻时：无人选择向进攻方向运球，3.7%的球员选择了回传给身后无人盯防的接应同伴，3.7%的球员选择了通过长传球的形式将球转移到球场另一侧，11.1%的球员选择了将球传给前方近端无人盯防的同伴，81.5%的球员选择了将球传给前方远端无人盯防的同伴。15岁男子足球运动员在中场位置处于由守转攻瞬间且无防守队员紧逼的情景下持球进攻时：8.3%的球员选择了向进攻方向运球，无人选择回传给身后无人盯防的接应同伴，4.2%的球员选择了通过长传球的形式将球转移到球场另一侧，4.2%的球员选择了将球传给前方近端无人盯防的同伴，83.3%的球员选择了将球传给前方远端无人盯防的同伴。16岁男子足球运动员在中场位置处于由守转攻瞬间且无防守队员紧逼的情景下持球进攻时：12.5%的球员选择了向进攻方向运球，无人选择回传给身后无人盯防的接应同伴和传给前方近端无人盯防的同伴，4.2%的球员选择了通过长传球的形式转移到球场另一侧，83.3%的球员选择了将球传给前方远端无人盯防的同伴。17岁男子足球运动员在中场位置处于由守转攻瞬间且无防守队员紧逼的情景下持球进攻时：无人选择向进攻方向运球、回传给身后无人盯防的接应同伴和将球转移到球场另一侧，5%的球员选择了将球传给前方近端无人盯防的同伴，95%的球员选择了将球传给前方远端无人盯防的同伴。

  总的来说，9-17岁男子足球运动员在中场位置无紧逼情景下由守转攻瞬间对球的处理表现出明显的以前传远端队友脚下为主的特征，占比全部高于70%，并随年龄增长而逐渐变大。此情景下，最合理的处理球的方式即通过传球将球交给远端队友，以保证向前推进的速度，进而由持球队员再创进攻机会。

4. 中场有紧逼情景下由守转攻瞬间的传球决策特征

表4-3-16　9-17岁男子足球运动员中场有紧逼情景下由守转攻瞬间传球决策的百分比统计

指标	9岁	10岁	11岁	12岁	13岁	14岁	15岁	16岁	17岁
回传	26.3	25.0	19.2	14.8	6.1	11.2	33.3	16.7	20.0
就近前传脚下	10.5	56.2	30.8	63.0	39.3	40.7	37.6	41.7	40.0
向前运球	21.1	18.8	23.1	14.8	27.3	33.3	20.8	29.1	35.0
转身横传	42.1	0.0	26.9	7.4	27.3	14.8	8.3	12.5	5.0

如表4-3-16所示为中场由守转攻瞬间，持球进攻队员面对防守队员紧逼的情景下对球的处理情况。此情景下，球队处于由守转攻瞬间，持球进攻队员处于中场位置且面对防守队员的紧逼防守，此时持球进攻队员的第一选择是将球回传给身后的接应同伴，此时接球同伴无人盯防且面对进攻方向，视野较好，可以保证球权不丢失并继续寻找向前的机会；第二种选择是将球传给前方近端的同伴，此时前方接球的同伴无人盯防且身前有空当，不仅可以保证球权的控制而且能够继续向进攻方向推进，是此情景下的最佳决策；第三种选择是向进攻方向运球，此时持球进攻队员的运球方向存在空当，但面对防守队员的逼抢向前运球仍存在丢失球权的风险，相较于回传给身后无人盯防的接应同伴和传球给前方无人盯防的接球同伴，此种选择不够合理；第四种选择是接球后转身并将球横传给中场边路的同伴，此时接球的同伴无人盯防，接球后可以直接向对方的后卫线发起攻击，但是传球路线已经被防守队员切断，强行对其传球的结果是造成球权的丢失，防守队员获得球权后可以直接向本方球门发起攻击。

如表4-3-16所示：9岁男子足球运动员在中场位置处于由守转攻瞬间且面对防守队员紧逼的情景下持球进攻时：26.3%的球员选择了回传给身后无人盯防的接应同伴，10.5%的球员选择了将球传给前方近端无人盯防的同伴，21.1%的球员选择了向进攻方向运球，42.1%的球员选择了接球转身并将球横传给中场边路无人盯防的同伴。10岁男子足球运动员在中场位置处于由守转攻瞬间且面对防守队员紧逼的情景下持球进攻时：25%的球员选择了回传给身后无人盯防的接应同伴，56.2%的球员选择了将球传给前方近端无人盯防的同伴，18.8%的球员选择了向进攻方向运球，无人选择接球转身并将球横传给中场边路无人盯防的同伴。11岁男子足球运动员在中场位置处于由守转攻瞬间且面对防守队员紧逼的情景下持球进攻时：19.2%的球员选择了回传给身后无人盯防的接应同伴，30.8%的球员选择了将球传给前方近端无人盯防的同伴，23.1%的球员选择了向进攻方向运球，26.9%的球员选择了接球转身并将球横传给中场边路无人盯防的同伴。12岁男子足球运动员在中场位置处于由守转攻瞬间且面对防守队员紧逼的情景下持球进攻时：14.8%的球员选择了回传给身后无人盯防的接应同伴，63%的球员选择了将球传给前方近端无人盯防的同伴，14.8%的球员选择了向进攻方向运球，7.4%的球员选择了接球转身并将球横传给中场边路无人盯防的同伴。13岁男子足球运动员在中场位置处于由守转攻瞬间且面对防守队员紧逼的情景下持球进攻时：6.1%的球员选择了回传给身后无人盯防的接应同伴，39.3%的球员选择了将球传给前方近端无人盯防的同伴，27.3%的球员选择了向进攻方向运球，27.3%的球员选择了接球转身并将球横传给中场边路无人盯防的同伴。14岁男子足球运动员在中场位置处于由守转攻瞬间且面对防守队员紧逼的情景下持球进攻时：11.2%的球员选择了回传给身后无人盯防的接应同伴，40.7%的球员选择了将球传给前方近端无人盯防的同伴，33.3%的球员选择了向进攻方向运球，14.8%的球员选择了接球转身并将球横传给中场边路无人盯防的同伴。15岁男子足球运动员在中场位置处于由守转攻瞬间且面对防守队员紧逼的情景下持球进攻时：33.3%的球员选择了回传给身后无人盯防的接应同伴，37.6%的球员选择了将球传给前方近端无人盯防的同伴，20.8%的球员选择了向进攻方向运球，8.3%的球员选择了接球转身并将球横传给中场边路无人盯防的同伴。16岁男子足球运动员在中场位置处于由守转攻瞬间且面对防守队员紧逼的情景下持球进攻时：16.7%的球员选择了回传给身后无人盯防的接应同伴，41.7%的球员选择了将球传给前方近端无人盯防的同伴，29.1%的球员选择了向进攻方向运球，12.5%的球员选择了接球转身并将球横传给中场边路无人盯防的同伴。17岁男子足球运动员在中场位置处于由守转攻瞬间且面对防守队员紧逼的情景下持球进攻时：20%的球员选择了回传给身后无人盯防的接应同伴，40%的球员选择了将球传给前方近端无人盯防的同伴，35%的球员选择了向进攻方向运球，5%的球员选择了接球转身并将球横传给中场边路无人盯防的同伴。

总的来说，9-17岁男子足球运动员在球队由守转攻瞬间，在中场位置有防守队员紧逼防守的情景下对球的处理并无明显的特征，处理球的方式较分散。9岁球员以转身横传为主，占比42.1%，回传、向前运球占比20%左右。10岁开始，以就近前传脚下为主。这种年龄特征在10岁时出现显著变化，但并未随年龄增长而出现显著特征。

5. 前场无紧逼情景下由守转攻瞬间的传球决策特征

表 4-3-17　9-17 岁男子足球运动员前场无紧逼情景下由守转攻瞬间传球决策的百分比统计

指标	9岁	10岁	11岁	12岁	13岁	14岁	15岁	16岁	17岁
横传边路	0.0	0.0	0.0	3.7	0.0	0.0	0.0	0.0	0.0
回传	5.3	0.0	15.4	14.8	18.2	22.2	4.2	25.0	15.0
横传中路空当	89.4	87.5	76.9	77.8	72.7	74.1	91.6	66.7	75.0
向前运球后射门	5.3	12.5	7.7	3.7	9.1	3.7	4.2	8.3	10.0

如表 4-3-17 所示为前场由守转攻瞬间，持球进攻队员面对无防守队员紧逼的情景下对球的处理情况。此情景下，球队处于由守转攻的状态之下，持球进攻队员处于前场位置且无防守队员盯防的情景下，此时持球进攻队员处理球的第一种选择是将球横传给边路的同伴，此时边路接球的同伴被防守队员盯防，接球后将直接面对防守队员的逼抢，不仅不能继续向前组织进攻还可能存在丢失球权的风险，一旦丢失球权，球队将处于由攻转守的不利状态；第二种选择是将球回传给身后的接应同伴，此时身后接应的同伴被防守队员盯防，处理的时间和空间不够充足，很难继续向前组织进攻；第三种选择是将球横传到中路空当，此时中路存在较大空当，且同伴准备前插接球，接球后直接面对对方守门员，形成射门并创造进球的机会非常大，是此情景下的最佳决策；第四种选择是向前运球后射门，此时持球进攻队员身后有防守队员，但距离相对较远，其距离对方球门较近，向前运球后射门有可能会形成进球，但是相较于横传给中路前插的同伴，此种选择形成进球的概率不如第三种选择大。

如表 4-3-17 所示：9 岁男子足球运动员在前场位置处于由守转攻瞬间且无防守队员紧逼的情景下持球进攻时：无人选择将球横传给边路接应的同伴，5.3%的球员选择了回传给身后被防守队员盯防的同伴，89.4%的球员选择了将球横传到中路空当，5.3%的球员选择了向前运球后射门。10岁男子足球运动员在前场位置处于由守转攻瞬间且无防守队员紧逼的情景下持球进攻时：无人选择将球横传给边路接应的同伴和回传给身后被防守队员盯防的同伴，87.5%的球员选择了将球横传到中路空当，12.5%的球员选择了向前运球后射门。11岁男子足球运动员在前场位置处于由守转攻瞬间且无防守队员紧逼的情景下持球进攻时：无人选择将球横传给边路接应的同伴，15.4%的球员选择了回传给身后被防守队员盯防的同伴，76.9%的球员选择了将球横传到中路空当，7.7%的球员选择了向前运球后射门。12岁男子足球运动员在前场位置处于由守转攻瞬间且无防守队员紧逼的情景下持球进攻时：3.7%的球员选择了将球横传给边路接应的同伴，14.8%的球员选择了回传给身后被防守队员盯防的同伴，77.8%的球员选择了将球横传到中路空当，3.7%的球员选择了向前运球后射门。13岁男子足球运动员在前场位置处于由守转攻瞬间且无防守队员紧逼的情景下持球进攻时：无人选择将球横传给边路接应的同伴，18.2%的球员选择了回传给身后被防守队员盯防的同伴，72.7%的球员选择了将球横传到中路空当，9.1%的球员选择了向前运球后射门。14岁男子足球运动员在前场位置处于由守转攻瞬间且无防守队员紧逼的情景下持球进攻时：无人选择将球横传给边路接应的同伴，22.2%的球员选择了回传给身后被防守队员盯防的同伴，74.1%的球员选择了将球横传到中路空当，3.7%的球员选择了向前运球后射门。15岁男子足球运动员在前场位置处于由守转攻瞬间且无防守队员紧逼的情景下持球进攻时：无人选择将球横传给边路接应的同伴，4.2%的球员选择了回传给身后被防守队员盯防的同伴，91.6%的球员选择了将球横传到中路空当，4.2%的球员选择了向前运球后射门。16岁男子足球运动员在前场位置处于由守转攻瞬间且无防守队员紧逼的情景下持球进攻时：无人选择将球横传给边路接应的同伴，25%的球员选择了回传给身后被防守队员盯防的同伴，66.7%的球员选择了将球横传到中路空当，8.3%的球员选择了向前运球后射门。17岁男子足球运动员在前场位置处于由守转攻瞬间且无防守队员紧逼的情景下持球进攻时：无人选择将球横传给边路接应的同伴，15%的球员选择了回传给身后被防守队员盯防的同伴，75%的球员选择了将球横传到中路空当，10%的球员选择了向前运球后射门。

总的来说，9-17岁男子足球运动员在球队由守转攻瞬间，在前场位置无人盯防的情景下对球的处理表现出明显的横传中路空当的特征，占比几乎全部在70%以上。此情景下，球员应第一时间将球传给最具威胁的球员，即横传给中路无人盯防的进攻队员，这种决策可以使进球的概率更大。回传及向前运球后射门分别占据较小比例，这种特征并未随年龄的增长而出现显著变化。

6. 前场有紧逼情景下由守转攻瞬间的传球决策特征

表4-3-18　9-17岁男子足球运动员前场有紧逼情景下由守转攻瞬间的传球决策的百分比统计

指标	9岁	10岁	11岁	12岁	13岁	14岁	15岁	16岁	17岁
传无人盯防前插队友	5.3	6.3	7.8	14.9	18.2	7.4	4.2	12.5	30.0
射门	26.3	62.4	53.8	44.4	57.5	55.6	54.2	50.0	25.0
前传被盯防队友脚下	42.1	25.0	30.8	25.9	9.1	11.1	12.5	33.3	25.0
横向运球	10.5	0.0	3.8	7.4	6.1	3.7	8.3	0.0	0.0
横传中路无人盯防队友	15.8	6.3	3.8	7.4	9.1	22.2	20.8	4.2	20.0

如表4-3-18所示为前场由守转攻瞬间，持球进攻队员面对防守队员紧逼情景下对球的处理情况。此情景下，球队处于由守转攻的状态之下，持球进攻队员处于前场位置且面对防守队员的紧逼防守，其处理球的第一种选择是将球向前传给边路前插的同伴，此时前插的同伴无人盯防且身前有较大空当，其接球后可以直接突破对方的防线进行传中或者射门，是此情景下的最佳决策；第二种选择是直接射门，此时持球进攻队员处于对方罚球区弧顶位置，距离球门并不远，可以选择直接射门，但是身前有防守队员封堵射门路线，进球的概率不大；第三种选择是向前方同伴传球，此时前插的同伴被对方防守队员盯防，接球后将直接面对防守队员的逼抢；第四种选择是向中路横向运球，此时中路位置存在空当，向中路运球后可以选择射门，但是运球的过程中也给了防守队员封堵射门路线或传球路线的时间；第五种选择是将球横传给中路插上的同伴，此时中路存在空当，中路前插的同伴无人盯防，接球后可以直接选择射门，但是其前方有一名防守队员封堵射门路线，相较于第一种选择，这种选择位于最佳决策之后。

如表4-3-18所示：9岁男子足球运动员在前场位置处于由守转攻瞬间且面对防守队员紧逼的情景下持球进攻时：5.3%的球员选择了向前传给边路前插的无人盯防的同伴，26.3%的球员选择了直接射门，42.1%的球员选择了向前方被盯防的同伴传球，10.5%的球员选择了向中路横向运球，15.8%的球员选择了横传给中路插上的无人盯防的同伴。10岁男子足球运动员在前场位置处于由守转攻瞬间且面对防守队员紧逼的情景下持球进攻时：6.3%的球员选择了向前传给边路前插的无人盯防的同伴，62.4%的球员选择了直接射门，25%的球员选择了向前方被盯防的同伴传球，无人选择向中路横向运球，6.3%的球员选择了横传给中路插上的无人盯防的同伴。11岁男子足球运动员在前场位置处于由守转攻瞬间且面对防守队员紧逼的情景下持球进攻时：7.8%的球员选择了向前传给边路前插的无人盯防的同伴，53.8%的球员选择了直接射门，30.8%的球员选择了向前方被盯防的同伴传球，3.8%的球员选择了向中路横向运球，3.8%的球员选择了横传给中路插上的无人盯防的同伴。12岁男子足球运动员在前场位置处于由守转攻瞬间且面对防守队员紧逼的情景下持球进攻时：14.9%的球员选择了向前传给边路前插的无人盯防的同伴，44.4%的球员选择了直接射门，25.9%的球员选择了向前方被盯防的同伴传球，7.4%的球员选择了向中路横向运球，7.4%的球员选择了横传给中路插上的无人盯防的同伴。13岁男子足球运动员在前场位置处于由守转攻瞬间且面对防守队员紧逼的情景下持球进攻时：18.2%的球员选择了向前传给边路前插的无人盯防的同伴，57.5%的球员选择了直接射门，9.1%的球员选择了向前方被盯防的同伴传球，6.1%的球员选择了向中路横向运球，9.1%的球员选择了横传给中路插上的无人盯防的同伴。14岁男子足球运动员在前场位置处于由守转攻瞬间且面对防守队员紧逼的情景下持球进攻时：7.4%的球员选择了向前传给边路前插的无人盯防的同伴，55.6%的球员选择了直接射门，11.1%的球员选择了向前方被盯防的同伴传球，3.7%的球员选择了向中路横向运球，22.2%的球员选择了横传给中路插上的无人盯防的同伴。15岁男子足球运动员在前场位置处于由守转攻瞬间且面对防守队员紧逼的情景下持球进攻时：4.2%的球员选择了向前传给边路前插的无人盯防的同伴，54.2%的球员选择了直接射门，12.5%的球员选择了向前方被盯防的同伴传球，8.3%的球员选择了向中路横向运球，20.8%的球员选择了横传给中路插上的无人盯防的同伴。16岁男子足球运动员在前场位置处于由守转攻瞬间且面对防守队员紧逼的情景下持球进攻时：12.5%的球员选择了向前传给边路前插的无人盯防的同伴，50%的球员选择了直接射门，33.3%的球员选择了向前方被盯防的同伴传球，无人选择向中路横向运球，4.2%的球员选择了横传给中路插上的无人盯防的同伴。17岁男子足球运动员在前场位置处于由守转攻瞬间且面对防守队员紧逼的情景下持球进攻时：30%的球员选择了向前传给边路前插的无人盯防的同伴，25%的球员选择了直接射门，25%的球员选择了向前方被盯防的同伴传球，无人选择向中路横向运球，20%的球员选择了横传给中路插上的无人盯防的同伴；总的来说，9-17岁男子足球运动员在球队由守转攻瞬间，在前场位置且面对防守队员紧逼防守的情景下对球的处理以射门、前传被盯防队友脚下、横传中路无人盯防队友三种决策为主，三种决策方式占比在90%左右。9岁球员前传被盯防队友脚下的决策方式占比最高，为42.1%。10-16岁球员以射门占比最高，占比在50%-60%范围内波动。17岁球员以传无人盯防前插队友占比最高，为30%，射门、前传被盯防队友脚下、横传中路无人盯防队友占比都在20%左右。此情景下最合理的处理球的方式即传给无人盯防的前插队友，通过队友的前插接球带动防守队员的防线整体后撤，进而通过回传无人盯防的跟进队友创造射门机会。然而，9-17岁男子足球运动员此情景下对球的处理并未表现出明显的年龄特征且决策方式比较分散。

综上所述，9-17岁男子足球运动员在由守转攻瞬间对球的处理与场区、防守队员的防守状态有一定关系。从整体上来说，在无防守队员紧逼的情景下，由守转攻瞬间，持球进攻队员在后场、中场、前场对球的处理并无差异，都能够选择合理的处理球的方式，即第一时间通过短传球将球传给前插的队友，快速向前推进。这样既可以迅速瓦解防守队员对焦点区域的防守，亦可以将球准确地传至目标区域。在防守队员紧逼的情景下，由守转攻瞬间，持球进攻队员表现出一定的区域特征，即越靠近防守方球门，持球进攻球员对球处理的合理性越差。此情景下，防守队员会瞬间实施反抢，这使得持球队员的视野受到限制，因此应快速将球传给视野范围内的队友。虽然具有一定的年龄的特征，但是并不明显。

（三）背对进攻方向情景下的传球决策特征

1. 后场无紧逼情景下的传球决策特征

表 4-3-19 9-17 岁男子足球运动员背对进攻方向后场无紧逼情景下传球决策的百分比统计

指标	9 岁	10 岁	11 岁	12 岁	13 岁	14 岁	15 岁	16 岁	17 岁
接球转身	52.6	87.5	88.5	84.8	100.0	100.0	100.0	100.0	100.0
横传	42.1	12.5	7.7	6.1	0.0	0.0	0.0	0.0	0.0
回传	5.3	0.0	3.8	9.1	0.0	0.0	0.0	0.0	0.0

如表 4-3-19 所示为后场进攻队员背对进攻方向接球瞬间且处于无防守队员紧逼的情景下对球的处理情况。此情景下，球队处于进攻状态之下，持球进攻队员在后场位置背对进攻方向且无防守队员对其盯防，其处理球的第一种选择是直接接球转身面对进攻方向，此时持球进攻队员无人盯防，且身后有空当，可以直接选择接球转身面对进攻方向，不仅可以保持球权的控制还可以继续向前组织进攻，是此情景下的最佳决策；第二种选择是将球横传给边路的接应同伴，此时边路接应的同伴处于无人盯防的状态，可以接球并保持球权的控制，但是防守队员距离接球同伴并不远，在其接球的过程中可以快速向其靠近进行逼抢，其接球后的状态将直接转换为被防守队员紧逼的状态；第三种选择是将球回传给后场的接应同伴，此时后场接应的同伴无人盯防，可以保持球权的控制，但是持球进攻队员在无人盯防且背对进攻方向的状态下首要的选择就是快速接球转身面对进攻方向，继续向前推进，回传给接球同伴会延缓对方的进攻速度。

如表 4-3-19 所示：9 岁男子足球运动员由守转攻瞬间在后场位置背对进攻方向且无防守队员盯防的情景下持球进攻时：52.6%的球员选择了直接接球转身面对进攻方向，42.1%的球员选择了横传给边路无人盯防的接应同伴，5.3%的球员选择了回传给无人盯防的接应同伴。10 岁男子足球运动员由守转攻瞬间在后场位置背对进攻方向且无防守队员盯防的情景下持球进攻时：87.5%的球员选择了直接接球转身面对进攻方向，12.5%的球员选择了横传给边路无人盯防的接应同伴，无人选择回传给无人盯防的接应同伴。11 岁男子足球运动员由守转攻瞬间在后场位置背对进攻方向且无防守队员盯防的情景下持球进攻时：88.5%的球员选择了直接接球转身面对进攻方向，7.7%的球员选择了横传给边路无人盯防的接应同伴，3.8%的球员选择了回传给无人盯防的接应同伴。12岁男子足球运动员由守转攻瞬间在后场位置背对进攻方向且无防守队员盯防的情景下持球进攻时：84.8%的球员选择了直接接球转身面对进攻方向，6.1%的球员选择了横传给边路无人盯防的接应同伴，9.1%的球员选择了回传给无人盯防的接应同伴。13-17岁男子足球运动员由守转攻瞬间在后场位置背对进攻方向且无防守队员盯防的情景下持球进攻时：全部球员选择了直接接球转身面对进攻方向，无人选择横传给边路无人盯防的接应同伴和回传给无人盯防的接应同伴。

总的来说，9-17岁男子足球运动员在后场位置背对进攻方向且无防守队员紧逼防守的情景下对球的处理表现为以接球转身为主，随着年龄的增长，占比逐渐变大并变得明显。这种变化趋势在9-10岁之间出现显著变化，接球转身占比由52.6%增加为87.5%；横传占比由42.1%减小为12.5%。

2. 后场有紧逼情景下的传球决策特征

表4-3-20 9-17岁男子足球运动员背对进攻方向后场有紧逼情景下传球决策的百分比统计

指标	9岁	10岁	11岁	12岁	13岁	14岁	15岁	16岁	17岁
接球转身	15.8	6.2	19.2	11.1	30.3	22.2	20.8	25.0	20.0
横传	84.2	93.8	80.8	88.9	69.7	77.8	79.2	75.0	80.0
回传	0.0	0.0	0.0	0.0	0.0	0.0	0.0	0.0	0.0

如表4-3-20所示为后场进攻队员背对进攻方向接球瞬间且处于被防守队员紧逼的情景下对球的处理情况。此情景下，球队处于进攻状态，持球进攻队员在后场位置背对进攻方向且被防守队员紧逼盯防，其处理球的第一种选择是接球转身，此时持球进攻队员处于被防守队员紧逼盯防之下，强行转身很大的可能会导致球员的丢失，防守队员在本方后场位置获得球权后将直接进入由守转攻的状态，可以直接对本方球门发起进攻；第二种选择是将球横传给边路的接球同伴，此时接球同伴无人盯防且身前有较大空当，在本身背对进攻方向、防守队员盯防、视野受限的情况下，将

球传给面对进攻方向的无人盯防同伴是此情景下的最佳决策；第三种选择是将球回传给后场的接应同伴，此时接球的同伴无人盯防，且面对进攻方向，视野更好，接球后可以继续控球并向前组织进攻，但是防守队员距离接球同伴不远，其接球的过程可以快速对其进行逼抢。

如表 4-3-20 所示：9 岁男子足球运动员由守转攻瞬间在后场位置背对进攻方向且面对防守队员紧逼的情景下持球进攻时：15.8%的球员选择了接球转身面对进攻方向，84.2%的球员选择了横传给边路无人盯防的接球同伴，无人选择回传给后场接应的同伴。10 岁男子足球运动员由守转攻瞬间在后场位置背对进攻方向且面对防守队员紧逼的情景下持球进攻时：6.2%的球员选择了接球转身面对进攻方向，93.8%的球员选择了横传给边路无人盯防的接球同伴，无人选择回传给后场接应的同伴。11 岁男子足球运动员由守转攻瞬间在后场位置背对进攻方向且面对防守队员紧逼的情景下持球进攻时：19.2%的球员选择了接球转身面对进攻方向，80.8%的球员选择了横传给边路无人盯防的接球同伴，无人选择回传给后场接应的同伴。12 岁男子足球运动员由守转攻瞬间在后场位置背对进攻方向且面对防守队员紧逼的情景下持球进攻时：11.1%的球员选择了接球转身面对进攻方向，88.9%的球员选择了横传给边路无人盯防的接球同伴，无人选择回传给后场接应的同伴。13 岁男子足球运动员由守转攻瞬间在后场位置背对进攻方向且面对防守队员紧逼的情景下持球进攻时：30.3%的球员选择了接球转身面对进攻方向，69.7%的球员选择了横传给边路无人盯防的接球同伴，无人选择回传给后场接应的同伴。14 岁男子足球运动员由守转攻瞬间在后场位置背对进攻方向且面对防守队员紧逼的情景下持球进攻时：22.2%的球员选择了接球转身面对进攻方向，77.8%的球员选择了横传给边路无人盯防的接球同伴，无人选择回传给后场接应的同伴。15 岁男子足球运动员由守转攻瞬间在后场位置背对进攻方向且面对防守队员紧逼的情景下持球进攻时：20.8%的球员选择了接球转身面对进攻方向，79.2%的球员选择了横传给边路无人盯防的接球同伴，无人选择回传给后场接应的同伴。16 岁男子足球运动员由守转攻瞬间在后场位置背对进攻方向且面对防守队员紧逼的情景下持球进攻时：25%的球员选择了接球转身面对进攻方向，75%的球员选择了横传给边路无人盯防的接球同伴，无人选择回传给后场接应的同伴。17 岁男子足球运动员由守转攻瞬间在后场位置背对进攻方向且面对防守队员紧逼的情景下持球进攻时：20%的球员选择了接球转身面对进攻方向，80%的球员选择了横传给边路无人盯防的接球同伴，无人选择回传给后场接应的同伴。

总的来说，9-17岁男子足球运动员在后场位置背对进攻方向且面对防守队员紧逼的情景下，对球的处理表现为横传给无防守队员紧逼的队友，其占比几乎全部高达80%以上。但是接球转身的处理方式仍然占据一定比例，从年龄跨度来看，13-17岁的占比高于9-12岁，说明相对于低年龄段球员，高年龄段球员此情景下处理球的方式表现出更强的攻击性。

3. 中场无紧逼情景下的传球决策特征

表4-3-21　9-17岁男子足球运动员背对进攻方向中场无紧逼情景下传球决策的百分比统计

指标	9岁	10岁	11岁	12岁	13岁	14岁	15岁	16岁	17岁
回传空当处队友	36.8	18.8	38.5	11.1	6.1	7.4	4.2	12.5	10.0
回传被盯防队友	15.8	6.2	0.0	0.0	0.0	0.0	0.0	0.0	0.0
快速接球转身	47.4	75.0	61.5	88.9	93.9	92.6	95.8	87.5	90.0

如表4-3-21所示为中场进攻队员背对进攻方向接球瞬间且处于无防守队员紧逼的情景下对球的处理方式。此情景下，持球进攻队员在中场位置背对进攻方向且无防守队员对其进行逼抢，其处理球的第一种选择是回传给无人盯防的接应同伴，此时接球的同伴处于面对进攻方向且无人盯防的状态，身前有较大空当，拥有充足的时间和空间向前组织进攻；第二种选择是将球回传给被防守队员盯防的接应同伴，此时接球的同伴面对进攻方向，但是被防守队员盯防，接球后将直接转变为被防守队员紧逼盯防的状态；第三种选择是接球快速转身，此时持球进攻队员处于背对进攻方向且无人盯防的状态下，其身后有较大空当，接球后的首要选择就是快速转身面对进攻方向，并继续向前组织进攻，这是此情景下的最佳决策。

如表4-3-21所示为9岁男子足球运动员由守转攻瞬间在中场位置背对进攻方向且无防守队员盯防的情景下持球进攻时：36.8%的球员选择了回传给无人盯防的接应同伴，15.8%的球员选择了回传给被防守队员盯防的接应同伴，47.4%的球员选择了快速接球转身面对进攻方向。10岁男子足球运动员由守转攻瞬间在中场位置背对进攻方向且无防守队员盯防的情景下持球进攻时：18.8%的球员选择了回传给无人盯防的接应同伴，6.2%

的球员选择了回传给被防守队员盯防的接应同伴，75%的球员选择了快速接球转身面对进攻方向。11岁男子足球运动员由守转攻瞬间在中场位置背对进攻方向且无防守队员盯防的情景下持球进攻时：38.5%的球员选择了回传给无人盯防的接应同伴，无人选择回传给被防守队员盯防的接应同伴，61.5%的球员选择了快速接球转身面对进攻方向。12岁男子足球运动员由守转攻瞬间在中场位置背对进攻方向且无防守队员盯防的情景下持球进攻时：11.1%的球员选择了回传给无人盯防的接应同伴，无人选择回传给被防守队员盯防的接应同伴，88.9%的球员选择了快速接球转身面对进攻方向。13岁男子足球运动员由守转攻瞬间在中场位置背对进攻方向且无防守队员盯防的情景下持球进攻时：6.1%的球员选择了回传给无人盯防的接应同伴，无人选择回传给被防守队员盯防的接应同伴，93.9%的球员选择了快速接球转身面对进攻方向。14岁男子足球运动员由守转攻瞬间在中场位置背对进攻方向且无防守队员盯防的情景下持球进攻时：7.4%的球员选择了回传给无人盯防的接应同伴，无人选择回传给被防守队员盯防的接应同伴，92.6%的球员选择了快速接球转身面对进攻方向。15岁男子足球运动员由守转攻瞬间在中场位置背对进攻方向且无防守队员盯防的情景下持球进攻时：4.2%的球员选择了回传给无人盯防的接应同伴，无人选择回传给被防守队员盯防的接应同伴，95.8%的球员选择了快速接球转身面对进攻方向。16岁男子足球运动员由守转攻瞬间在中场位置背对进攻方向且无防守队员盯防的情景下持球进攻时：12.5%的球员选择了回传给无人盯防的接应同伴，无人选择回传给被防守队员盯防的接应同伴，87.5%的球员选择了快速接球转身面对进攻方向。17岁男子足球运动员由守转攻瞬间在中场位置背对进攻方向且无防守队员盯防的情景下持球进攻时：10%的球员选择了回传给无人盯防的接应同伴，无人选择回传给被防守队员盯防的接应同伴，90%的球员选择了快速接球转身面对进攻方向。

总的来说，9-17岁男子足球运动员在中场位置背对进攻方向且无防守队员对其进行逼抢的情景下对球的处理表现出以快速接球转身为主的特征，快速接球转身占比随着年龄增长逐渐变大。这种变化在9-10岁之间出现明显变化，接球转身占比由47.4%增加为75.0%，并随着年龄增加逐渐增长为90%以上。

4. 中场有紧逼情景下的传球决策特征

表 4-3-22　9-17 岁男子足球运动员背对进攻方向中场有紧逼情景下传球决策的百分比统计

指标	9 岁	10 岁	11 岁	12 岁	13 岁	14 岁	15 岁	16 岁	17 岁
接球转身	10.5	0.0	0.0	11.1	3.0	18.5	12.5	20.8	5.0
横传	79.0	81.3	65.4	63.0	69.7	33.3	29.2	33.3	40.0
回传	10.5	18.7	34.6	25.9	27.3	48.2	58.3	45.9	55.0

如表 4-3-22 所示为中场进攻队员背对进攻方向接球瞬间且处于被防守队员紧逼的情景下对球的处理方式。此情景下，持球进攻队员在中场位置背对进攻方向且面对防守队员的紧逼防守，其处理球的第一种选择是接球转身，此时持球进攻队员背对进攻方向且面对防守队员的紧逼防守，通过个人技术强行接球转身可能会成功，并创造人数上的优势，但也可能会造成球权的丢失，给予对方由守转攻的快速反击机会；第二种选择是横传给中场边路位置的接应同伴，此时接球同伴无人盯防且面对进攻方向，其身前有较大的空当，接球后可以在中场边路位置形成 1 对 1 的局面，快速向对方球门发起进攻，是此情景下的最佳决策；第三种选择是回传给中后场的接应同伴，此时接球同伴无人盯防且面对进攻方向，接球后可以继续控球并向前组织进攻。

如表 4-3-22 所示：9 岁男子足球运动员由守转攻瞬间在中场位置背对进攻方向且面对防守队员紧逼的情景下持球进攻时：10.5%的球员选择了直接接球转身，79%的球员选择了横传给中场边路位置的接应同伴，10.5%的球员选择了回传给中后场无人盯防的接应同伴。10 岁男子足球运动员由守转攻瞬间在中场位置背对进攻方向且面对防守队员紧逼的情景下持球进攻时：无人选择直接接球转身，81.3%的球员选择了横传给中场边路位置的接应同伴，18.7%的球员选择了回传给中后场无人盯防的接应同伴。11 岁男子足球运动员由守转攻瞬间在中场位置背对进攻方向且面对防守队员紧逼的情景下持球进攻时：无人选择直接接球转身，65.4%的球员选择了横传给中场边路位置的接应同伴，34.6%的球员选择了回传给中后场无人盯防的接应同伴。12 岁男子足球运动员由守转攻瞬间在中场位置背对进攻方向且面对防守队员紧逼的情景下持球进攻时：11.1%的球员选择了直接接球转身，63%的球员选择了横传给中场边路位置的接应同伴，25.9%的球员选择了回传给中后场无人盯防的接应同伴。13岁男子足球运动员由守转攻瞬间在中场位置背对进攻方向且面对防守队员紧逼的情景下持球进攻时：3%的球员选择了直接接球转身，69.7%的球员选择了横传给中场边路位置的接应同伴，27.3%的球员选择了回传给中后场无人盯防的接应同伴。14岁男子足球运动员由守转攻瞬间在中场位置背对进攻方向且面对防守队员紧逼的情景下持球进攻时：18.5%的球员选择了直接接球转身，33.3%的球员选择了横传给中场边路位置的接应同伴，48.2%的球员选择了回传给中后场无人盯防的接应同伴。15岁男子足球运动员由守转攻瞬间在中场位置背对进攻方向且面对防守队员紧逼的情景下持球进攻时：12.5%的球员选择了直接接球转身，29.2%的球员选择了横传给中场边路位置的接应同伴，58.3%的球员选择了回传给中后场无人盯防的接应同伴。16岁男子足球运动员由守转攻瞬间在中场位置背对进攻方向且面对防守队员紧逼的情景下持球进攻时：20.8%的球员选择了直接接球转身，33.3%的球员选择了横传给中场边路位置的接应同伴，45.9%的球员选择了回传给中后场无人盯防的接应同伴。17岁男子足球运动员由守转攻瞬间在中场位置背对进攻方向且面对防守队员紧逼的情景下持球进攻时：5%的球员选择了直接接球转身，40%的球员选择了横传给中场边路位置的接应同伴，55%的球员选择了回传给中后场无人盯防的接应同伴。

总的来说，9-17岁球员男子足球运动员情景下对球的处理表现为横传、回传，二者占比并未随年龄变化而出现增大或减小。但是9-13岁男子足球运动员在背身面对紧逼的情景下偏向于横传给未被盯防队友，14-17岁男子足球运动员偏向于回传给未被盯防队友。

5. 前场无紧逼情景下的传球决策特征

表4-3-23 9-17岁男子足球运动员背对进攻方向前场无紧逼情景下传球决策的百分比统计

指标	9岁	10岁	11岁	12岁	13岁	14岁	15岁	16岁	17岁
回传	5.3	6.3	19.3	14.8	6.1	22.2	25.0	20.8	10.0
横传中路	94.7	93.7	76.9	70.4	87.8	70.4	66.7	70.8	85.0
接球转身	0.0	0.0	3.8	14.8	6.1	7.4	8.3	8.4	5.0

如表4-3-23所示为前场进攻球员背对进攻方向接球瞬间且处于无防

守队员紧逼的情景下对球的处理情况。此情景下，持球进攻队员在前场位置背对进攻方向且无防守队员的紧逼防守，其处理球的第一种选择是将球回传给中场位置的接应同伴，此时接球同伴无人盯防且面对进攻方向，接球后可以继续控球并寻找向前的机会，但是在可以直接向前推进的前提下选择向回传球会延误本方的进攻速度，错失向前的进攻机会；第二种选择是横传给前场中路位置的接应同伴，此时接球同伴无人盯防且面对进攻方向，身前有较大空当，接球后可以继续快速向前组织进攻，甚至接球调整后可以直接选择射门，但是防守队员距离其并不远，一是可以快速对其进行逼抢，二是可以快速封堵射门角度；第三种选择是接球快速转身，此时持球进攻队员背对进攻方向且无人盯防，身后有较大空当，首要选择是快速转身面对进攻方向，并继续向前组织进攻，这是此情景下的最佳决策。

如表4-3-23所示：9岁男子足球运动员由守转攻瞬间在前场位置背对进攻方向且无防守队员盯防的情景下持球进攻时：5.3%的球员选择了回传给中场位置无人盯防的接应同伴，94.7%的球员选择了横传给前场中路无人盯防的接应同伴，无人选择直接接球转身。10岁男子足球运动员由守转攻瞬间在前场位置背对进攻方向且无防守队员盯防的情景下持球进攻时：6.3%的球员选择了回传给中场位置无人盯防的接应同伴，93.7%的球员选择了横传给前场中路无人盯防的接应同伴，无人选择直接接球转身。11岁男子足球运动员由守转攻瞬间在前场位置背对进攻方向且无防守队员盯防的情景下持球进攻时：19.3%的球员选择了回传给中场位置无人盯防的接应同伴，76.9%的球员选择了横传给前场中路无人盯防的接应同伴，3.8%的球员选择了直接接球转身。12岁男子足球运动员由守转攻瞬间在前场位置背对进攻方向且无防守队员盯防的情景下持球进攻时：14.8%的球员选择了回传给中场位置无人盯防的接应同伴，70.4%的球员选择了横传给前场中路无人盯防的接应同伴，14.8%的球员选择了直接接球转身。13岁男子足球运动员由守转攻瞬间在前场位置背对进攻方向且无防守队员盯防的情景下持球进攻时：6.1%的球员选择了回传给中场位置无人盯防的接应同伴，87.8%的球员选择了横传给前场中路无人盯防的接应同伴，6.1%的球员选择了直接接球转身。14岁男子足球运动员由守转攻瞬间在前场位置背对进攻方向且无防守队员盯防的情景下持球进攻时：22.2%的球员选择了回传给中场位置无人盯防的接应同伴，70.4%的球员选择了横传给前场中路无人盯防的接应同伴，7.4%的球员选择了直接接球转身。15岁男子足球运动员由守转攻瞬间在前场位置背对进攻方向且无防守队员盯防的情景下持球进攻时：25%的球员选择了回传给中场位置无人盯防的接应同伴，66.7%的球员选择了横传给前场中路无人盯防的接应同伴，8.3%的球员选择了直接接球转身。16岁男子足球运动员由守转攻瞬间在前场位置背对进攻方向且无防守队员盯防的情景下持球进攻时：20.8%的球员选择了回传给中场位置无人盯防的接应同伴，70.8%的球员选择了横传给前场中路无人盯防的接应同伴，8.4%的球员选择了直接接球转身。17岁男子足球运动员由守转攻瞬间在前场位置背对进攻方向且无防守队员盯防的情景下持球进攻时：10%的球员选择了回传给中场位置无人盯防的接应同伴，85%的球员选择了横传给前场中路无人盯防的接应同伴，5%的球员选择了直接接球转身。

总的来说，9-17岁男子足球运动员由守转攻瞬间在前场位置背对进攻方向且无人盯防此情景下对球的处理表现为横传给前插中路无人盯防的接应同伴为主，占比几乎全部高于70%，这种趋势并未随年龄增长而出现显著变化。

6. 前场有紧逼情景下的传球决策特征

表4-3-24　9-17岁男子足球运动员背对进攻方向前场有紧逼情景下传球决策的百分比统计

指标	9岁	10岁	11岁	12岁	13岁	14岁	15岁	16岁	17岁
接球转身	47.4	31.3	23.1	33.4	39.4	25.9	20.8	29.2	30.0
回传被盯防队友	5.2	6.1	7.7	14.8	3.0	7.4	4.2	12.5	0.0
回传空当处队友	47.4	62.6	69.2	51.8	57.6	66.7	75.0	58.3	70.0

如表4-3-24所示为前场进攻队员背对进攻方向接球瞬间且处于被防守队员紧逼的情景下对球的处理情况。此情景下，持球进攻队员在前场位置背对进攻方向且面对防守队员的紧逼防守，其处理球的第一种选择是接球转身，此时持球进攻队员背对进攻方向且面对防守队员的紧逼防守，依靠个人技术或许可以突破两名防守队员的紧逼防守，但是前场是进攻与防守双方的必争之地，越是靠近对方球门，所需要面对的防守强度越大，此时持球进攻队员面对两名防守队员的紧逼防守强行转身很大的可能会导致球权的丢失，给予对方由守转攻并组织快速反击的机会；第二种选择是回

传给被防守队员紧逼盯防的接应同伴，此时接球同伴被防守队员盯防，有很大的可能会丢失球权；第三种选择是将球回传给无人盯防的接应同伴，此时接球同伴面对进攻方向且无人盯防，接球后可以继续控球并寻找向前的进攻机会，是此情景下的最佳决策。

如表4-3-24所示：9岁男子足球运动员由守转攻瞬间在前场位置背对进攻方向且面对防守队员紧逼的情景下持球进攻时：47.4%的球员选择了直接接球转身，5.2%的球员选择了回传给被防守队员紧逼的接应同伴，47.4%的球员选择了回传给无人盯防的接应同伴。10岁男子足球运动员由守转攻瞬间在前场位置背对进攻方向且面对防守队员紧逼的情景下持球进攻时：31.3%的球员选择了直接接球转身，6.1%的球员选择了回传给被防守队员紧逼的接应同伴，62.6%的球员选择了回传给无人盯防的接应同伴。11岁男子足球运动员由守转攻瞬间在前场位置背对进攻方向且面对防守队员紧逼的情景下持球进攻时：23.1%的球员选择了直接接球转身，7.7%的球员选择了回传给被防守队员紧逼的接应同伴，69.2%的球员选择了回传给无人盯防的接应同伴。12岁男子足球运动员由守转攻瞬间在前场位置背对进攻方向且面对防守队员紧逼的情景下持球进攻时：33.4%的球员选择了直接接球转身，14.8%的球员选择了回传给被防守队员紧逼的接应同伴，51.8%的球员选择了回传给无人盯防的接应同伴。13岁男子足球运动员由守转攻瞬间在前场位置背对进攻方向且面对防守队员紧逼的情景下持球进攻时：39.4%的球员选择了直接接球转身，3%的球员选择了回传给被防守队员紧逼的接应同伴，57.6%的球员选择了回传给无人盯防的接应同伴。14岁男子足球运动员由守转攻瞬间在前场位置背对进攻方向且面对防守队员紧逼的情景下持球进攻时：25.9%的球员选择了直接接球转身，7.4%的球员选择了回传给被防守队员紧逼的接应同伴，66.7%的球员选择了回传给无人盯防的接应同伴。15岁男子足球运动员由守转攻瞬间在前场位置背对进攻方向且面对防守队员紧逼的情景下持球进攻时：20.8%的球员选择了直接接球转身，4.2%的球员选择了回传给被防守队员紧逼的接应同伴，75%的球员选择了回传给无人盯防的接应同伴。16岁男子足球运动员由守转攻瞬间在前场位置背对进攻方向且面对防守队员紧逼的情景下持球进攻时：29.2%的球员选择了直接接球转身，12.5%的球员选择了回传给被防守队员紧逼的接应同伴，58.3%的球员选择了回传给无人盯防的接应同伴。

17岁男子足球运动员由守转攻瞬间在前场位置背对进攻方向且面对防守队员紧逼的情景下持球进攻时：30%的球员选择了直接接球转身，无人选择回传给被防守队员紧逼的接应同伴，70%的球员选择了回传给无人盯防的接应同伴。

总的来说，9-17岁男子足球运动员由守转攻瞬间在前场位置背对进攻方向且面对防守队员紧逼防守的情景下对球的处理方式以接球转身和回传空当处队友为主，二者占比几乎全部在90%以上。但是自10岁开始，回传空当处队友的占比明显高于接球转身，并随着年龄的增长而逐渐增加。

综上所述，9-17岁男子足球运动员背对进攻方向未被防守队员紧逼时能够选择快速接球转身，面对进攻方向，进而快速阅读球前比赛情景的处理球方式；面对紧逼时，也能够选择通过横传、回传的方式，将球传给面对进攻方向的视野更好的队友。这种能力在10岁时出现显著增强。但是在前场区域，9-17岁球员在无紧逼、有紧逼的情景下，对球的处理均具有冒险性，表现出明显区别于中后场的攻击性。

二、运球决策能力的定性研究

运球是维持控球权的重要手段，也是破坏防守组织与平衡、创造以多打少的锐利武器。它是控制比赛节奏、构成更好传球机会和直接射门得分的有力办法。其在比赛中有着大量的运用情景，运用运球技巧可以使比赛更加精彩夺目。但是运球绝对不能哗众取宠、盲目滥用。合理地运用运球技巧要遵循以下原则：

首先，当有好的传射机会时，不能运球，以免贻误战机。

其次，后场运球价值不大，90%的成功意味着失败；前场有时需要冒险，25%的成功意味着胜利。

最后，运球要实现两个目的：要有好的传球或射门的机会，否则运球便无战术意义。❶

---

❶ 中国体育教练员岗位培训教材（足球）[M]. 北京：人民体育出版社,1997.

（一）运球时机的把握特征

表 4-3-25　9-17 岁男子足球运动员运球时机决策的百分比统计

指标	9岁	10岁	11岁	12岁	13岁	14岁	15岁	16岁	17岁
前传被盯防队友	84.2	68.7	66.7	51.9	70.8	51.9	16.7	8.3	20.0
快速向前运球	15.8	31.3	33.3	48.1	29.2	48.1	83.3	91.7	80.0

如表 4-3-25 所示为由守转攻瞬间，处于中场位置的持球队员身前有较大空当且球前有一名被盯防接应队员的情景下对球的处理情况。此情景下，持球进攻队员面对进攻方向且无人盯防，身前有较大空当，其处理球的第一种选择是将球向前传给前插的同伴，此时接球的同伴正对进攻方向，接球后可以快速向前推进，但是其被一名防守队员盯防，接球后可能无法顺利向进攻方向推进，进而延缓本方由守转攻状态下组织快速反击的速度；第二种选择是接球后快速向前运球，此时持球进攻队员正对进攻方向且无防守队员盯防，身前有较大的空当，在球队由守转攻的状态下，其通过运球快速向前推进，既可以维持控球权，又可以创造更好的传球机会或射门得分机会，是此情景下的最佳决策。

如表 4-3-25 所示：9 岁男子足球运动员在身前有较大空当且前方接应同伴被防守队员紧逼防守的情景下持球进攻时：84.2%的球员选择了向前传给被防守队员盯防的前插同伴，15.8%的球员选择了接球后快速向前运球。10 岁男子足球运动员在身前有较大空当且前方接应同伴被防守队员紧逼防守的情景下持球进攻时：68.7%的球员选择了向前传给被防守队员盯防的前插同伴，31.3%的球员选择了接球后快速向前运球。11 岁男子足球运动员在身前有较大空当且前方接应同伴被防守队员紧逼防守的情景下持球进攻时：66.7%的球员选择了向前传给被防守队员盯防的前插同伴，33.3%的球员选择了接球后快速向前运球。12 岁男子足球运动员在身前有较大空当且前方接应同伴被防守队员紧逼防守的情景下持球进攻时：51.9%的球员选择了向前传给被防守队员盯防的前插同伴，48.1%的球员选择了接球后快速向前运球。13 岁男子足球运动员在身前有较大空当且前方接应同伴被防守队员紧逼防守的情景下持球进攻时：70.8%的球员选择了向前传给被防守队员盯防的前插同伴，29.2%的球员选择了接球后快速向前运球。14 岁男子足球运动员在身前有较大空当且前方接应同伴被防守队员紧逼防守的情景下持球进攻时：51.9%的球员选择了向前传给被防守队员盯防的前插同伴，48.1%的球员选择了接球后快速向前运球。15岁男子足球运动员在身前有较大空当且前方接应同伴被防守队员紧逼防守的情景下持球进攻时：16.7%的球员选择了向前传给被防守队员盯防的前插同伴，83.3%的球员选择了接球后快速向前运球。16岁男子足球运动员在身前有较大空当且前方接应同伴被防守队员紧逼防守的情景下持球进攻时：8.3%的球员选择了向前传给被防守队员盯防的前插同伴，91.7%的球员选择了接球后快速向前运球。17岁男子足球运动员在身前有较大空当且前方接应同伴被防守队员紧逼防守的情景下持球进攻时：20%的球员选择了向前传给被防守队员盯防的前插同伴，80%的球员选择了接球后快速向前运球。

总的来说，9-17岁男子足球运动员在球队由守转攻状态下，持球进攻队员在中场位置且无人盯防，身前有较大空当的情景下对球的处理表现出明显的年龄差异。9-14岁男子足球运动员此情景下仍然选择前传队友脚下，虽然加快了向前推进的速度，但是忽略了盯防前方接应队员的防守队员，这种决策容易被防守队员率先截断传球导致由守转攻瞬间球权的丢失，进而造成本方攻守转换过程中的阵型混乱。15-17岁男子足球运动员表现出明显的快速向前运球的决策特征，这种决策是此情景下最佳的快速向前推进方式。虽然9-14岁男子足球运动员的决策以前传被盯防队友为主，但是从10岁开始，快速向前运球的决策占比出现明显的增长，并随年龄的增长而逐渐变大。其中只有13岁出现快速向前运球的占比突然下降。

（二）运球的目的特征

表4-3-26　9-17岁男子足球运动员运球目的决策的百分比统计 a

指标	9岁	10岁	11岁	12岁	13岁	14岁	15岁	16岁	17岁
射门	95.7	87.7	76.9	81.5	83.3	66.7	66.7	72.7	80.0
运球后传给前插队友	4.3	12.3	19.3	14.8	12.5	33.3	25.0	18.2	20.0
横传	0.0	0.0	3.8	3.7	4.2	0.0	8.3	9.1	0.0

如表4-3-26所示为处于防守方罚球区前沿的持球队员面对防守队员紧逼与队友前插情景下对球的处理情况。此情景下，持球进攻队员位于对方罚球区前沿且被防守队员紧逼防守，其处理球的第一种选择是直接射

门，此时持球进攻队员通过快速向前运球将进攻推进到对方罚球区前沿，运球过人的目的就是实现传球或者射门，运用运球过人技术的原则之一就是有好的传射机会时不运用运球过人技术，此时持球进攻队员距离球门较近，在此位置选择直接射门并没有什么错误，甚至有可能会直接取得进球，但是其身前有多名防守队员进行盯防，这样可以封堵射门角度，提高了进球的难度；第二种选择是继续运球并将球传给后插上的同伴，此时持球进攻队员通过横向运球吸引防守队员向其靠近，后插上的同伴无人盯防且身前有较大空当，接球后可以直接突破对方的防线并直面对方的守门员，也可以选择直接射门或将球横传给门前包抄的同伴或将球反向传给中路插上的同伴，可以选择的处理球的方式较多，是此情景下的最佳决策；第三种选择是将球横传给接应的同伴，此时接应的同伴无人盯防且身前有较大空当，接球后可以快速向对方防线发起进攻，但是此时防守队员距离接球同伴并不远，在其接球的过程中可以快速向其靠近并进行紧逼盯防，相较于第二种选择，此种选择会错失较好的进攻机会。

　　如表4-3-26所示：9岁男子足球运动员在对方罚球区前沿位置面对防守队员紧逼与同伴前插的情景下持球进攻时：95.7%的球员选择了直接射门，4.3%的球员选择了继续运球吸引防守队员后将球传给后插上的无人盯防的同伴，无人选择横传给无人盯防的接球同伴。10岁男子足球运动员在对方罚球区前沿位置面对防守队员紧逼与同伴前插的情景下持球进攻时：87.7%的球员选择了直接射门，12.3%的球员选择了继续运球吸引防守队员后将球传给后插上的无人盯防的同伴，无人选择横传给无人盯防的接球同伴。11岁男子足球运动员在对方罚球区前沿位置面对防守队员紧逼与同伴前插的情景下持球进攻时：76.9%的球员选择了直接射门，19.3%的球员选择了继续运球吸引防守队员后将球传给后插上的无人盯防的同伴，3.8%的球员选择了横传给无人盯防的接球同伴。12岁男子足球运动员在对方罚球区前沿位置面对防守队员紧逼与同伴前插的情景下持球进攻时：81.5%的球员选择了直接射门，14.8%的球员选择了继续运球吸引防守队员后将球传给后插上的无人盯防的同伴，3.7%的球员选择了横传给无人盯防的接球同伴。13岁男子足球运动员在对方罚球区前沿位置面对防守队员紧逼与同伴前插的情景下持球进攻时：83.3%的球员选择了直接射门，12.5%的球员选择了继续运球吸引防守队员后将球传给后插上的无人盯防

第四章 结果与分析

的同伴，4.2%的球员选择了横传给无人盯防的接球同伴。14岁男子足球运动员在对方罚球区前沿位置面对防守队员紧逼与同伴前插的情景下持球进攻时：66.7%的球员选择了直接射门，33.3%的球员选择了继续运球吸引防守队员后将球传给后插上的无人盯防的同伴，无人选择横传给无人盯防的接球同伴。15岁男子足球运动员在对方罚球区前沿位置面对防守队员紧逼与同伴前插的情景下持球进攻时：66.7%的球员选择了直接射门，25%的球员选择了继续运球吸引防守队员后将球传给后插上的无人盯防的同伴，8.3%的球员选择了横传给无人盯防的接球同伴。16岁男子足球运动员在对方罚球区前沿位置面对防守队员紧逼与同伴前插的情景下持球进攻时：72.7%的球员选择了直接射门，18.2%的球员选择了继续运球吸引防守队员后将球传给后插上的无人盯防的同伴，9.1%的球员选择了横传给无人盯防的接球同伴。17岁男子足球运动员在对方罚球区前沿位置面对防守队员紧逼与同伴前插的情景下持球进攻时：80%的球员选择了直接射门，20%的球员选择了继续运球吸引防守队员后将球传给后插上的无人盯防的同伴，无人选择横传给无人盯防的接球同伴。

总的来说，9-17岁男子足球运动员位于对方罚球区前沿且被防守队员紧逼防守的情景下，持球进攻队员表现出明显的年龄特征，即直接选择射门，占比几乎全部高达80%，但是这种决策占比随着年龄增长由95.7%逐渐降为80%。相反，运球后前传前插队友的决策占比随年龄增长逐渐变大。此情景下，球员对球的处理主要表现为以直接射门为主，占比逐渐减小；运球后前传前插队友占据一定比例，但占比随年龄增长而逐渐变大。此情景下，选择射门是一种选择，但是通过运球吸引防守队员离开自己的防守区域，为前插队友创造身后空当是更好的决策。

表4-3-27　9-17岁男子足球运动员运球目的决策的百分比统计 b

指标	9岁	10岁	11岁	12岁	13岁	14岁	15岁	16岁	17岁
横传被盯防前插队友	63.2	81.3	80.8	77.8	79.8	80.0	80.9	79.2	79.2
往回运球	5.5	12.5	15.4	14.8	14.1	15.0	15.4	16.7	16.7
接球转身	31.3	6.3	3.8	7.4	6.1	5.0	3.7	4.2	4.2

如表4-3-27所示为持球队员背对进攻方向且被防守队员紧逼情景下对球的处理情况。此情景下，持球进攻队员处于中场边路位置，背对进攻方向且面对防守队员的紧逼防守，其处理球的第一种选择是将球横传给前

127

插空当的同伴，此时前插的同伴身前有较大的空当，接球后可以快速向进攻方向推进，但是其被防守队员贴身盯防，防守队员可以直接对接球队员实施抢断，获得球权并由守转攻；第二种选择是接球后往回运球，此时持球队员背对进攻方向且面对防守队员的紧逼防守，无法直接转身面对进攻方向，需要在保证球权不丢失的前提下往回运球继续寻找向前的传球机会，是此情景下的最佳决策；第三种选择是接球转身，此时持球队员背对进攻方向，快速接球转身面对进攻方向并继续向进攻方向推进是最佳的选择，但是此时持球进攻队员被防守队员紧逼盯防，接球后直接转身的难度比较大，强行接球转身的结果可能是本方球权丢失，对方一旦在中场获得球权并由守转攻，就可以通过快速反击的方式对本方球门发起进攻，可能会导致本方球门被进球。

如表4-3-27所示：9岁男子足球运动员在中场边路位置背对进攻方向被防守队员紧逼且接应同伴被防守队员盯防的情景下持球进攻时：63.2%的球员选择了将球横传给前插空当但被防守队员紧盯的同伴，5.5%的球员选择了往回运球保持球权并继续寻找向前的传球机会，31.3%的球员选择了强行接球转身面对进攻方向。10岁男子足球运动员在中场边路位置背对进攻方向被防守队员紧逼且接应同伴被防守队员盯防的情景下持球进攻时：81.3%的球员选择了将球横传给前插空当但被防守队员紧盯的同伴，12.5%的球员选择了往回运球保持球权并继续寻找向前的传球机会，6.3%的球员选择了强行接球转身面对进攻方向。11岁男子足球运动员在中场边路位置背对进攻方向被防守队员紧逼且接应同伴被防守队员盯防的情景下持球进攻时：80.8%的球员选择了将球横传给前插空当但被防守队员紧盯的同伴，15.4%的球员选择了往回运球保持球权并继续寻找向前的传球机会，3.8%的球员选择了强行接球转身面对进攻方向。12岁男子足球运动员在中场边路位置背对进攻方向被防守队员紧逼且接应同伴被防守队员盯防的情景下持球进攻时：77.8%的球员选择了将球横传给前插空当但被防守队员紧盯的同伴，14.8%的球员选择了往回运球保持球权并继续寻找向前的传球机会，7.4%的球员选择了强行接球转身面对进攻方向。13岁男子足球运动员在中场边路位置背对进攻方向被防守队员紧逼且接应同伴被防守队员盯防的情景下持球进攻时：79.8%的球员选择了将球横传给前插空当但被防守队员紧盯的同伴，14.1%的球员选择了往回运球保持球权并继续寻找向前的传球机会，6.1%的球员选择了强行接球转身面对进攻方向。14岁男子足球运动员在中场边路位置背对进攻方向被防守队员紧逼且接应同伴被防守队员盯防的情景下持球进攻时：80%的球员选择了将球横传给前插空当但被防守队员紧盯的同伴，15%的球员选择了往回运球保持球权并继续寻找向前的传球机会，5%的球员选择了强行接球转身面对进攻方向。15岁男子足球运动员在中场边路位置背对进攻方向被防守队员紧逼且接应同伴被防守队员盯防的情景下持球进攻时：80.9%的球员选择了将球横传给前插空当但被防守队员紧盯的同伴，15.4%的球员选择了往回运球保持球权并继续寻找向前的传球机会，3.7%的球员选择了强行接球转身面对进攻方向。16岁男子足球运动员在中场边路位置背对进攻方向被防守队员紧逼且接应同伴被防守队员盯防的情景下持球进攻时：79.2%的球员选择了将球横传给前插空当但被防守队员紧盯的同伴，16.7%的球员选择了往回运球保持球权并继续寻找向前的传球机会，4.2%的球员选择了强行接球转身面对进攻方向。17岁男子足球运动员在中场边路位置背对进攻方向被防守队员紧逼且接应同伴被防守队员盯防的情景下持球进攻时：79.2%的球员选择了将球横传给前插空当但被防守队员紧盯的同伴，16.7%的球员选择了往回运球保持球权并继续寻找向前的传球机会，4.2%的球员选择了强行接球转身面对进攻方向。

总的来说，9-17岁男子足球运动员处于中场边路位置，背对进攻方向且面对防守队员的紧逼防守的情景下，持球进攻队员对球的处理表现出明显的年龄特征，即以横传前插队友为主，占比几乎全部高达80%。但是9岁球员对球的处理以横传前插队友为主，接球转身占据一定比例，高达31.3%。自10岁开始，球员对球的处理以横传前插队友为主，往回运球占据一定比例。此情景下，持球队员面对防守队员紧逼，选择接球转身容易被防守队员抢断球；横传被盯防的前插队友需要面对被实施紧逼的防守队员阶段传球的风险。此情景下，最合理的决策即通过往回运球，保持控球权以寻找合适的传球点。

综上所述，9-17岁男子足球运动员对运球时机、运球目的的把握具有明显的年龄特征，但是这种决策特征相对不够合理。但是，从整体来看，9-17岁男子足球运动员对运球时机与目的的把握在10岁出现一定程度增长并明显区别于10岁之前的阶段，但并未随年龄增长而出现明显的增长趋势。

三、射门决策能力的定性研究

射门是比赛胜负的关键因素,是各种进攻战术的期望归宿。足球比赛的全过程始终围绕着射门与被射门的争夺展开。比赛中,有的队员能够抓到射门机会,有的则东奔西跑、精疲力竭却捕捉不到射门机会。这就涉及在门前对球的动向、对手动向、同伴动向等方面的正确预测判断。因此,把握射门时机或为队友创造射门机会是比赛过程中非常重要的能力。[1]

(一)正对球门情景下的射门决策特征

表4-3-28 9-17岁男子足球运动员正对球门无紧逼情景下射门决策的百分比统计

指标	9岁	10岁	11岁	12岁	13岁	14岁	15岁	16岁	17岁
传给近端的前插队友	26.3	37.5	69.2	81.5	84.8	92.6	75.0	75.0	100.0
射门	52.6	50.0	23.1	7.4	3.0	7.4	4.2	8.3	0.0
传给远端的前插队友	21.1	12.5	7.7	11.1	12.1	0.0	20.8	16.7	0.0

如表4-3-28所示为持球进队员在防守方禁区前沿正对球门且无防守队员紧逼情景下对球的处理情况。此情景下,持球进攻队员处于对方罚球区附近且无防守队员对其进行紧逼防守,其处理球的第一种选择是将球传给近端的前插同伴,此时接球同伴身前无人盯防,接球后可以直接进入对方的罚球区,进而实施射门,是此情景下的最佳决策;第二种选择是持球进攻队员直接射门,此时持球进攻队员无人盯防且距离对方球门较近,可以选择直接射门,但是其前方有一名防守队员封堵射门路线,守门员也已经提前站好位,进球的概率相对较小;第三种选择是将球传给远端前插的同伴,此时远端前插的同伴无人盯防且身前的空当较大,接球后可以直接突破对方的防线并进入对方的罚球区,直接面对对方守门员,但是其距离传球同伴及对方球门相对较远,且附近有一名防守队员,防守队员可以在

---

[1] 中国体育教练员岗位培训教材(足球)[M].北京:人民体育出版社,1997.

其接球的过程中快速向其靠近并实施射门路线的封堵或逼抢，相对来说，其准备射门的时间、空间相对更小。

如表4-3-28所示：9岁男子足球运动员在对方禁区前沿正对球门且无防守队员紧逼的情景下持球进攻时：26.3%的球员选择了将球传给近端无人盯防的前插同伴，52.6%的球员选择了在防守队员封堵射门路线的前提下直接射门，21.1%的球员选择了将球传给远端无人盯防的前插同伴。10岁男子足球运动员在对方禁区前沿正对球门且无防守队员紧逼的情景下持球进攻时：37.5%的球员选择了将球传给近端无人盯防的前插同伴，50%的球员选择了在防守队员封堵射门路线的前提下直接射门，12.5%的球员选择了将球传给远端无人盯防的前插同伴。11岁男子足球运动员在对方禁区前沿正对球门且无防守队员紧逼的情景下持球进攻时：69.2%的球员选择了将球传给近端无人盯防的前插同伴，23.1%的球员选择了在防守队员封堵射门路线的前提下直接射门，7.7%的球员选择了将球传给远端无人盯防的前插同伴。12岁男子足球运动员在对方禁区前沿正对球门且无防守队员紧逼的情景下持球进攻时：81.5%的球员选择了将球传给近端无人盯防的前插同伴，7.4%的球员选择了在防守队员封堵射门路线的前提下直接射门，11.1%的球员选择了将球传给远端无人盯防的前插同伴。13岁男子足球运动员在对方禁区前沿正对球门且无防守队员紧逼的情景下持球进攻时：84.8%的球员选择了将球传给近端无人盯防的前插同伴，3%的球员选择了在防守队员封堵射门路线的前提下直接射门，12.1%的球员选择了将球传给远端无人盯防的前插同伴。14岁男子足球运动员在对方禁区前沿正对球门且无防守队员紧逼的情景下持球进攻时：92.6%的球员选择了将球传给近端无人盯防的前插同伴，7.4%的球员选择了在防守队员封堵射门路线的前提下直接射门，无人选择将球传给远端无人盯防的前插同伴。15岁男子足球运动员在对方禁区前沿正对球门且无防守队员紧逼的情景下持球进攻时：75%的球员选择了将球传给近端无人盯防的前插同伴，4.2%的球员选择了在防守队员封堵射门路线的前提下直接射门，20.8%的球员选择了将球传给远端无人盯防的前插同伴。16岁男子足球运动员在对方禁区前沿正对球门且无防守队员紧逼的情景下持球进攻时：75%的球员选择了将球传给近端无人盯防的前插同伴，8.3%的球员选择了在防守队员封堵射门路线的前提下直接射门，16.7%的球员选择了将球传给远端无人盯防的前插同伴。17岁男子足球运动员在对方禁区前沿正对球门且无防守队员紧逼的情景下持球进攻时：全部球员选择了将球传给近端无人盯防的前插同伴，无人选择在防守队员封堵射门路线的前提下直接射门和将球传给远端无人盯防的前插同伴。

总的来说，9-17岁男子足球运动员在对方禁区前沿正对球门且无防守队员紧逼的情景下对球的处理分为两种情况：9-10岁男子足球运动员首要的决策是直接射门，占比50%左右，传给近端前插同伴的决策占比在30%左右；11-17岁男子足球运动员的首要决策是传给近端的前插队友，占比在70%以上，随年龄的增长占比逐渐变大。在对方罚球区附近且无防守队员对其进行紧逼防守情景下，由直接射门转变为传球给近端前插队友的决策在10-11岁阶段出现显著的变化，并随时间逐渐变得明显。

表4-3-29 9-17岁男子足球运动员正对球门有紧逼情景下射门决策的百分比统计

指标	9岁	10岁	11岁	12岁	13岁	14岁	15岁	16岁	17岁
传给未被盯防的前插队友	47.4	50.0	53.8	77.8	75.8	59.3	66.7	58.3	65.0
射门	52.6	50.0	46.2	22.2	24.2	40.7	33.3	41.7	35.0

如表4-3-29所示为持球队员在防守方禁区前沿正对球门且处于被防守队员紧逼情景下对球的处理情况。此情景下，持球进攻队员处于对方罚球区附近且面对防守队员对其进行紧逼防守，其处理球的第一种选择是将球传给前插的同伴，此时前插的同伴无人盯防，且身前有较大的空当，持球进攻队员通过运球吸引防守队员向其靠近，通过斜传直插的方式向对方后卫线身后传球，接球同伴前插接球后直接突破对方的防线并直接面对方守门员，可以直接选择射门，是此情景下的最佳决策；第二种选择是直接射门，此时持球进攻队员位于对方罚球区的前沿，距离对方球门较近，可以直接选择射门。但是其被一名防守队员紧逼盯防，在持球进攻队员准备射门的瞬间，对其进行紧逼防守的球员会封堵射门路线，相对于传球给前插的同伴创造射门机会，直接射门的选择在时间、空间上相对更加紧张。

如表4-3-29所示：9岁男子足球运动员在对方禁区前沿正对球门且被防守队员紧逼的情景下持球进攻时：47.4%的球员选择了通过斜传直插的方式将球传给无人盯防的前插对方后卫线身后的同伴，52.6%的球员选择了在被一名防守队员紧逼防守的前提下直接射门。10岁男子足球运动员在对方禁区前沿正对球门且被防守队员紧逼的情景下持球进攻时：50%的球员选择了通过斜传直插的方式将球传给无人盯防的前插对方后卫线身后的同伴，50%的球员选择了在被一名防守队员紧逼防守的前提下直接射门。11岁男子足球运动员在对方禁区前沿正对球门且被防守队员紧逼的情景下持球进攻时：53.8%的球员选择了通过斜传直插的方式将球传给无人盯防的前插对方后卫线身后的同伴，46.2%的球员选择了在被一名防守队员紧逼防守的前提下直接射门。12岁男子足球运动员在对方禁区前沿正对球门且被防守队员紧逼的情景下持球进攻时：77.8%的球员选择了通过斜传直插的方式将球传给无人盯防的前插对方后卫线身后的同伴，22.2%的球员选择了在被一名防守队员紧逼防守的前提下直接射门。13岁男子足球运动员在对方禁区前沿正对球门且被防守队员紧逼的情景下持球进攻时：75.8%的球员选择了通过斜传直插的方式将球传给无人盯防的前插对方后卫线身后的同伴，24.2%的球员选择了在被一名防守队员紧逼防守的前提下直接射门。14岁男子足球运动员在对方禁区前沿正对球门且被防守队员紧逼的情景下持球进攻时：59.3%的球员选择了通过斜传直插的方式将球传给无人盯防的前插对方后卫线身后的同伴，40.7%的球员选择了在被一名防守队员紧逼防守的前提下直接射门。15岁男子足球运动员在对方禁区前沿正对球门且被防守队员紧逼的情景下持球进攻时：66.7%的球员选择了通过斜传直插的方式将球传给无人盯防的前插对方后卫线身后的同伴，33.3%的球员选择了在被一名防守队员紧逼防守的前提下直接射门。16岁男子足球运动员在对方禁区前沿正对球门且被防守队员紧逼的情景下持球进攻时：58.3%的球员选择了通过斜传直插的方式将球传给无人盯防的前插对方后卫线身后的同伴，41.7%的球员选择了在被一名防守队员紧逼防守的前提下直接射门。17岁男子足球运动员在对方禁区前沿正对球门且被防守队员紧逼的情景下持球进攻时：65%的球员选择了通过斜传直插的方式将球传给无人盯防的前插对方后卫线身后的同伴，35%的球员选择了在被一名防守队员紧逼防守的前提下直接射门。

总的来说，9-17岁男子足球运动员处于对方罚球区附近且面对防守队员对其进行紧逼防守情景下对球的处理并未表现出明显的年龄特征，但是仍具有一定的年龄的差异。9-11岁男子足球运动员此情景下选择传给未被盯防的前插队友与直接射门的占比相近，都在50%左右。但是10岁后这种占比相近的趋势开始出现变化，即传给无盯防前插队友的决策占比增加，直接射门决策占比下降。这种趋势在12岁开始变得相对明显，即12-17岁男子足球运动员此情景下对球的处理表现为以传给未被盯防的前插队友为主，射门仍占据相当比例。但是这种趋势并未因年龄而变得的明显。

（二）侧对球门情景下的射门决策特征

表4-3-30　9-17岁男子足球运动员侧对球门无紧逼情景下射门决策的百分比统计

指标	9岁	10岁	11岁	12岁	13岁	14岁	15岁	16岁	17岁
向中路运球	15.8	6.3	7.7	11.1	3.0	0.0	12.5	4.2	5.0
传中	47.4	37.5	73.1	48.1	33.3	63.0	54.2	37.5	45.0
射门	36.8	56.3	19.2	40.7	63.6	37.0	33.3	58.3	50.0

如表4-3-30所示为持球队员在防守方球门区与罚球区之间的区域，且无防守队员紧逼的情景下对球的处理情况。此情景下，持球进攻队员位于对方罚球区远角位置且无防守队员紧逼防守，其处理球的第一种选择是向中路运球，此时持球进攻队员无人盯防，可以直接选择射门。对于攻守双方来说，越是靠近己方球门，空间的争夺越激烈，一旦在对方罚球区内获得射门机会务必要把握，除非有更好的创造进球的机会。此时持球进攻队员无人盯防，但对方罚球区内有多名防守队员，一旦选择向中路运球，防守队员会以最快的速度逼近并实施封堵或抢断，持球进攻队员将直接失去射门的机会；第二种选择是将球传给中路后插上的同伴，此时同伴身前有较大的空当，接球后可以直接形成射门机会，但是接球同伴身后有一名防守队员积极回防，后插上的同伴接球后实施射门的时间、空间将被回防球员压缩；第三种选择是射门，此时持球进攻队员无人盯防且距离球门较近，在对方罚球区内创造时间、空间上的优势并不容易，此时持球进攻队员应该直接射门，一旦放慢节奏，对方防守队员将利用最短的时间上前逼抢并封堵射门角度，直接射门是此情景下的最佳决策。

如表4-3-30所示：9岁男子足球运动员在对方罚球区远角位置且无防守队员紧逼防守的情景下持球进攻时：15.8%的球员选择了向中路运球，47.4%的球员选择了将球传给中路被防守队员盯防的前插同伴，36.8%的球员选择了在无人盯防并具备时间、空间优势的情景下直接射门。10岁男子足球运动员在对方罚球区远角位置且无防守队员紧逼防守的情景下持球进攻时：6.3%的球员选择了向中路运球，37.5%的球员选择了将球传给中路被防守队员盯防的前插同伴，56.3%的球员选择了在无人盯防并具备时间、空间优势的情景下直接射门。11岁男子足球运动员在对方罚球区远角位置且无防守队员紧逼防守的情景下持球进攻时：7.7%的球员选择了向中路运球，73.1%的球员选择了将球传给中路被防守队员盯防的前插同伴，19.2%的球员选择了在无人盯防并具备时间、空间优势的情景下直接射门。12岁男子足球运动员在对方罚球区远角位置且无防守队员紧逼防守的情景下持球进攻时：11.1%的球员选择了向中路运球，48.1%的球员选择了将球传给中路被防守队员盯防的前插同伴，40.7%的球员选择了在无人盯防并具备时间、空间优势的情景下直接射门。13岁男子足球运动员在对方罚球区远角位置且无防守队员紧逼防守的情景下持球进攻时：3%的球员选择了向中路运球，33.3%的球员选择了将球传给中路被防守队员盯防的前插同伴，63.6%的球员选择了在无人盯防并具备时间、空间优势的情景下直接射门。14岁男子足球运动员在对方罚球区远角位置且无防守队员紧逼防守的情景下持球进攻时：无人选择向中路运球，63%的球员选择了将球传给中路被防守队员盯防的前插同伴，37%的球员选择了在无人盯防并具备时间、空间优势的情景下直接射门。15岁男子足球运动员在对方罚球区远角位置且无防守队员紧逼防守的情景下持球进攻时：12.5%的球员选择了向中路运球，54.2%的球员选择了将球传给中路被防守队员盯防的前插同伴，33.3%的球员选择了在无人盯防并具备时间、空间优势的情景下直接射门。16岁男子足球运动员在对方罚球区远角位置且无防守队员紧逼防守的情景下持球进攻时：4.2%的球员选择了向中路运球，37.5%的球员选择了将球传给中路被防守队员盯防的前插同伴，58.3%的球员选择了在无人盯防并具备时间、空间优势的情景下直接射门。17岁男子足球运动员在对方罚球区远角位置且无防守队员紧逼防守的情景下持球进攻时：5%的球员选择了向中路运球，45%的球员选择了将球传给中路被防守队员盯防的前插同伴，50%的球员选择了在无人盯防并具备时间、空间优势的情景下直接射门。

我国9—17岁男子足球运动员战术决策能力年龄特征研究

总的来说，9-17岁男子足球运动员位于对方罚球区远角位置且无防守队员紧逼防守情景下对球的处理主要表现为射门和传中两种决策。从整体上来看，两种决策的占比并无明显差异，且并未因年龄变化而表现出明显的年龄特征。

表4-3-31 9-17岁男子足球运动员侧对球门有紧逼情景下射门决策的百分比统计

指标	9岁	10岁	11岁	12岁	13岁	14岁	15岁	16岁	17岁
射门	5.3	6.2	7.7	3.7	21.2	0.0	8.3	16.7	5.0
传中	15.8	0.0	0.0	7.4	6.1	3.7	33.3	8.3	5.0
回传	78.9	93.8	92.3	88.9	72.7	96.3	58.4	75.0	90.0

如表4-3-31所示为持球队员在防守方球门区与罚球区之间的区域，且被防守队员紧逼无射门角度的情景下对球的处理情况。此情景下，持球进攻队员位于球门区远角外侧且被防守队员紧逼防守，其处理球的第一种选择是直接射门，此时持球进攻队员被防守队员紧逼防守，在其射门的瞬间防守队员会封堵其射门的角度，对方守门员也提前封堵了球门区近角位置，此时直接射门并取得进球的概率并不大，且容易丢失为其他同伴创造射门的机会；第二种选择是通过横传的方式将球传给中路插上的同伴，此时接球的同伴身后无防守队员盯防，通过快速前插可以创造抢点射门的机会。但是此时其身前有一名防守队员积极回防拦截持球进攻队员的传球，相较于前插的进攻队员，防守队员更靠近己方球门，可以更快地破坏传球；第三种选择是将球回传给中路的前插同伴，此时前插的同伴无防守队员盯防且身前有较大的空当，距离球门较近，在其和对方球门之间并无防守队员封堵射门角度。其通过快速前插接球后可以直接创造射门的机会，是此情景下的最佳决策。

如表4-3-31所示：9岁男子足球运动员在球门区远角外侧且被防守队员紧逼的情景下持球进攻时：5.3%的球员选择了在防守队员紧逼防守的情景下直接射门，15.8%的球员选择了通过横传的方式将球传给中路插上的无人盯防的同伴，78.9%的球员选择了将球回传给中路前插的无人盯防的同伴。10岁男子足球运动员在球门区远角外侧且被防守队员紧逼的情景下持球进攻时：6.2%的球员选择了在防守队员紧逼防守的情景下直接射门，无人选择通过横传的方式将球传给中路插上的无人盯防的同伴，93.8%的球员选择了将球回传给中路前插的无人盯防的同伴。11岁男子足球运动员在球门区远角外侧且被防守队员紧逼的情景下持球进攻时：7.7%的球员选择了在防守队员紧逼防守的情景下直接射门，无人选择通过横传的方式将球传给中路插上的无人盯防的同伴，92.3%的球员选择了将球回传给中路前插的无人盯防的同伴。12岁男子足球运动员在球门区远角外侧且被防守队员紧逼的情景下持球进攻时：3.7%的球员选择了在防守队员紧逼防守的情景下直接射门，7.4%的球员选择了通过横传的方式将球传给中路插上的无人盯防的同伴，88.9%的球员选择了将球回传给中路前插的无人盯防的同伴。13岁男子足球运动员在球门区远角外侧且被防守队员紧逼的情景下持球进攻时：21.2%的球员选择了在防守队员紧逼防守的情景下直接射门，6.1%的球员选择了通过横传的方式将球传给中路插上的无人盯防的同伴，72.7%的球员选择了将球回传给中路前插的无人盯防的同伴。14岁男子足球运动员在球门区远角外侧且被防守队员紧逼的情景下持球进攻时：无人选择在防守队员紧逼防守的情景下直接射门，3.7%的球员选择了通过横传的方式将球传给中路插上的无人盯防的同伴，96.3%的球员选择了将球回传给中路前插的无人盯防的同伴。15岁男子足球运动员在球门区远角外侧且被防守队员紧逼的情景下持球进攻时：8.3%的球员选择了在防守队员紧逼防守的情景下直接射门，33.3%的球员选择了通过横传的方式将球传给中路插上的无人盯防的同伴，58.4%的球员选择了将球回传给中路前插的无人盯防的同伴。16岁男子足球运动员在球门区远角外侧且被防守队员紧逼的情景下持球进攻时：16.7%的球员选择了在防守队员紧逼防守的情景下直接射门，8.3%的球员选择了通过横传的方式将球传给中路插上的无人盯防的同伴，75%的球员选择了将球回传给中路前插的无人盯防的同伴。17岁男子足球运动员在球门区远角外侧且被防守队员紧逼的情景下持球进攻时：5%的球员选择了在防守队员紧逼防守的情景下直接射门，5%的球员选择了通过横传的方式将球传给中路插上的无人盯防的同伴，95%的球员选择了将球回传给中路前插的无人盯防的同伴。

总的来说，9-17岁男子足球运动员位于球门区远角外侧且被防守队员紧逼防守情景下对球的处理表现出明显的趋势特征，即通过回传给后插上的未被盯防球员，为其创造射门的机会。9岁球员此情景下对球的处理表现为回传决策占比78.9%，传中决策占比15.8%；相较于9岁球员。10岁球员回传决策占比高达93.8%，出现明显的提高。从整体来看，9-17岁男子足球运动员此情景下的决策表现出明显的回传为队友创造射门机会的特征，且从10岁开始，回传决策的占比几乎都在90%左右。

综上所述，9-17岁男子足球运动员在防守队员紧逼、区域等因素的影响下对把握射门机会或为队友创造射门机会的决策过程中对球的处理并无明显的年龄差异。可以说，不论射门角度大小、有无防守队员紧逼，9-17岁男子足球运动员对球的处理均无年龄差异。但从整体上来看。10岁开始球员各种情景下对球处理的合理性均出现明显变化，或表现为直接把握射门机会或表现为为队友创造射门机会。射门决策能力表现为持球队员自己把握射门机会或为队友创造射门机会，整体上看，9-17岁男子足球运动员射门决策能力的发展并未表现出明显的年龄发展趋势。相对来说，射门决策能力对于球员来说属于较难发展的一种能力，并不是年龄越大射门决策能力越强。

四、跑位决策能力的定性研究

跑位即球员在无球状态下，以摆脱防守队员或创造进攻空间等为目的的跑动。[1] 比赛中如何创造和利用场上的空间，既是实现球队战术设想的重要前提，也是比赛中必不可少的组成部分。无球跑位是创造和利用空间的具体行动。一场90min的足球比赛，实际进行比赛的时间为60min左右。现代足球要求每一位球员在有限的比赛时间内，通过积极、有效的跑动创造和利用场上的有利空间，攻破对方的严密防守。一个能为自己制造和利用空间的球员就能在最恰当的位置接球、传球、控制球或射门。跑位是创造和利用空间的过程，需要高度的整体配合意识、宽广的视野和突发性启动，并随时准备接球。球员的跑位没有固定的形式，主要是依据场上的形势及同伴间的默契。但是球员的跑位需要遵循三个原则：以球的动向而动、以近球者而动、以前者动而动。一般来说，无球跑位的球员决定了传

---

[1] http://baike.so.com/doc/1616093-1708465.html.

球的方向、方法和时机，持球队员要根据无球队员的情况进行决策。❶

（一）后场跑位决策特征

表 4-3-32　9-17 岁男子足球运动员后场跑位决策的百分比统计

指标	9 岁	10 岁	11 岁	12 岁	13 岁	14 岁	15 岁	16 岁	17 岁
横向拉边	0.0	18.8	3.8	27.3	30.0	14.8	12.5	25.0	11.1
拉边前插	5.2	12.4	38.5	39.3	40.0	55.6	66.6	58.4	77.8
靠近持球队员	94.8	68.8	57.7	33.4	30.0	29.6	20.9	16.6	11.1

如表4-3-32所示为远端进攻队员后场跑动利用空间过程中的跑位决策情况。此情景下，持球进攻队员位于后场边路位置且被防守队员逼抢，处于远端的同伴在无人盯防时通过跑动创造和利用进攻空间的情景下，其跑位的第一种选择是横向拉边跑动，此时持球进攻队员处于多名防守队员的逼抢之下，远端的进攻队员通过横向拉边的跑位向边路位置跑动，占据边路位置的空间为持球进攻队员提供传球的选择；第二种选择是拉边前插，此情景下需要在保证控球的前提下继续组织进攻，处于远端进攻队员的前方有较大空当且无防守队员盯防，可以通过拉边前插的跑位方式向斜前方跑动为持球进攻队员创造传球的选择，跑位的进攻队员在接球后可以直接快速向进攻方向运球并快速接近对方的球门，是此情景下的最佳决策；第三种选择是向持球进攻队员跑动，此时持球进攻队员处于防守队员的逼抢之下，进攻空间受限，此时远端进攻队员向持球进攻队员靠近跑位不仅不能为持球进攻队员创造进攻空间，还会压缩本方的进攻空间，反而帮助了防守队员的防守。

如表4-3-32所示：9岁男子足球运动员处于远端位置且前方有较大空当并无防守队员盯防，在本方持球进攻队员于后场被防守队员逼抢的情景下其通过无球跑动创造和利用空间时：无人选择横向拉边利用远端边路空间的跑位，5.2%的球员选择了拉边前插的跑位方式向斜前方跑动为持球进攻队员创造传球路线，94.8%的球员选择了向持球进攻队员靠近的跑位方式。10岁男子足球运动员处于远端位置且前方有较大空当并无防守队员盯防，在本方持球进攻队员于后场被防守队员逼抢的情景下其通过无球跑动

---

❶ 中国体育教练员岗位培训教材(足球)[M].北京:人民体育出版社,1997.

创造和利用空间时：18.8%的球员选择了横向拉边利用远端边路空间的跑位，12.4%的球员选择了拉边前插的跑位方式向斜前方跑动为持球进攻队员创造传球路线，68.8%的球员选择了向持球进攻队员靠近的跑位方式。11岁男子足球运动员处于远端位置且前方有较大空当并无防守队员盯防，在本方持球进攻队员于后场被防守队员逼抢的情景下其通过无球跑动创造和利用空间时：3.8%的球员选择了横向拉边利用远端边路空间的跑位，38.5%的球员选择了拉边前插的跑位方式向斜前方跑动为持球进攻队员创造传球路线，57.7%的球员选择了向持球进攻队员靠近的跑位方式。12岁男子足球运动员处于远端位置且前方有较大空当并无防守队员盯防，在本方持球进攻队员于后场被防守队员逼抢的情景下其通过无球跑动创造和利用空间时：27.3%的球员选择了横向拉边利用远端边路空间的跑位，39.3%的球员选择了拉边前插的跑位方式向斜前方跑动为持球进攻队员创造传球路线，33.4%的球员选择了向持球进攻队员靠近的跑位方式。13岁男子足球运动员处于远端位置且前方有较大空当并无防守队员盯防，在本方持球进攻队员于后场被防守队员逼抢的情景下其通过无球跑动创造和利用空间时：30%的球员选择了横向拉边利用远端边路空间的跑位，40%的球员选择了拉边前插的跑位方式向斜前方跑动为持球进攻队员创造传球路线，30%的球员选择了向持球进攻队员靠近的跑位方式。14岁男子足球运动员处于远端位置且前方有较大空当并无防守队员盯防，在本方持球进攻队员于后场被防守队员逼抢的情景下其通过无球跑动创造和利用空间时：14.8%的球员选择了横向拉边利用远端边路空间的跑位，55.6%的球员选择了拉边前插的跑位方式向斜前方跑动为持球进攻队员创造传球路线，29.6%的球员选择了向持球进攻队员靠近的跑位方式。15岁男子足球运动员处于远端位置且前方有较大空当并无防守队员盯防，在本方持球进攻队员于后场被防守队员逼抢的情景下其通过无球跑动创造和利用空间时：12.5%的球员选择了横向拉边利用远端边路空间的跑位，66.6%的球员选择了拉边前插的跑位方式向斜前方跑动为持球进攻队员创造传球路线，20.9%的球员选择了向持球进攻队员靠近的跑位方式。16岁男子足球运动员处于远端位置且前方有较大空当并无防守队员盯防，在本方持球进攻队员于后场被防守队员逼抢的情景下其通过无球跑动创造和利用空间时：25%的球员选择了横向拉边利用远端边路空间的跑位，58.4%的球员选择了拉边前插的跑位方式向斜前方跑动为持球进攻队员创造传球路线，16.6%的球员选择了向持球进攻队员靠近的跑位方式。17岁男子足球运动员处于远端位置且前方有较大空当并无防守队员盯防，在本方持球进攻队员于后场被防守队员逼抢的情景下其通过无球跑动创造和利用空间时：11.1%的球员选择了横向拉边利用远端边路空间的跑位，77.8%的球员选择了拉边前插的跑位方式向斜前方跑动为持球进攻队员创造传球路线，11.1%的球员选择了向持球进攻队员靠近的跑位方式。

  总的来说，9-11岁男子足球运动员在本方持球进攻队员于后场被防守队员逼抢，处于远端位置且前方有较大空当并无防守队员盯防的情景下，其跑位方式表现为靠近持球队员的跑位特征，这种跑位决策会造成有球区域人员拥挤进而压缩进攻空间。但是9-11岁男子足球运动员靠近持球队员的跑位决策占比逐渐缩小，由94.8%减小为57.7%。相反，拉边前插占据远端进攻空间的跑位决策占比逐渐增加，由5.2%增加为38.5%。自12岁开始，表现出拉边前插的跑位决策特征，这种特征随着年龄的增长逐渐变得明显。但是横向拉边、靠近持球队员的跑位决策仍占据相当的比例。这两种跑位对进攻距离和空间的把握不利于己方向前推进。

（二）中场跑位决策特征

表4-3-33 9-17岁男子足球运动员中场跑位决策的百分比统计 a

指标	9岁	10岁	11岁	12岁	13岁	14岁	15岁	16岁	17岁
前插	10.5	6.2	11.5	7.4	9.1	0.0	20.8	37.5	20.0
横向拉边	89.5	93.8	77.0	81.5	78.8	96.3	66.7	62.5	80.0
回撤	0.0	0.0	11.5	11.1	12.1	3.7	12.5	0.0	0.0

  如表4-3-33所示为后场队员持球时中场队员的跑位决策情况。此情景下，持球进攻队员位于后场中路位置且无人盯防，处于中场中路位置的同伴在无人盯防时通过跑动创造和利用进攻空间的情景下，其跑位的第一种选择是前插跑动，通过前插的跑位形式创造并利用前方的空间，为持球进攻队员创造进攻点，但是跑位队员的前方有防守队员，在其前插跑动接球的过程中会被防守队员快速接近并进行逼抢；第二种选择是横向拉边，此时跑位队员无人盯防且边路位置有较大空当，通过横向拉边的跑位形式可以创造并利用中场边路的空间，既能保持控球并继续向前组织进攻又能

创造进攻的宽度，是此情景下的最佳决策；第三种选择是回撤，通过向回跑动接应持球进攻队员。此时持球进攻队员与跑位队员皆无人盯防，向回跑动接应可以保持控球，但是会错过更好的向前进攻的机会，延缓了本方向前进攻的速度。

如表4-3-33所示：9岁男子足球运动员处于中场中路位置且无防守队员盯防，在本方持球进攻队员于后场中路且无人盯防的情景下，其通过无球跑动创造和利用空间时：10.5%的球员选择了前插跑位为持球进攻队员提供进攻点，89.5%的球员选择了横向拉边为持球进攻队员提供进攻点，无人选择向回跑动接应持球进攻队员。10岁男子足球运动员处于中场中路位置且无防守队员盯防，在本方持球进攻队员于后场中路且无人盯防的情景下，其通过无球跑动创造和利用空间时：6.2%的球员选择了前插跑位为持球进攻队员提供进攻点，93.8%的球员选择了横向拉边为持球进攻队员提供进攻点，无人选择向回跑动接应持球进攻队员。11岁男子足球运动员处于中场中路位置且无防守队员盯防，在本方持球进攻队员于后场中路且无人盯防的情景下，其通过无球跑动创造和利用空间时：11.5%的球员选择了前插跑位为持球进攻队员提供进攻点，77%的球员选择了横向拉边为持球进攻队员提供进攻点，11.5%的球员选择了向回跑动接应持球进攻队员。12岁男子足球运动员处于中场中路位置且无防守队员盯防，在本方持球进攻队员于后场中路且无人盯防的情景下，其通过无球跑动创造和利用空间时：7.4%的球员选择了前插跑位为持球进攻队员提供进攻点，81.5%的球员选择了横向拉边为持球进攻队员提供进攻点，11.1%的球员选择了向回跑动接应持球进攻队员。13岁男子足球运动员处于中场中路位置且无防守队员盯防，在本方持球进攻队员于后场中路且无人盯防的情景下，其通过无球跑动创造和利用空间时：9.1%的球员选择了前插跑位为持球进攻队员提供进攻点，78.8%的球员选择了横向拉边为持球进攻队员提供进攻点，12.1%的球员选择了向回跑动接应持球进攻队员。14岁男子足球运动员处于中场中路位置且无防守队员盯防，在本方持球进攻队员于后场中路且无人盯防的情景下，其通过无球跑动创造和利用空间时：无人选择前插跑位为持球进攻队员提供进攻点，96.3%的球员选择了横向拉边为持球进攻队员提供进攻点，3.7%的球员选择了向回跑动接应持球进攻队员。15岁男子足球运动员处于中场中路位置且无防守队员盯防，在本方持球进攻队员于后场中路且无人盯防的情景下，其通过无球跑动创造和利用空间时：20.8%的球员选择了前插跑位为持球进攻队员提供进攻点，66.7%的球员选择了横向拉边为持球进攻队员提供进攻点，12.5%的球员选择了向回跑动接应持球进攻队员。16岁男子足球运动员处于中场中路位置且无防守队员盯防，在本方持球进攻队员于后场中路且无人盯防的情景下，其通过无球跑动创造和利用空间时：37.5%的球员选择了前插跑位为持球进攻队员提供进攻点，62.5%的球员选择了横向拉边为持球进攻队员提供进攻点，无人选择向回跑动接应持球进攻队员。17岁男子足球运动员处于中场中路位置且无防守队员盯防，在本方持球进攻队员于后场中路且无人盯防的情景下，其通过无球跑动创造和利用空间时：20%的球员选择了前插跑位为持球进攻队员提供进攻点，80%的球员选择了横向拉边为持球进攻队员提供进攻点，无人选择向回跑动接应持球进攻队员。

总的来说，在持球进攻队员位于后场中路位置且无人盯防的情景下，9-17岁男子足球运动员在中场中路位置无人盯防时通过跑动创造和利用进攻空间时，表现出共同的跑位趋势特征，即横向拉边，决策率几乎全高于70%。横向拉边的跑位方式既可以创造好的传球角度，又可以创造进攻宽度。但是相较于9-14岁男子足球运动员，15-17岁男子足球运动员此情景下的前插跑位占据相对较高的比例，表现出更强的向前进攻性。

表4-3-34　9-17岁男子足球运动员中场跑位决策的百分比统计 b

指标	9岁	10岁	11岁	12岁	13岁	14岁	15岁	16岁	17岁
回撤	26.3	37.5	23.1	14.8	15.2	11.1	8.3	12.5	5.0
横向跑	5.3	0.0	0.0	3.7	6.1	3.7	4.2	4.2	5.0
斜前跑	10.5	12.5	0.0	7.4	9.1	7.4	0.0	0.0	0.0
前插	57.9	50.0	76.9	74.1	69.6	77.8	87.5	83.3	90.0

如表4-3-34所示为中后卫球员持球，处于中场位置的边后卫球员的跑位决策情况。此情景下，持球进攻队员位于后场中路位置且无人盯防，处于中场边路位置的同伴在无人盯防时通过跑动创造和利用进攻空间的情景下，其跑位的第一种选择是回撤跑位，通过向回跑动为持球进攻队员提供一个传球点，此种跑位选择可以保持控球，但在无人盯防的前提下回撤跑动会失去快速向前的机会；第二种选择是横向移动到中场中路，此时中

场中路位置被一名同伴和两名防守队员占据，横向移动到中场中路位置会挤压本方的进攻空间，并直接帮助防守队员的防守；第三种选择是通过斜前跑位的方式向前场中路位置跑动，这种跑动可以直接插入对方后卫线与中场线中间的空当，但是前场中路位置防守队员人数占优，可以在跑位队员接球前进行拦截；第四种选择是前插，此时跑位队员位于中场边路位置，前方有较大空当且无人盯防，通过前插的跑位方式可以创造并利用边路的空间，同时为持球进攻队员提供向前的传球机会，是此情景下的最佳决策。

如表4-3-34所示：9岁男子足球运动员处于中场中路位置且无防守队员盯防，在本方持球进攻队员于后场中路且无人盯防的情景下，其通过无球跑动创造和利用空间时：26.3%的球员选择了回撤跑位为持球进攻队员提供传球点，5.3%的球员选择了横向移动到中场中路位置，10.5%的球员选择了斜前跑动直接插入对方后卫线与中场线之间的空当，57.9%的球员选择了前插边路空当为持球进攻队员提供向前传球的机会。10岁男子足球运动员处于中场中路位置且无防守队员盯防，在本方持球进攻队员于后场中路且无人盯防的情景下，其通过无球跑动创造和利用空间时：37.5%的球员选择了回撤跑位为持球进攻队员提供传球点，无人选择横向移动到中场中路位置，12.5%的球员选择了斜前跑动直接插入对方后卫线与中场线之间的空当，50%的球员选择了前插边路空当为持球进攻队员提供向前传球的机会。11岁男子足球运动员处于中场中路位置且无防守队员盯防，在本方持球进攻队员于后场中路且无人盯防的情景下，其通过无球跑动创造和利用空间时：23.1%的球员选择了回撤跑位为持球进攻队员提供传球点，无人选择横向移动到中场中路位置和斜前跑动直接插入对方后卫线与中场线之间的空当，76.9%的球员选择了前插边路空当为持球进攻队员提供向前传球的机会。12岁男子足球运动员处于中场中路位置且无防守队员盯防，在本方持球进攻队员于后场中路且无人盯防的情景下，其通过无球跑动创造和利用空间时：14.8%的球员选择了回撤跑位为持球进攻队员提供传球点，3.7%的球员选择横向移动到中场中路位置，7.4%的球员选择了斜前跑动直接插入对方后卫线与中场线之间的空当，74.1%的球员选择了前插边路空当为持球进攻队员提供向前传球的机会。13岁男子足球运动员处于中场中路位置且无防守队员盯防，在本方持球进攻队员于后场中路且

第四章 结果与分析

无人盯防的情景下，其通过无球跑动创造和利用空间时：15.2%的球员选择了回撤跑位为持球进攻队员提供传球点，6.1%的球员选择横向移动到中场中路位置，9.1%的球员选择了斜前跑动直接插入对方后卫线与中场线之间的空当，69.6%的球员选择了前插边路空当为持球进攻队员提供向前传球的机会。14岁男子足球运动员处于中场中路位置且无防守队员盯防，在本方持球进攻队员于后场中路且无人盯防的情景下，其通过无球跑动创造和利用空间时：11.1%的球员选择了回撤跑位为持球进攻队员提供传球点，3.7%的球员选择横向移动到中场中路位置，7.4%的球员选择了斜前跑动直接插入对方后卫线与中场线之间的空当，77.8%的球员选择了前插边路空当为持球进攻队员提供向前传球的机会。15岁男子足球运动员处于中场中路位置且无防守队员盯防，在本方持球进攻队员于后场中路且无人盯防的情景下，其通过无球跑动创造和利用空间时：8.3%的球员选择了回撤跑位为持球进攻队员提供传球点，4.2%的球员选择横向移动到中场中路位置，无人选择斜前跑动直接插入对方后卫线与中场线之间的空当，87.5%的球员选择了前插边路空当为持球进攻队员提供向前传球的机会。16岁男子足球运动员处于中场中路位置且无防守队员盯防，在本方持球进攻队员于后场中路且无人盯防的情景下，其通过无球跑动创造和利用空间时：12.5%的球员选择了回撤跑位为持球进攻队员提供传球点，4.2%的球员选择横向移动到中场中路位置，无人选择斜前跑动直接插入对方后卫线与中场线之间的空当，83.3%的球员选择了前插边路空当为持球进攻队员提供向前传球的机会。17岁男子足球运动员处于中场中路位置且无防守队员盯防，在本方持球进攻队员于后场中路且无人盯防的情景下，其通过无球跑动创造和利用空间时：5%的球员选择了回撤跑位为持球进攻队员提供传球点，5%的球员选择横向移动到中场中路位置，无人选择斜前跑动直接插入对方后卫线与中场线之间的空当，90%的球员选择了前插边路空当为持球进攻队员提供向前传球的机会。

总的来说，持球进攻队员位于后场中路位置且无人盯防的情景下，9-17岁男子足球运动员在中场中路位置无人盯防时通过跑动创造和利用进攻空间时的跑位决策表现出明显的趋势特征。这种趋势特征表现为前插占据空间，且随年龄增长愈发明显。同时回撤跑位占据相当小的比例，伴随年龄增长而逐渐降低。可以说，9-17岁男子足球运动员此情景下的跑位，随年龄增长保守性逐渐降低，但越来越具有明显的攻击性，并在10-11岁年龄段出现快速增长。

表 4-3-35 9-17 岁男子足球运动员中场跑位决策的百分比统计 c

指标	9岁	10岁	11岁	12岁	13岁	14岁	15岁	16岁	17岁
横向跑	26.3	18.2	11.5	18.2	33.3	11.1	12.5	20.8	30.0
回撤	73.7	81.8	88.5	81.8	66.7	85.2	87.5	70.8	70.0
斜前跑	0.0	0.0	0.0	0.0	0.0	3.7	0.0	8.4	0.0

如表 4-3-35 所示为后场球员控球时，处于中场位置的前锋球员的跑位决策情况。此情景下，持球进攻队员位于后场边路位置且无人盯防，处于中场中路位置的锋线队员在无人盯防时通过跑动创造和利用进攻空间的情景下，其跑位的第一种选择是横向跑动到持球进攻队员同侧的中场边路位置，此时跑位队员的跑动路线上有一名防守队员且在其与持球进攻队员之间存在多名防守队员，通过横向跑动到边路的跑位不能为持球进攻队员提供一个较好的传球点；第二种选择是回撤跑位，此时跑位队员无人盯防，其与持球进攻队员之间有一名防守队员和一名同伴，同伴正在横向跑动到边路位置，防守队员被其跑位吸引到边路，处于锋线位置的队员通过回撤跑动可以成功地为持球进攻队员提供一个较好的传球点，并继续组织向前的进攻，是此情景下的最佳选择；第三种选择是通过斜前跑的方式向对方防线身后跑位，锋线跑位队员的此种选择需要面对三名防守队员的逼抢，成功接到球的概率较小。

如表 4-3-35 所示：9 岁男子足球运动员处于中场中路锋线位置且无防守队员盯防，在本方持球进攻队员位于后场边路且无人盯防的情景下，其通过无球跑动创造和利用空间时：26.3%的球员选择了横向跑动到持球进攻队员同侧的中场边路位置，73.7%的球员选择了回撤跑动，无人选择通过斜前跑的方式向对方防线身后跑位。10 岁男子足球运动员处于中场中路锋线位置且无防守队员盯防，在本方持球进攻队员于后场边路且无人盯防的情景下，其通过无球跑动创造和利用空间时：18.2%的球员选择了横向跑动到持球进攻队员同侧的中场边路位置，81.8%的球员选择了回撤跑动，无人选择通过斜前跑的方式向对方防线身后跑位。11 岁男子足球运动员处于中场中路锋线位置且无防守队员盯防，在本方持球进攻队员于后场边路且无人盯防的情景下,其通过无球跑动创造和利用空间时:11.5%的球员选择了横向跑动到持球进攻队员同侧的中场边路位置,88.5%的球员选择了回撤跑动,无人选择通过斜前跑的方式向对方防线身后跑位。12岁男子足球运动员处于中场中路锋线位置且无防守队员盯防,在本方持球进攻队员于后场边路且无人盯防的情景下,其通过无球跑动创造和利用空间时:18.2%的球员选择了横向跑动到持球进攻队员同侧的中场边路位置,81.8%的球员选择了回撤跑动,无人选择通过斜前跑的方式向对方防线身后跑位。13岁男子足球运动员处于中场中路锋线位置且无防守队员盯防,在本方持球进攻队员于后场边路且无人盯防的情景下,其通过无球跑动创造和利用空间时:33.3%的球员选择了横向跑动到持球进攻队员同侧的中场边路位置,66.7%的球员选择了回撤跑动,无人选择通过斜前跑的方式向对方防线身后跑位。14岁男子足球运动员处于中场中路锋线位置且无防守队员盯防,在本方持球进攻队员于后场边路且无人盯防的情景下,其通过无球跑动创造和利用空间时:11.1%的球员选择了横向跑动到持球进攻队员同侧的中场边路位置,85.2%的球员选择了回撤跑动,3.7%的球员选择了通过斜前跑的方式向对方防线身后跑位。15岁男子足球运动员处于中场中路锋线位置且无防守队员盯防,在本方持球进攻队员于后场边路且无人盯防的情景下,其通过无球跑动创造和利用空间时:12.5%的球员选择了横向跑动到持球进攻队员同侧的中场边路位置,87.5%的球员选择了回撤跑动,无人选择通过斜前跑的方式向对方防线身后跑位。16岁男子足球运动员处于中场中路锋线位置且无防守队员盯防,在本方持球进攻队员于后场边路且无人盯防的情景下,其通过无球跑动创造和利用空间时:20.8%的球员选择了横向跑动到持球进攻队员同侧的中场边路位置,70.8%的球员选择了回撤跑动,8.4%的球员选择了通过斜前跑的方式向对方防线身后跑位。17岁男子足球运动员处于中场中路锋线位置且无防守队员盯防,在本方持球进攻队员位于后场边路且无人盯防的情景下,其通过无球跑动创造和利用空间时:30%的球员选择了横向跑动到持球进攻队员同侧的中场边路位置,70%的球员选择了回撤跑动,无人选择通过斜前跑的方式向对方防线身后跑位。

总的来说,持球进攻队员位于后场边路位置且无人盯防情景下,9–17

岁男子足球运动员在中场中路锋线位置无人盯防时通过跑动创造和利用进攻空间时表现出共同的跑位特征，即以回撤跑位为主，占比几乎全部在70%以上。此情景下运用回撤跑位，如果防守队员跟随可以为插上球员创造身后空当，如果防守队员占据自己的防区不盯防跑位队员，则可以自己利用空间为持球队员创造传球点，以接应持球队员传球。

表4-3-36 9-17岁男子足球运动员中场跑位决策的百分比统计 d

指标	9岁	10岁	11岁	12岁	13岁	14岁	15岁	16岁	17岁
前插	78.9	75.0	78.8	77.8	65.4	88.9	87.5	75.0	85.0
横向跑	15.8	6.2	0.0	11.1	7.7	11.1	0.0	8.3	0.0
回撤	5.3	18.8	21.2	11.1	26.9	0.0	12.5	16.7	15.0

如表4-3-36所示为中场一侧控球时，处于中场另一侧的后卫队员的跑位决策情况。此情景下，持球进攻队员位于后场中路位置且无人盯防，处于中场边路位置的队员在无人盯防时通过跑动创造和利用进攻空间的情景下，其跑位的第一种选择是前插跑位，此时跑位队员前方有较大的空当，通过前插跑动可以充分利用边路的空当为持球进攻队员提供一个较好的进攻选择，接球后可以直接快速向前运球，是此情景下的最佳决策；第二种选择是横向跑动到中路位置，此时中路位置已经有两名同伴和两名防守队员，通过横向移动到中路位置的跑位不仅不能创造进攻空间还会帮助防守队员压缩本方的进攻空间；第三种选择是回撤跑位，通过向回跑动为持球进攻队员提供传球点，虽然可以继续控球，但是会错过更好的向前传球的机会，进而延缓本方的进攻。

如表4-3-36所示：9岁男子足球运动员处于中场边路位置且无防守队员盯防，在本方持球进攻队员于后场中路且无人盯防的情景下，其通过无球跑动创造和利用空间时：78.9%的球员选择了前插边路空当，15.8%的球员选择了横向移动到中路位置，5.3%的球员选择了回撤跑位。10岁男子足球运动员处于中场边路位置且无防守队员盯防，在本方持球进攻队员于后场中路且无人盯防的情景下，其通过无球跑动创造和利用空间时：75%的球员选择了前插边路空当，6.2%的球员选择了横向移动到中路位置，18.8%的球员选择了回撤跑位。11岁男子足球运动员处于中场边路位置且无防守队员盯防,在本方持球进攻队员于后场中路且无人盯防的情景下,其通过无球跑动创造和利用空间时:78.8%的球员选择了前插边路空当,无人选择横向移动到中路位置,21.2%的球员选择了回撤跑位;12岁男子足球运动员处于中场边路位置且无防守队员盯防,在本方持球进攻队员于后场中路且无人盯防的情景下,其通过无球跑动创造和利用空间时:77.8%的球员选择了前插边路空当,11.1%的球员选择了横向移动到中路位置,11.1%的球员选择了回撤跑位。13岁男子足球运动员处于中场边路位置且无防守队员盯防,在本方持球进攻队员于后场中路且无人盯防的情景下,其通过无球跑动创造和利用空间时:65.4%的球员选择了前插边路空当,7.7%的球员选择了横向移动到中路位置,26.9%的球员选择了回撤跑位。14岁男子足球运动员处于中场边路位置且无防守队员盯防,在本方持球进攻队员于后场中路且无人盯防的情景下,其通过无球跑动创造和利用空间时:88.9%的球员选择了前插边路空当,11.1%的球员选择了横向移动到中路位置,无人选择回撤跑位。15岁男子足球运动员处于中场边路位置且无防守队员盯防,在本方持球进攻队员于后场中路且无人盯防的情景下,其通过无球跑动创造和利用空间时:87.5%的球员选择了前插边路空当,无人选择横向移动到中路位置,12.5%的球员选择了回撤跑位。16岁男子足球运动员处于中场边路位置且无防守队员盯防,在本方持球进攻队员于后场中路且无人盯防的情景下,其通过无球跑动创造和利用空间时:75%的球员选择了前插边路空当,8.3%的球员选择了横向移动到中路位置,16.7%的球员选择了回撤跑位。17岁男子足球运动员处于中场边路位置且无防守队员盯防,在本方持球进攻队员于后场中路且无人盯防的情景下,其通过无球跑动创造和利用空间时:85%的球员选择了前插边路空当,无人选择横向移动到中路位置,15%的球员选择了回撤跑位。

总的来说,持球进攻队员位于后场中路位置且无人盯防的情景下,9-17岁男子足球运动员在中场边路位置通过跑动创造和利用进攻空间时表现出共同的跑位特征,即前插跑位,决策占比几乎全部高于70%。此情景下,9-17岁男子足球运动员的跑位决策并无年龄差异,都能够通过前插跑位占据一侧空间,准备接控球队员的转移球。

我国9—17岁男子足球运动员战术决策能力年龄特征研究

表4-3-37 9-17岁男子足球运动员中场跑位决策的百分比统计 e

指标	9岁	10岁	11岁	12岁	13岁	14岁	15岁	16岁	17岁
回撤	0.0	0.0	6.1	0.0	15.4	14.8	4.2	8.3	5.0
斜前跑向边路	57.9	37.5	33.3	33.3	42.3	40.7	8.3	16.7	15.0
斜前跑身后	42.1	62.5	60.6	66.7	42.3	44.5	87.5	75.0	80.0

如表4-3-37所示为中场队员控球时，处于中场位置且靠近持球队员的前锋队员的跑位决策情况。此情景下，持球进攻队员位于中场边路位置且被防守队员盯防，处于中场中路位置的锋线队员在被防守队员盯防时通过跑动创造和利用进攻空间的情景下，其跑位的第一种选择是回撤跑位，此时持球进攻队员与跑位队员都被防守队员盯防，跑位队员身边有两位防守队员，一名防守队员在跑位队员身前防止持球队员向其传球，另一名防守队员盯防边路空当，此时向回跑动并成功接球的概率较小；第二种选择是通过斜前跑动的方式向边路空当跑位，此时一名同伴已经开始向边路的空当的跑动，且边路空当被防守队员紧盯，此时向边路空当斜前跑动一是会挤压同时向边路空当跑位同伴可以利用的空间，二是边路空当已经被防守队员紧盯，斜前跑向边路并不能提供一个较好的进攻点；第三种选择是通过斜前跑的方式向对方防线身后跑位，此时中路仅有的一名中后卫已经被同伴带向边路，为其创造了中路的空当，其通过斜前跑插入对方防线身后可以充分利用同伴为其创造的进攻空间，接球后可以直接面对对方守门员，是此情景下的最佳决策。

如表4-3-37所示：9岁男子足球运动员处于中场中路位置且被防守队员盯防，在本方持球进攻队员于中场边路位置被人盯防的情景下，其通过无球跑动创造和利用空间时：无人选择回撤跑位接球，57.9%的球员选择了通过斜前跑向边路跑位，42.1%的球员选择了通过斜前跑的方式向对方防线身后跑位。10岁男子足球运动员处于中场中路位置且被防守队员盯防，在本方持球进攻队员于中场边路位置被人盯防的情景下，其通过无球跑动创造和利用空间时：无人选择回撤跑位接球，37.5%的球员选择了通过斜前跑向边路跑位，62.5%的球员选择了通过斜前跑的方式向对方防线身后跑位。11岁男子足球运动员处于中场中路位置且被防守队员盯防，在本方持球进攻队员于中场边路位置被人盯防的情景下,其通过无球跑动创造和利用空间时:6.1%的球员选择了回撤跑位接球,33.3%的球员选择了通过斜前跑向边路跑位,60.6%的球员选择了通过斜前跑的方式向对方防线身后跑位。12岁男子足球运动员处于中场中路位置且被防守队员盯防,在本方持球进攻队员于中场边路位置被人盯防的情景下,其通过无球跑动创造和利用空间时:无人选择回撤跑位接球,33.3%的球员选择了通过斜前跑向边路跑位,66.7%的球员选择了通过斜前跑的方式向对方防线身后跑位。13岁男子足球运动员处于中场中路位置且被防守队员盯防,在本方持球进攻队员于中场边路位置被人盯防的情景下,其通过无球跑动创造和利用空间时:15.4%的球员选择了回撤跑位接球,42.3%的球员选择了通过斜前跑向边路跑位,42.3%的球员选择了通过斜前跑的方式向对方防线身后跑位。14岁男子足球运动员处于中场中路位置且被防守队员盯防,在本方持球进攻队员于中场边路位置被人盯防的情景下,其通过无球跑动创造和利用空间时:14.8%的球员选择了回撤跑位接球,40.7%的球员选择了通过斜前跑向边路跑位,44.5%的球员选择了通过斜前跑的方式向对方防线身后跑位。15岁男子足球运动员处于中场中路位置且被防守队员盯防,在本方持球进攻队员于中场边路位置被人盯防的情景下,其通过无球跑动创造和利用空间时:4.2%的球员选择了回撤跑位接球,8.3%的球员选择了通过斜前跑向边路跑位,87.5%的球员选择了通过斜前跑的方式向对方防线身后跑位。16岁男子足球运动员处于中场中路位置且被防守队员盯防,在本方持球进攻队员于中场边路位置被人盯防的情景下,其通过无球跑动创造和利用空间时:8.3%的球员选择了回撤跑位接球,16.7%的球员选择了通过斜前跑向边路跑位,75%的球员选择了通过斜前跑的方式向对方防线身后跑位。17岁男子足球运动员处于中场中路位置且被防守队员盯防,在本方持球进攻队员于中场边路位置被人盯防的情景下,其通过无球跑动创造和利用空间时:5%的球员选择了回撤跑位接球,15%的球员选择了通过斜前跑向边路跑位,80%的球员选择了通过斜前跑的方式向对方防线身后跑位。

  总的来说,持球进攻队员位于中场边路位置且被防守队员盯防情景下,9-17岁男子足球运动员在中场中路位置被防守队员盯防时通过跑动创造和利用进攻空间时的跑位决策主要集中于斜前跑向边路和斜前跑身后，两种跑位方式的占比在 10 岁时出现显著变化，即斜前跑向边路占比由 57.9%降为 37.5%，斜前跑身后占比由 42.1%增长为 62.5%。随着年龄的增长，斜前跑向边路接球的跑位方式所占的比例逐渐减小，斜前跑身后利用队友拉边创造的空当的跑位方式的占比逐渐增大。这种减小与增加的趋势随年龄变化逐渐变得明显，但是 13-14 岁年龄段的这种趋势并不明显。

表 4-3-38　9-17 岁男子足球运动员中场跑位决策的百分比统计 f

指标	9 岁	10 岁	11 岁	12 岁	13 岁	14 岁	15 岁	16 岁	17 岁
横向跑	5.3	0.0	3.8	0.0	0.0	0.0	0.0	0.0	0.0
斜前跑	94.7	87.5	96.2	92.6	100.0	92.6	100.0	100.0	100.0
前插	0.0	12.5	0.0	7.4	0.0	7.4	0.0	0.0	0.0

如表 4-3-38 所示为前场队友持球向边路运球时，处于同侧中场边路的队员的跑位决策情况。此情景下，持球进攻队员位于中场中路位置且被防守队员盯防，其身后处于中场边路位置的锋线队员在无防守队员盯防时通过跑动创造和利用进攻空间的情景下，其跑位的第一种选择是横向跑动到中场中路位置，此时中场中路位置无防守队员盯防，通过横向移动到中场中路可以为持球进攻队员提供一个传球点；第二种选择是斜前跑动到中场中路的位置，此时中场中路的防守队员被身前的持球进攻队员运球吸引到中场边路位置，跑位队员通过斜前跑的方式插入中场中路位置可以利用同伴为其创造的空当，接球后可以直接面对对方守门员，是此情景下的最佳决策；第三种选择是前插跑位，此时持球进攻队员向边路运球并吸引了多名防守队员盯防，此时通过前插边路位置不仅不能为持球进攻队员提供传球点，还会挤压持球进攻队员的进攻空间，属于无效跑动。

如表 4-3-38 所示：9 岁男子足球运动员处于中场边路位置无防守队员盯防，在本方持球进攻队员于中场中路位置被防守队员盯防的情景下，其通过无球跑动创造和利用空间时：5.3%的球员选择了横向跑动到中场中路提供传球点，94.7%的球员选择了通过斜前跑的方式插入中场中路的空当，无人选择前插边路位置。10 岁男子足球运动员处于中场边路位置无防守队员盯防，在本方持球进攻队员于中场中路位置被防守队员盯防的情景下，其通过无球跑动创造和利用空间时：无人选择横向跑动到中场中路提供传球点，87.5%的球员选择了通过斜前跑的方式插入中场中路的空当，12.5%的球员选择了前插边路位置。11岁男子足球运动员处于中场边路位置无防守队员盯防，在本方持球进攻队员于中场中路位置被防守队员盯防的情景下，其通过无球跑动创造和利用空间时：3.8%的球员选择了横向跑动到中场中路提供传球点，96.2%的球员选择了通过斜前跑的方式插入中场中路的空当，无人选择前插边路位置。12岁男子足球运动员处于中场边路位置无防守队员盯防，在本方持球进攻队员于中场中路位置被防守队员盯防的情景下，其通过无球跑动创造和利用空间时：无人选择横向跑动到中场中路提供传球点，92.6%的球员选择了通过斜前跑的方式插入中场中路的空当，7.4%的球员选择了前插边路位置。13岁男子足球运动员处于中场边路位置无防守队员盯防，在本方持球进攻队员于中场中路位置被防守队员盯防的情景下，其通过无球跑动创造和利用空间时：无人选择横向跑动到中场中路位置和前插边路位置为持球进攻队员提供传球点，全部球员选择了通过斜前跑的方式插入中场中路的空当。14岁男子足球运动员处于中场边路位置无防守队员盯防，在本方持球进攻队员于中场中路位置被防守队员盯防的情景下，其通过无球跑动创造和利用空间时：无人选择横向跑动到中场中路提供传球点，92.6%的球员选择了通过斜前跑的方式插入中场中路的空当，7.4%的球员选择了前插边路位置。15-17岁男子足球运动员处于中场边路位置无防守队员盯防，在本方持球进攻队员于中场中路位置被防守队员盯防的情景下，其通过无球跑动创造和利用空间时：无人选择横向跑动到中场中路位置和前插边路位置为持球进攻队员提供传球点，全部球员选择了通过斜前跑的方式插入中场中路的空当。

总的来说，持球进攻队员位于中场中路位置且被防守队员盯防情景下，9-17岁男子足球运动员在中场边路位置且无防守队员盯防时通过跑动创造和利用进攻空间时的跑位决策表现出明显的相同特征，即斜前跑对方防线身后，利用前场队友向边路运球吸引防守队员后留下的身后空当。斜前跑身后跑位方式的决策率全部高于90%，并随年龄增长逐步达到100%。

（三）前场场跑位决策特征

表 4-3-39　9-17 岁男子足球运动员前场跑位决策的百分比统计 a

指标	9岁	10岁	11岁	12岁	13岁	14岁	15岁	16岁	17岁
回撤	0.0	0.0	7.7	0.0	3.0	0.0	0.0	0.0	0.0
斜前跑	47.4	18.7	15.4	14.8	30.3	14.8	12.5	20.8	0.0
前插	42.1	56.3	50.0	85.2	60.6	77.8	87.5	70.8	100.0
横向跑	10.5	25.0	26.9	0.0	6.1	7.4	0.0	8.4	0.0

如表 4-3-39 所示为中场队员控球时，处于前场的锋线队员的跑位情况。此情景下，持球进攻队员位于中场中路位置且无防守队员盯防，处于前场中路位置的锋线队员在无防守队员盯防时通过跑动创造和利用进攻空间的情景下，其跑位的第一种选择是回撤跑位，此时其身后的边路位置已经有一名无人盯防的同伴接应持球进攻队员，通过回撤跑向边路位置提供传球点可以保持控球，但是会挤压边路同伴的进攻空间；第二种选择是斜前跑向前场边路位置，此时靠近前场边路位置有一名防守队员，通过斜前跑插入前场边路的空当可以为持球进攻队员提供一个进攻点，但是在其接球的同时，就近的防守队员会快速对其逼抢；第三种选择是前场跑位，此时边路防守队员与中路中后卫之间的距离较大，肋部位置存在较大空当，通过前插跑位可以直接利用肋部空当，接球后可以快速形成射门机会或为同伴创造射门机会，是此情景下的最佳决策；第四种选择是横向移动到前场中路位置，此时前场中路位置的防守队员被同伴的横向移动吸引，留下空当，通过横向跑动到中路位置的空当可以为持球进攻队员提供一个较好的进攻点。

如表 4-3-39 所示：9 岁男子足球运动员处于前场中路位置无防守队员盯防，在本方持球进攻队员于中场中路位置且无防守队员盯防的情景下，其通过无球跑动创造和利用空间时：无人选择回撤跑向边路位置提供传球点，47.4%的球员选择了通过斜前跑的方式插入前场边路的空当，42.1%的球员选择了通过前插肋部空当为持球进攻队员提供一个好的传球点，10.5%的球员选择了横向跑动到中路位置的空当为持球进攻队员提供一个较好的传球点。10 岁男子足球运动员处于前场中路位置无防守队员盯防，在本方持球进攻队员于中场中路位置且无防守队员盯防的情景下，其通过无球跑动创造和利用空间时：无人选择回撤跑向边路位置提供传球点，18.7%的球员选择了通过斜前跑的方式插入前场边路的空当，56.3%的球员选择了通过前插肋部空当为持球进攻队员提供一个好的传球点，25%的球员选择了横向跑动到中路位置的空当为持球进攻队员提供一个较好的传球点。11岁男子足球运动员处于前场中路位置无防守队员盯防，在本方持球进攻队员于中场中路位置且无防守队员盯防的情景下，其通过无球跑动创造和利用空间时：7.7%的球员选择了回撤跑向边路位置提供传球点，15.4%的球员选择了通过斜前跑的方式插入前场边路的空当，50%的球员选择了通过前插肋部空当为持球进攻队员提供一个好的传球点，26.9%的球员选择了横向跑动到中路位置的空当为持球进攻队员提供一个较好的传球点。12岁男子足球运动员处于前场中路位置无防守队员盯防，在本方持球进攻队员于中场中路位置且无防守队员盯防的情景下，其通过无球跑动创造和利用空间时：无人选择回撤跑向边路位置和横向跑动到中路空当为持球进攻队员提供传球点，14.8%的球员选择了通过斜前跑的方式插入前场边路的空当，85.2%的球员选择了通过前插肋部空当为持球进攻队员提供一个好的传球点。13岁男子足球运动员处于前场中路位置无防守队员盯防，在本方持球进攻队员于中场中路位置且无防守队员盯防的情景下，其通过无球跑动创造和利用空间时：3%的球员选择了回撤跑向边路位置提供传球点，30.3%的球员选择了通过斜前跑的方式插入前场边路的空当，60.6%的球员选择了通过前插肋部空当为持球进攻队员提供一个好的传球点，6.1%的球员选择了横向跑动到中路位置的空当为持球进攻队员提供一个较好的传球点。14岁男子足球运动员处于前场中路位置无防守队员盯防，在本方持球进攻队员于中场中路位置且无防守队员盯防的情景下，其通过无球跑动创造和利用空间时：无人选择回撤跑向边路位置提供传球点，14.8%的球员选择了通过斜前跑的方式插入前场边路的空当，77.8%的球员选择了通过前插肋部空当为持球进攻队员提供一个好的传球点，7.4%的球员选择了横向跑动到中路位置的空当为持球进攻队员提供一个较好的传球点。15岁男子足球运动员处于前场中路位置无防守队员盯防，在本方持球进攻队员于中场中路位置且无防守队员盯防的情景下，其通过无球跑动创造和利用空间时：无人选择回撤跑向边路位置和横向跑动到中路空当为持球进攻队员提供传球点，12.5%的球员选择了通过斜前跑的方式插入前场边路的空当，87.5%的球员选择了通过前插肋部空当为持球进攻队员提供一个好的传球点。16岁男子足球运动员处于前场中路位置无防守队员盯防，在本方持球进攻队员于中场中路位置且无防守队员盯防的情景下，其通过无球跑动创造和利用空间时：无人选择回撤跑向边路位置提供传球点，20.8%的球员选择了通过斜前跑的方式插入前场边路的空当，70.8%球员选择了通过前插肋部空当为持球进攻队员提供一个好的传球点，8.4%的球员选择了横向跑动到中路位置的空当为持球进攻队员提供一个较好的传球点。17岁男子足球运动员处于前场中路位置无防守队员盯防，在本方持球进攻队员于中场中路位置且无防守队员盯防的情景下，其通过无球跑动创造和利用空间时：无人选择回撤跑向边路位置、斜前跑插入前场边路空当和横向跑动到中路空当为持球进攻队员提供传球点，全部球员选择了通过前插肋部空当为持球进攻队员提供一个好的传球点。

总的来说，持球进攻队员位于中场中路位置且无防守队员盯防情景下，9-17岁男子足球运动员在前场中路位置且无防守队员盯防时通过跑动创造和利用进攻空间时的跑位决策具有明显的年龄特征。9岁男子足球运动员的跑位以前插跑位和斜前跑位为主，二者占比接近。10岁男子足球运动员的跑位以前插跑为主，占比高达56.3%。由9岁到10岁，斜前跑位与前插跑位的占比出现明显变化。从10岁开始，这种前插跑位的特征随着年龄的增长变得越发明显，但是在这个过程中。13岁阶段前插跑的占比出现明显下降。

表4-3-40　9-17岁男子足球运动员前场跑位决策的百分比统计 b

指标	9岁	10岁	11岁	12岁	13岁	14岁	15岁	16岁	17岁
回撤	0.0	18.8	7.7	14.8	15.2	18.5	16.6	41.7	25.0
横向拉边	47.4	12.4	23.1	3.7	3.0	11.1	4.2	0.0	0.0
前插	52.6	68.8	69.2	81.5	81.8	70.4	79.2	58.3	75.0

如表4-3-40所示为前场队员向回控球时，邻近的处于前场中路的球员的跑位决策情况。此情景下，持球进攻队员位于前场边路位置且被防守队员盯防，其身后处于前场中路位置的锋线队员在无防守队员盯防时通过跑动创造和利用进攻空间的情景下，其跑位的第一种选择是回撤跑位，此时跑位队员身后有两名防守队员，回撤跑动会拉近与防守队员之间的距离并处于防守队员的包夹之下，为持球进攻队员创造进攻点的概率较小；第

第四章 结果与分析

二种选择是横向移动到持球进攻队员的同侧边路位置，此时已经有一名同伴向边路位置移动接应，跑位队员向边路位置移动可以接球，但会浪费边路位置的人数优势；第三种选择是前插中路，此时持球进攻队员向回运球，吸引了多名防守队员跟随，进而身后出现空当，邻近的中路球员应快速前插防守队员身后，利用控球队员运球制造的空当，是此情景下的最佳决策。

如表4-3-40所示：9岁男子足球运动员处于前场中路位置无防守队员盯防，在本方持球进攻队员于前场边路位置且被防守队员盯防的情景下，其通过无球跑动创造和利用空间时：无人选择向回跑动靠近持球进攻队员提供传球点，47.4%的球员选择了横向移动到持球进攻队员的同侧边路位置，52.6%的球员选择了前插持球进攻队员创造的中路空当。10岁男子足球运动员处于前场中路位置无防守队员盯防，在本方持球进攻队员于前场边路位置且被防守队员盯防的情景下，其通过无球跑动创造和利用空间时：18.8%的球员选择了向回跑动靠近持球进攻队员提供传球点，12.4%的球员选择了横向移动到持球进攻队员的同侧边路位置，68.8%的球员选择了前插持球进攻队员创造的中路空当。11岁男子足球运动员处于前场中路位置无防守队员盯防，在本方持球进攻队员于前场边路位置且被防守队员盯防的情景下，其通过无球跑动创造和利用空间时：7.7%的球员选择了向回跑动靠近持球进攻队员提供传球点，23.1%的球员选择了横向移动到持球进攻队员的同侧边路位置，69.2%的球员选择了前插持球进攻队员创造的中路空当。12岁男子足球运动员处于前场中路位置无防守队员盯防，在本方持球进攻队员于前场边路位置且被防守队员盯防的情景下，其通过无球跑动创造和利用空间时：14.8%的球员选择了向回跑动靠近持球进攻队员提供传球点，3.7%的球员选择了横向移动到持球进攻队员的同侧边路位置，81.5%的球员选择了前插持球进攻队员创造的中路空当。13岁男子足球运动员处于前场中路位置无防守队员盯防，在本方持球进攻队员于前场边路位置且被防守队员盯防的情景下，其通过无球跑动创造和利用空间时：15.2%的球员选择了向回跑动靠近持球进攻队员提供传球点，3%的球员选择了横向移动到持球进攻队员的同侧边路位置，81.8%的球员选择了前插持球进攻队员创造的中路空当。14岁男子足球运动员处于前场中路位置无防守队员盯防，在本方持球进攻队员于前场边路位置且被防守队员盯防的情景下，其通过无球跑动创造和利用空间时：18.5%的球员选择了向回跑动靠近持球进攻队员提供传球点，11.1%的球员选择了横向移动到持球进攻队员的同侧边路位置，70.4%的球员选择了前插持球进攻队员创造的中路空当。15岁男子足球运动员处于前场中路位置无防守队员盯防，在本方持球进攻队员于前场边路位置且被防守队员盯防的情景下，其通过无球跑动创造和利用空间时：16.6%的球员选择了向回跑动靠近持球进攻队员提供传球点，4.2%的球员选择了横向移动到持球进攻队员的同侧边路位置，79.2%的球员选择了前插持球进攻队员创造的中路空当。16岁男子足球运动员处于前场中路位置无防守队员盯防，在本方持球进攻队员于前场边路位置且被防守队员盯防的情景下，其通过无球跑动创造和利用空间时：41.7%的球员选择了向回跑动靠近持球进攻队员提供传球点，无人选择横向移动到持球进攻队员的同侧边路位置，58.3%的球员选择了前插持球进攻队员创造的中路空当。17岁男子足球运动员处于前场中路位置无防守队员盯防，在本方持球进攻队员于前场边路位置且被防守队员盯防的情景下，其通过无球跑动创造和利用空间时：25%的球员选择了向回跑动靠近持球进攻队员提供传球点，无人选择横向移动到持球进攻队员的同侧边路位置，75%的球员选择了前插持球进攻队员创造的中路空当。

总的来说，持球进攻队员位于前场边路位置且被防守队员盯防情景下，9岁男子足球运动员在前场中路位置且无防守队员盯防时通过跑动创造和利用进攻空间时以前插持球进攻队员创造的中路空当和横向拉边移动到持球进攻队员的同侧边路位置的跑位为主，二者分别占比52.6%、47.4%。自10岁开始，球员此情景下的跑位决策表现出明显的以前插持球进攻队员创造的中路空当为主的跑位特征。

表4-3-41　9—17岁男子足球运动员前场跑位决策的百分比统计c

指标	9岁	10岁	11岁	12岁	13岁	14岁	15岁	16岁	17岁
前插	68.4	93.8	84.6	91.0	74.1	77.8	91.7	87.5	90.0
横向跑	21.1	0.0	0.0	3.0	0.0	0.0	0.0	0.0	0.0
回撤	0.0	0.0	0.0	3.0	3.7	0.0	0.0	0.0	0.0
斜前跑	10.5	6.2	15.4	3.0	22.2	18.5	8.3	12.5	10.0

如表4-3-41所示为前锋队员在防守方禁区前沿控球并将球回传给接

应队员后的跑位决策情况。此情景下,持球进攻队员位于前场中路位置且无防守队员盯防,处于前场中路位置的锋线队员在被防守队员盯防时通过跑动创造和利用进攻空间的情景下,其跑位的第一种选择是前插跑位,此时跑位队员被位于身体侧方的防守队员贴身盯防,其身后存在空当,通过转身前插的跑动可以与持球进攻队员利用斜传直插的方式打破对方防线,是此情景下的最佳决策;第二种选择是横向跑动到边路位置,此时边路位置存在空当,但是被防守队员盯防,通过横向移动到边路位置并不能为持球进攻队员提供一个好的进攻点;第三种选择回撤跑位,此时跑位队员身后有多名防守队员,回撤跑动成功接应持球进攻队员的概率较小;第四种选择是斜前跑动到边路位置,此时边路位置存在空当,通过斜前跑动插入边路空当可以继续保持控球,但是会错过前场中路的进攻空当,进而错过直接射门的机会。

如表4-3-41所示:9岁男子足球运动员处于前场中路位置且被防守队员盯防,在本方持球进攻队员于前场中路位置且无防守队员盯防的情景下,其通过无球跑动创造和利用空间时:68.4%的球员选择了前插防守队员身后空当为持球进攻队员提供好的传球点,21.1%的球员选择了横向移动到边路位置,无人选择回撤跑位接应持球进攻队员,10.5%的球员选择了通过斜前跑的方式插入边路空当。10岁男子足球运动员处于前场中路位置且被防守队员盯防,在本方持球进攻队员于前场中路位置且无防守队员盯防的情景下,其通过无球跑动创造和利用空间时:93.8%的球员选择了前插防守队员身后空当为持球进攻队员提供好的传球点,无人选择横向移动到边路位置和回撤跑位接应持球进攻队员,6.2%的球员选择了通过斜前跑的方式插入边路空当。11岁男子足球运动员处于前场中路位置且被防守队员盯防,在本方持球进攻队员于前场中路位置且无防守队员盯防的情景下,其通过无球跑动创造和利用空间时:84.6%的球员选择了前插防守队员身后空当为持球进攻队员提供好的传球点,无人选择横向移动到边路位置和回撤跑位接应持球进攻队员,15.4%的球员选择了通过斜前跑的方式插入边路空当。12岁男子足球运动员处于前场中路位置且被防守队员盯防,在本方持球进攻队员于前场中路位置且无防守队员盯防的情景下,其通过无球跑动创造和利用空间时:91%的球员选择了前插防守队员身后空当为持球进攻队员提供好的传球点,3%的球员选择了横向移动到边路位置，3%的球员选择了回撤跑位接应持球进攻队员，3%的球员选择了通过斜前跑的方式插入边路空当。13岁男子足球运动员处于前场中路位置且被防守队员盯防，在本方持球进攻队员于前场中路位置且无防守队员盯防的情景下，其通过无球跑动创造和利用空间时：74.1%的球员选择了前插防守队员身后空当为持球进攻队员提供好的传球点，无人选择横向移动到边路位置，3.7%的球员选择了回撤跑位接应持球进攻队员，22.2%的球员选择了通过斜前跑的方式插入边路空当。14岁男子足球运动员处于前场中路位置且被防守队员盯防，在本方持球进攻队员于前场中路位置且无防守队员盯防的情景下，其通过无球跑动创造和利用空间时：77.8%的球员选择了前插防守队员身后空当为持球进攻队员提供好的传球点，3.7%的球员选择了横向移动到边路位置，无人选择回撤跑位接应持球进攻队员，18.5%的球员选择了通过斜前跑的方式插入边路空当。15岁男子足球运动员处于前场中路位置且被防守队员盯防，在本方持球进攻队员于前场中路位置且无防守队员盯防的情景下，其通过无球跑动创造和利用空间时：91.7%的球员选择了前插防守队员身后空当为持球进攻队员提供好的传球点，无人选择横向移动到边路位置和回撤跑位接应持球进攻队员，8.3%的球员选择了通过斜前跑的方式插入边路空当。16岁男子足球运动员处于前场中路位置且被防守队员盯防，在本方持球进攻队员于前场中路位置且无防守队员盯防的情景下，其通过无球跑动创造和利用空间时：87.5%的球员选择了前插防守队员身后空当为持球进攻队员提供好的传球点，无人选择横向移动到边路位置和回撤跑位接应持球进攻队员，12.5%的球员选择了通过斜前跑的方式插入边路空当。17岁男子足球运动员处于前场中路位置且被防守队员盯防，在本方持球进攻队员于前场中路位置且无防守队员盯防的情景下，其通过无球跑动创造和利用空间时：90%的球员选择了前插防守队员身后空当为持球进攻队员提供好的传球点，无人选择横向移动到边路位置和回撤跑位接应持球进攻队员，10%的球员选择了通过斜前跑的方式插入边路空当。

总的来说，持球进攻队员位于前场中路位置且无防守队员盯防情景下，9-17岁男子足球运动员在前场中路位置且被防守队员盯防时通过跑动创造和利用进攻空间时的跑位决策表现出相同的跑位趋势特征，即通过回传反切的跑位方式攻击防守队员的身后空间。而且前插防守队员身后空当的跑位方式的决策率全部在 68.4% 以上，并在 10 岁出现明显增长。13 岁出现明显波动性下降。

表 4-3-42　9-17 岁男子足球运动员前场跑位决策的百分比统计 d

指标	9 岁	10 岁	11 岁	12 岁	13 岁	14 岁	15 岁	16 岁	17 岁
回撤	5.3	6.3	0.0	0.0	0.0	0.0	0.0	0.0	0.0
回拉前插	63.2	62.4	69.3	63.0	51.5	74.1	66.7	37.5	60.0
斜前跑身后	21.1	25.0	19.2	37.0	45.5	25.9	29.1	62.5	40.0
横向拉边	10.4	6.3	11.5	0.0	3.0	0.0	4.2	0.0	0.0

如表 4-3-42 所示为中场队员在前场控球时，处于球前的前锋队员在防守方禁区前沿的跑位决策情况。此情景下，持球进攻队员位于前场边路位置且被防守队员盯防，其身前处于前场中路位置的锋线队员在被防守队员盯防时通过跑动创造和利用进攻空间的情景下，其跑位的第一种选择是回撤跑位，此时跑位队员回撤的路线存在较大的空当，通过回撤向后跑动可以为持球进攻队员提供一个传球点；第二种选择是回拉前插跑位，此时跑位队员被一名防守队员盯防，这名防守队员与另一名波动上去的中后卫之间出现空当。如果直接斜前跑向空当接球可能会被盯防队员直接破坏，通过回拉跑动将盯防队员吸引出来，再突然前插空当，可以在接球的同时摆脱盯防队员并直接面对对方守门员，是此情景下的最佳决策；第三种选择是斜前跑动插入对方后卫线的身后，此时跑位队员被一名防守队员盯防，直接斜前跑动插入对方防线身后可能会被盯防队员破坏；第四种选择是横向拉边跑动到前场的另一侧边路，此时前场边路位置有两名防守队员，跑位队员通过横向拉边的跑动形式移动到前场边路位置不仅不能为持球进攻队员提供进攻点，还为防守队员降低了防守难度。

如表 4-3-42 所示：9 岁男子足球运动员处于前场中路位置被防守队员盯防，在本方持球进攻队员于前场边路位置且被防守队员盯防的情景下，其通过无球跑动创造和利用空间时：5.3% 的球员选择了通过回撤向后跑动为持球进攻队员提供传球点，63.2% 的球员选择了通过回拉前插的跑位方式吸引盯防队员并前插空档为持球进攻队员提供好的传球点，21.1% 的球员选择了通过斜前跑动插入对方后卫线的身后，10.4% 的球员选择了通过横向拉边的跑动形式移动到前场边路位置。10 岁男子足球运动员处于前场中路位置被防守队员盯防，在本方持球进攻队员于前场边路位置且被防守队员盯防的情景下，其通过无球跑动创造和利用空间时：6.3%的球员选择了通过回撤向后跑动为持球进攻队员提供传球点，62.4%的球员选择了通过回拉前插的跑位方式吸引盯防队员并前插空档为持球进攻队员提供好的传球点，25%的球员选择了通过斜前跑动插入对方后卫线的身后，6.3%的球员选择了通过横向拉边的跑动形式移动到前场边路位置。11岁男子足球运动员处于前场中路位置被防守队员盯防，在本方持球进攻队员于前场边路位置且被防守队员盯防的情景下，其通过无球跑动创造和利用空间时：无人选择通过回撤向后跑动为持球进攻队员提供传球点，69.3%的球员选择了通过回拉前插的跑位方式吸引盯防队员并前插空档为持球进攻队员提供好的传球点，19.2%的球员选择了通过斜前跑动插入对方后卫线的身后，11.5%的球员选择了通过横向拉边的跑动形式移动到前场边路位置。12岁男子足球运动员处于前场中路位置被防守队员盯防，在本方持球进攻队员于前场边路位置且被防守队员盯防的情景下，其通过无球跑动创造和利用空间时：无人选择通过回撤向后跑动和通过横向拉边的跑动形式移动到前场边路位置为持球进攻队员提供传球点，63%的球员选择了通过回拉前插的跑位方式吸引盯防队员并前插空档为持球进攻队员提供好的传球点，37%的球员选择了通过斜前跑动插入对方后卫线的身后。13岁男子足球运动员处于前场中路位置被防守队员盯防，在本方持球进攻队员于前场边路位置且被防守队员盯防的情景下，其通过无球跑动创造和利用空间时：无人选择通过回撤向后跑动为持球进攻队员提供传球点，51.5%的球员选择了通过回拉前插的跑位方式吸引盯防队员并前插空当为持球进攻队员提供好的传球点，45.5%的球员选择了通过斜前跑动插入对方后卫线的身后，3%的球员选择了通过横向拉边的跑动形式移动到前场边路位置。14岁男子足球运动员处于前场中路位置被防守队员盯防，在本方持球进攻队员于前场边路位置且被防守队员盯防的情景下，其通过无球跑动创造和利用空间时：无人选择通过回撤向后跑动和通过横向拉边的跑动形式移动到前场边路位置为持球进攻队员提供传球点，74.1%的球员选择了通过回拉前插的跑位方式吸引盯防队员并前插空当为持球进攻队员提供好的传球点，25.9%的球员选择了通过斜前跑动插入对方后卫线的身后。15岁男子足球运动员处于前场中路位置被防守队员盯防，在本方持球进攻队员于前场边路位置且被防守队员盯防的情景下，其通过无球跑动创造和利用空间时：无人选择通过回撤向后跑动为持球进攻队员提供传球点，66.7%的球员选择了通过回拉前插的跑位方式吸引盯防队员并前插空当为持球进攻队员提供好的传球点，29.1%的球员选择了通过斜前跑动插入对方后卫线的身后，4.2%的球员选择了通过横向拉边的跑动形式移动到前场边路位置。16岁男子足球运动员处于前场中路位置被防守队员盯防，在本方持球进攻队员于前场边路位置且被防守队员盯防的情景下，其通过无球跑动创造和利用空间时：无人选择通过回撤向后跑动和通过横向拉边的跑动形式移动到前场边路位置为持球进攻队员提供传球点，37.5%的球员选择了通过回拉前插的跑位方式吸引盯防队员并前插空当为持球进攻队员提供好的传球点，62.5%的球员选择了通过斜前跑动插入对方后卫线的身后。17岁男子足球运动员处于前场中路位置被防守队员盯防，在本方持球进攻队员于前场边路位置且被防守队员盯防的情景下，其通过无球跑动创造和利用空间时：无人选择通过回撤向后跑动和通过横向拉边的跑动形式移动到前场边路位置为持球进攻队员提供传球点，60%的球员选择了通过回拉前插的跑位方式吸引盯防队员并前插空当为持球进攻队员提供好的传球点，40%的球员选择了通过斜前跑动插入对方后卫线的身后。

　　总的来说，持球进攻队员位于前场边路位置且被防守队员盯防情景下，9-17岁男子足球运动员在前场中路位置且被防守队员盯防时通过跑动创造和利用进攻空间时的跑位均以回拉前插为主，占比均在60%以上。这种跑位方式通过回拉吸引防守队员跟随后突然前插防守队员身后，以摆脱防守队员的紧逼盯人。但是，9-11岁男子足球运动员的跑位决策分布较分散，以回拉前插为主，斜前跑、回撤、拉边跑仍占据一定比例；12-17岁男子足球运动员的跑位决策几乎全部集中于回拉前插与斜前跑两种跑位方式。可以说，相较于9-11岁男子足球运动员，12-17岁男子足球运动员的跑位更具向前性、攻击性。

　　综上所述，9-17岁男子足球运动员各情景下的跑位决策都表现出一定的共同趋势，但因年龄差异而又有所不同。整体上看，9-17岁男子足球运动员不同情景下跑位方式的正确决策占比随年龄增长逐渐变大。可以说，年龄越大跑位决策越合理的趋势越明显。这种跑位决策从低年龄段的较分散、较不合理到高年龄段的较集中、较合理的发展过程并不是逐渐变化的过程，而是在 10 岁出现明显的变化并随年龄增长而逐渐变得明显区别于 10 岁之前的阶段。

五、接应决策能力的定性研究

接应是一种无球的战术行动，是进攻打法的基础要素，是在局部地区制造以多打少、化解对方牢固防守的有效手段，是为己方创造更多进攻点，促使进攻战术灵活多变的有效措施。一般场上 10 名进攻队员，可分为第一进攻者（持球队员）、第二进攻者（接应队员）和第三进攻者（跑位队员）。在实际比赛中，为了构成局部以多打少，接应队员可有 2~4 名。但是任何情况下，至少要保持有一名接应队员。接应队员的跑动通常是在持球队员的后侧方，要考虑到与持球队员的距离、角度和呼应。接应者的作用主要体现在进攻作用、防守作用、精神作用三个方面。[1]

接应有距离、角度原则，但这些原则不可过多束缚队员，球员应根据比赛中的具体情景因势利导，选择合适的接应方式。

（一）接应角度决策特征

表 4-3-43 9-17 岁男子足球运动员接应角度决策的百分比统计

指标	9岁	10岁	11岁	12岁	13岁	14岁	15岁	16岁	17岁
外侧接应	5.3	18.8	3.8	3.7	7.4	3.0	0.0	0.0	0.0
身后接应	0.0	0.0	0.0	0.0	3.7	3.0	0.0	0.0	0.0
平行接应	0.0	18.8	19.3	3.7	11.1	3.0	16.7	0.0	0.0
内侧45°接应	94.7	62.4	76.9	92.6	77.8	91.0	83.3	100.0	100.0

如表 4-3-43 所示为第二进攻队员履行接应职责时接应角度的决策情况。此情景下，持球进攻队员位于前场中路位置且被防守队员紧逼，其身后的同伴需要通过选择合适的接应角度为持球进攻队员提供一个进攻点，同时为持球进攻队员丢失球权后由攻转守提供保护作用。接应队员在通过移动选择合适的接应角度时，其接应角度的第一种选择是外侧接应，此时接应队员通过跑动到持球进攻队员外侧45°的边路位置提供接应，虽然接

---

[1] 中国体育教练员岗位培训教材（足球）[M]. 北京：人民体育出版社，1997.

第四章 结果与分析

应队员与持球进攻队员之间的距离和角度比较合适，但是没有靠近内侧，一旦持球进攻队员丢失球权，接应队员很难起到防守作用。第二种选择是身后接应，此时接应队员的接应位置直线位于持球进攻队员的身后，首先，持球进攻队员不易观察到接应队员，不利于持球进攻队员的传球。其次，也会影响接应队员在场上的视野范围和接球后的活动范围。第三种选择是平行接应，此时接应队员与持球进攻队员平行站位，这种接应角度缺少纵深，传球时容易被防守队员抢断，另外，一旦持球进攻队员丢失球权，接应队员无法及时补位。第四种选择是内侧45°接应，首先，此时持球进攻队员容易观察到接应队员，其次，持球进攻队员可向接应队员传球且传球范围较大，再次，接应队员在场上的视野较广，利于观察和控制场上的情况，最后，若持球进攻队员丢失球权，接应队员可以及时转换为第一防守队员，是此情景下的最佳接应角度。

如表4-3-43所示：9岁男子足球运动员作为接应队员在通过选择合适的接应角度为持球进攻队员提供进攻点及保护作用时：5.3%的球员选择了跑动到持球进攻队员外侧45°的边路位置提供接应，无人选择在直线位于持球进攻队员身后的位置与持球进攻队员平行的位置提供接应，94.7%的球员选择了靠内侧与持球进攻队员构成45°的位置提供接应。10岁男子足球运动员作为接应队员在通过选择合适的接应角度为持球进攻队员提供进攻点及保护作用时：18.8%的球员选择了跑动到持球进攻队员外侧45°的边路位置提供接应，无人选择在直线位于持球进攻队员身后的位置提供接应，18.8%的球员选择了在与持球进攻队员平行的位置提供接应，62.4%的球员选择了靠内侧与持球进攻队员构成45°的位置提供接应。11岁男子足球运动员作为接应队员在通过选择合适的接应角度为持球进攻队员提供进攻点及保护作用时：3.8%的球员选择了跑动到持球进攻队员外侧45°的边路位置提供接应，无人选择在直线位于持球进攻队员身后的位置提供接应，19.3%的球员选择了在与持球进攻队员平行的位置提供接应，76.9%的球员选择了靠内侧与持球进攻队员构成45°的位置提供接应。12岁男子足球运动员作为接应队员在通过选择合适的接应角度为持球进攻队员提供进攻点及保护作用时：3.7%的球员选择了跑动到持球进攻队员外侧45°的边路位置提供接应，无人选择在直线位于持球进攻队员身后的位置提供接应，3.7%的球员选择了在与持球进攻队员平行的位置提供接应，92.6%的球员选择了靠内侧与持球进攻队员构成45°的位置提供接应。13岁男子足球运动员作为接应队员在通过选择合适的接应角度为持球进攻队员提供进攻点及保护作用时：7.4%的球员选择了跑动到持球进攻队员外侧45°的边路位置提供接应，3.7%的球员选择了在直线位于持球进攻队员身后的位置提供接应，11.1%的球员选择了在与持球进攻队员平行的位置提供接应，77.8%的球员选择了靠内侧与持球进攻队员构成45°的位置提供接应。14岁男子足球运动员作为接应队员在通过选择合适的接应角度为持球进攻队员提供进攻点及保护作用时：3%的球员选择了跑动到持球进攻队员外侧45°的边路位置提供接应，3%的球员选择了在直线位于持球进攻队员身后的位置提供接应，3%的球员选择了在与持球进攻队员平行的位置提供接应，91%的球员选择了靠内侧与持球进攻队员构成45°的位置提供接应。15岁男子足球运动员作为接应队员在通过选择合适的接应角度为持球进攻队员提供进攻点及保护作用时：无人选择跑动到持球进攻队员外侧45°的边路位置和在直线位于持球进攻队员身后的位置提供接应，16.7%的球员选择了在与持球进攻队员平行的位置提供接应，83.3%的球员选择了靠内侧与持球进攻队员构成45°的位置提供接应。16-17岁男子足球运动员作为接应队员在通过选择合适的接应角度为持球进攻队员提供进攻点及保护作用时：无人选择跑动到持球进攻队员外侧45°的边路位置、直线位于持球进攻队员身后的位置和与持球进攻队员平行的位置提供接应，全部球员选择了靠内侧与持球进攻队员构成45°的位置提供接应。

总的来说，接应的原则是便于传球和接球，一般接应角度是靠内侧与持球队员构成45°角。9-17岁男子足球运动员作为接应队员在通过选择合适的接应角度为持球进攻队员提供进攻点及保护作用的情景下表现出相同的明显特征，即内侧45°角接应，这样可以保证以开阔的视野来观察传球。各年龄段球员接的应角度决策正确率几乎都高于80%，并与16-17岁达到100%。在16岁之前存在比例较低的外侧接应、身后接应、平行接应的决策。如果接应球员的位置直线位于持球队员身后，则持球队员不易观察到接应队员，不利于持球队员做传球动作，同时也会影响接应队员的场上视野范围和接球后的活动范围。如果接应队员与持球队员呈平行站位，则因缺少深度，传球时易被防守队员截断。如果接应队员在持球队员的外侧接应，一旦持球队员丢失控球权，接应队员很难担负起防守职责。不论外侧接应、身后接应还是平行接应，持球者一旦丢失控球权，接应队员都无法及时补位。

（二）接应距离决策特征

表 4-3-44　9-17 岁男子足球运动员接应距离决策的百分比统计

指标	9 岁	10 岁	11 岁	12 岁	13 岁	14 岁	15 岁	16 岁	17 岁
接应距离过小	15.8	6.3	3.9	3.7	12.1	0.0	0.0	0.0	0.0
接应距离适宜	68.4	87.4	88.4	92.6	81.8	96.3	91.7	91.7	95.2
接应距离过大	15.8	6.3	7.7	3.7	6.1	3.7	8.3	8.3	4.8

如表 4-3-44 所示为第二进攻队员履行接应职责时接应距离的决策情况。此情景下，持球进攻队员在前场边路位置且被防守队员紧逼防守，其身后的同伴需要通过选择合适的接应距离为持球进攻队员提供一个进攻点，同时为持球进攻队员丢失球权后由攻转守提供保护作用。接应队员在通过移动选择合适的接应距离时，第一种选择是向持球进攻队员靠近，此时持球进攻队员被防守队员盯防，其与持球进攻队员之间的距离太近会压缩本方的进攻空间，防守队员一旦获得球权，该两名队员有很大可能会直接失去防守作用；第二种选择是在选择内侧 45°角度的同时与持球进攻队员保持合适的距离，合适的距离可以保证对方严密防守下为持球进攻队员提供及时的接应与援助。一旦持球进攻队员丢失球权，接应队员可以即刻转换为第一防守队员并对持球者进行压迫，延缓对方的进攻速度；第三种选择是在持球进攻队员内侧 45°，但是远离持球进攻队员。两者之间的接应距离太远会减小防守队员的防守压力，利于防守队员构成以多打少的局面，且不能为持球进攻队员提供合适的传球点，一旦持球进攻队员丢失球权，由于距离过大，接应队员投入防守的时间会相应增长。

如表 4-3-44 所示：9 岁男子足球运动员作为接应队员在通过选择合适的接应距离为持球进攻队员提供进攻点及保护作用时：15.8%的球员选择了向持球进攻队员靠近以提供接应，68.4%的球员选择了在持球进攻队员内侧 45°且与其保持合适距离的位置提供接应，15.8%的球员选择了在持球进攻队员内侧 45°但远离持球进攻队员的位置提供接应。10 岁男子足球运动员作为接应队员在通过选择合适的接应距离为持球进攻队员提供进攻点及保护作用时：6.3%的球员选择了向持球进攻队员靠近以提供接应，

87.4%的球员选择了在持球进攻队员内侧45°且与其保持合适距离的位置提供接应，6.3%的球员选择了在持球进攻队员内侧45°但远离持球进攻队员的位置提供接应。11岁男子足球运动员作为接应队员在通过选择合适的接应距离为持球进攻队员提供进攻点及保护作用时：3.9%的球员选择了向持球进攻队员靠近以提供接应，88.4%的球员选择了在持球进攻队员内侧45°且与其保持合适距离的位置提供接应，7.7%的球员选择了在持球进攻队员内侧45°但远离持球进攻队员的位置提供接应。12岁男子足球运动员作为接应队员在通过选择合适的接应距离为持球进攻队员提供进攻点及保护作用时：3.7%的球员选择了向持球进攻队员靠近以提供接应，92.6%的球员选择了在持球进攻队员内侧45°且与其保持合适距离的位置提供接应，3.7%的球员选择了在持球进攻队员内侧45°但远离持球进攻队员的位置提供接应。13岁男子足球运动员作为接应队员在通过选择合适的接应距离为持球进攻队员提供进攻点及保护作用时：12.1%的球员选择了向持球进攻队员靠近以提供接应，81.8%的球员选择了在持球进攻队员内侧45°且与其保持合适距离的位置提供接应，6.1%的球员选择了在持球进攻队员内侧45°但远离持球进攻队员的位置提供接应。14岁男子足球运动员作为接应队员在通过选择合适的接应距离为持球进攻队员提供进攻点及保护作用时：无人选择向持球进攻队员靠近以提供接应，96.3%的球员选择了在持球进攻队员内侧45°且与其保持合适距离的位置提供接应，3.7%的球员选择了在持球进攻队员内侧45°但远离持球进攻队员的位置提供接应。15-16岁男子足球运动员作为接应队员在通过选择合适的接应距离为持球进攻队员提供进攻点及保护作用时：无人选择向持球进攻队员靠近以提供接应，91.7%的球员选择了在持球进攻队员内侧45°且与其保持合适距离的位置提供接应，8.3%的球员选择了在持球进攻队员内侧45°但远离持球进攻队员的位置提供接应。17岁男子足球运动员作为接应队员在通过选择合适的接应距离为持球进攻队员提供进攻点及保护作用时：无人选择向持球进攻队员靠近以提供接应，95.2%的球员选择了在持球进攻队员内侧45°且与其保持合适距离的位置提供接应，4.8%的球员选择了在持球进攻队员内侧45°但远离持球进攻队员的位置提供接应。

总的来说，接应距离的多少最为合适取决于场上防守压力和个人习惯。掌握好接应距离是做好接应的重要保证。9-17岁男子足球运动员作为接应队员在通过选择合适的接应距离为持球进攻队员提供进攻点及保护作用时,对接应距离的决策表现出能够把握适宜距离的特征,决策正确率最低为68.4%,并随年龄增长而变大。9岁男子足球运动员对接应距离的把握仍然存在过小或过大的现象:接应点过近,会使接应周围人员拥挤,留给自己先前传球的时间不多,过早地堵塞了空当;接应点太远,对防守的压力减小,有利于防守者构成以多防少的局面;当持球队员传球时易被截断,当持球队员失去控球权后接应队员投入防守的时间相应增长。自10岁开始,球员接应距离的决策表现出明显的能够把握适宜距离的决策特征,决策正确率占比高达90%左右。

(三)接应方式决策特征

表4-3-45　9-17岁男子足球运动员接应方式决策的百分比统计 a

指标	9岁	10岁	11岁	12岁	13岁	14岁	15岁	16岁	17岁
靠近接应	0.0	0.0	0.0	0.0	0.0	4.1	3.0	3.7	4.2
拉边前插	47.4	50.0	69.2	85.0	66.7	79.2	87.9	88.9	83.3
拉边接应	21.1	18.8	26.9	10.0	29.6	16.7	9.1	7.4	8.3
回撤接应	31.5	31.2	3.9	5.0	3.7	0.0	0.0	0.0	4.2

如表4-3-45所示为中场持球进攻队员被防守队员紧逼情景下,接应队员接应方式的决策情况。此情景下,持球进攻队员在本方后场中路位置背对进攻方向且被防守队员盯防,一侧的同伴作为接应队员需要通过选择合适的接应方式为持球进攻队员提供一个进攻点,同时为持球进攻队员丢失球权后由攻转守提供保护作用。接应队员在通过移动选择合适的接应方式时,第一种选择是靠近接应,通过向持球进攻队员跑动,拉近两者之间的距离提供进攻点。此种接应方式会压缩持球进攻队员的进攻空间,同时利于防守队员的防守;第二种选择是拉边前插,通过向边路移动并前插边路空当为持球进攻队员提供进攻点,接球后可以直接转换为第一进攻者,并快速向进攻方向推动,是此情景下的最佳接应方式;第三种选择是拉边接应,接应队员通过拉边占据边路空间为持球进攻队员提供进攻点;第四种选择是回撤接应,通过回撤边路位置,占据边路空间为持球进攻队员提供进攻点,与拉边接应的方式一样,都可以为持球进攻队员提供一个传球点并保持控球,但是会错过第一时间向前进攻的机会。

我国9—17岁男子足球运动员战术决策能力年龄特征研究

　　如表4-3-45所示：9岁男子足球运动员作为接应队员在通过选择合适的接应方式为持球进攻队员提供进攻点时：无人选择通过向持球进攻队员靠近提供接应，47.4%的球员选择了通过向边路移动并前插边路空当为持球进攻队员提供进攻点，21.1%的球员选择了通过拉边占据边路空间为持球进攻队员提供进攻点，31.5%的球员选择了通过回撤占据边路空间为持球进攻队员提供进攻点。10岁男子足球运动员作为接应队员在通过选择合适的接应方式为持球进攻队员提供进攻点时：无人选择通过向持球进攻队员靠近提供接应，50%的球员选择了通过向边路移动并前插边路空当为持球进攻队员提供进攻点，18.8%的球员选择了通过拉边占据边路空间为持球进攻队员提供进攻点，31.2%的球员选择了通过回撤占据边路空间为持球进攻队员提供进攻点。11岁男子足球运动员作为接应队员在通过选择合适的接应方式为持球进攻队员提供进攻点时：无人选择通过向持球进攻队员靠近提供接应，69.2%的球员选择了通过向边路移动并前插边路空当为持球进攻队员提供进攻点，26.9%的球员选择了通过拉边占据边路空间为持球进攻队员提供进攻点，3.9%的球员选择了通过回撤占据边路空间为持球进攻队员提供进攻点。12岁男子足球运动员作为接应队员在通过选择合适的接应方式为持球进攻队员提供进攻点时：无人选择通过向持球进攻队员靠近提供接应，85%的球员选择了通过向边路移动并前插边路空当为持球进攻队员提供进攻点，10%的球员选择了通过拉边占据边路空间为持球进攻队员提供进攻点，5%的球员选择了通过回撤占据边路空间为持球进攻队员提供进攻点。13岁男子足球运动员作为接应队员在通过选择合适的接应方式为持球进攻队员提供进攻点时：无人选择通过向持球进攻队员靠近提供接应，66.7%的球员选择了通过向边路移动并前插边路空当为持球进攻队员提供进攻点，29.6%的球员选择了通过拉边占据边路空间为持球进攻队员提供进攻点，3.7%的球员选择了通过回撤占据边路空间为持球进攻队员提供进攻点。14岁男子足球运动员作为接应队员在通过选择合适的接应方式为持球进攻队员提供进攻点时：4.1%的球员选择了通过向持球进攻队员靠近提供接应，79.2%的球员选择了通过向边路移动并前插边路空当为持球进攻队员提供进攻点，16.7%的球员选择了通过拉边占据边路空间为持球进攻队员提供进攻点，无人选择通过回撤占据边路空间为持球进攻队员提供进攻点。15岁男子足球运动员作为接应队员在通过选择合适的接应方式为持球进攻队员提供进攻点时：3%的球员选择了通过向持球进攻队员靠近提供接应，87.9%的球员选择了通过向边路移动并前插边路空当为持球进攻队员提供进攻点，9.1%的球员选择了通过拉边占据边路空间为持球进攻队员提供进攻点，无人选择通过回撤占据边路空间为持球进攻队员提供进攻点。16岁男子足球运动员作为接应队员在通过选择合适的接应方式为持球进攻队员提供进攻点时：3.7%的球员选择了通过向持球进攻队员靠近提供接应，88.9%的球员选择了通过向边路移动并前插边路空当为持球进攻队员提供进攻点，7.4%的球员选择了通过拉边占据边路空间为持球进攻队员提供进攻点，无人选择通过回撤占据边路空间为持球进攻队员提供进攻点。17岁男子足球运动员作为接应队员在通过选择合适的接应方式为持球进攻队员提供进攻点时：4.2%的球员选择了通过向持球进攻队员靠近提供接应，83.3%的球员选择了通过向边路移动并前插边路空当为持球进攻队员提供进攻点，8.3%的球员选择了通过拉边占据边路空间为持球进攻队员提供进攻点，4.2%的球员选择了通过回撤占据边路空间为持球进攻队员提供进攻点。

总的来说，9-17岁男子足球运动员作为接应队员在通过选择合适的接应方式为持球进攻队员提供进攻点时都表现出以拉边前插的接应方式为主的特征。但是9-10岁男子足球运动员的这种特征并不明显，拉边接应、回撤接应仍占据相当比例，二者皆可以创造较好的接应角度，但拉边前插更利于接应后向前推进。这可以说明9-10岁男子足球运动员可以选择正确的接应角度，但对接应位置于进攻的帮助作用把握得不够清楚，11-17岁球员拉边前插的接应方式特征明显，决策正确率几乎都在70%以上。

表4-3-46 9-17岁男子足球运动员接应方式决策的百分比统计 b

指标	9岁	10岁	11岁	12岁	13岁	14岁	15岁	16岁	17岁
回撤接应	10.5	12.5	0.0	18.5	27.3	11.1	5.0	4.2	8.3
拉边接应	15.8	6.3	7.7	3.7	3.0	0.0	0.0	0.0	0.0
横向移动接应	73.7	81.2	92.3	77.8	69.7	88.9	95.0	95.8	91.7

如表4-3-46所示为中场接应队员面对防守队员时接应后场持球队员的接应方式决策情况。此情景下，持球进攻队员位于后场中路位置且无防守队员盯防，接应队员在中场中路位置且被身后的一名防守队员盯防，此时作为接应队员通过跑动选择合适的接应方式为持球进攻队员提供进攻点

时，第一种选择是回撤接应，通过向回跑动拉近与持球进攻队员之间的距离，为其提供进攻点。这种接应方式可以保持控球，但是会错过更好的向前的接应方式；第二种选择是拉边接应，接应队员通过跑动向中场边路位置移动准备接应，此时边路位置已经有一名同伴，拉边接应会挤压边路同伴的进攻空间；第三种选择是横向移动接应，接应队员通过横向移动为持球进攻队员提供进攻点，如果身后的防守队员跟随移动，可以为中场位置的其他同伴创造接应的空间，如果身后的防守队员不跟随移动，可以直接接球转身面对进攻方向，是此情景下的最佳接应方式。

如表4-3-46所示：9岁男子足球运动员作为接应队员在通过选择合适的接应方式为持球进攻队员提供进攻点时：10.5%的球员选择了通过向回跑动拉近与持球进攻队员之间的距离提供进攻点，15.8%的球员选择了通过跑动向中场边路位置移动准备接应，73.7%的球员选择了通过横向移动为持球进攻队员提供进攻点。10岁男子足球运动员作为接应队员在通过选择合适的接应方式为持球进攻队员提供进攻点时：12.5%的球员选择了通过向回跑动拉近与持球进攻队员之间的距离提供进攻点，6.3%的球员选择了通过跑动向中场边路位置移动准备接应，81.2%的球员选择了通过横向移动为持球进攻队员提供进攻点。11岁男子足球运动员作为接应队员在通过选择合适的接应方式为持球进攻队员提供进攻点时：无人选择通过向回跑动拉近与持球进攻队员之间的距离提供进攻点，7.7%的球员选择了通过跑动向中场边路位置移动准备接应，92.3%的球员选择了通过横向移动为持球进攻队员提供进攻点。12岁男子足球运动员作为接应队员在通过选择合适的接应方式为持球进攻队员提供进攻点时：18.5%的球员选择了通过向回跑动拉近与持球进攻队员之间的距离提供进攻点，3.7%的球员选择了通过跑动向中场边路位置移动准备接应，77.8%的球员选择了通过横向移动为持球进攻队员提供进攻点。13岁男子足球运动员作为接应队员在通过选择合适的接应方式为持球进攻队员提供进攻点时：27.3%的球员选择了通过向回跑动拉近与持球进攻队员之间的距离提供进攻点，3%的球员选择了通过跑动向中场边路位置移动准备接应，69.7%的球员选择了通过横向移动为持球进攻队员提供进攻点。14岁男子足球运动员作为接应队员在通过选择合适的接应方式为持球进攻队员提供进攻点时：11.1%的球员选择了通过向回跑动拉近与持球进攻队员之间的距离提供进攻点，无人选择通过跑动向中场边路位置移动准备接应，88.9%的球员选择了通过横向移动为持球进攻队员提供进攻点。15岁男子足球运动员作为接应队员在通过选择合适的接应方式为持球进攻队员提供进攻点时：5%的球员选择了通过向回跑动拉近与持球进攻队员之间的距离提供进攻点，无人选择通过跑动向中场边路位置移动准备接应，95%的球员选择了通过横向移动为持球进攻队员提供进攻点。16岁男子足球运动员作为接应队员在通过选择合适的接应方式为持球进攻队员提供进攻点时：4.2%的球员选择了通过向回跑动拉近与持球进攻队员之间的距离提供进攻点，无人选择通过跑动向中场边路位置移动准备接应，95.8%的球员选择了通过横向移动为持球进攻队员提供进攻点。17岁男子足球运动员作为接应队员在通过选择合适的接应方式为持球进攻队员提供进攻点时：8.3%的球员选择了通过向回跑动拉近与持球进攻队员之间的距离提供进攻点，无人选择通过跑动向中场边路位置移动准备接应，91.7%的球员选择了通过横向移动为持球进攻队员提供进攻点。

总的来说，9-17岁男子足球运动员作为接应队员在通过选择合适的接应方式为持球进攻队员提供进攻点时表现出明显的以横向移动远离防守队员为主的接应方式，接应方式决策正确率皆高于70%，并随年龄增长表现出更高的稳定性。

表 4-3-47 9-17岁男子足球运动员接应方式决策的百分比统计 c

指标	9岁	10岁	11岁	12岁	13岁	14岁	15岁	16岁	17岁
前插接应	68.4	50.0	25.0	3.7	15.2	18.5	4.2	4.2	5.0
靠近接应	0.0	3.8	6.2	0.0	3.0	3.7	0.0	8.3	15.0
拉边回撤	31.6	46.2	68.8	96.3	81.8	77.8	95.8	87.5	80.0

如表4-3-47所示为持球进攻队员在中场面对球前多名防守队员的围逼，处于接应位置球员接应方式的决策情况。此情景下，持球进攻队员位于中场边路位置且无防守队员盯防，接应队员在中场中路位置亦无人盯防，此时作为接应队员通过跑动选择合适的接应方式为持球进攻队员提供进攻点时，第一种选择是前插接应，通过斜前跑动向持球进攻队员同侧的边路位置移动准备接应。此时持球进攻队员同侧前方的边路位置有空当，但是已经有一名同伴占据了边路空间，这种接应方式会挤压边路同伴的进攻空间。第二种选择是靠近接应，通过横向移动靠近持球进攻队员的前方

准备接应。此时持球进攻队员的前方有两名防守队员和一名同伴,横向移动到持球进攻队员的前方会挤压本方的进攻空间并帮助防守队员实施防守。第三种选择是拉边回撤,通过向中场边路回撤准备接应。此时持球进攻队员向前、向边路移动,防守队员集体向有球区域移动,接应队员通过反向移动占据球场另一侧的空当,接球后可以直接转变为第一进攻者并快速向进攻方向推进,是此情景下的最佳接应方式。

如表4-3-47所示:9岁男子足球运动员作为接应队员在通过选择合适的接应方式为持球进攻队员提供进攻点时:68.4%的球员选择了通过斜前跑动向持球进攻队员同侧的边路位置移动准备接应,无人选择通过横向移动靠近持球进攻队员的前方准备接应,31.6%的球员选择了通过向中场边路回撤准备接应。10岁男子足球运动员作为接应队员在通过选择合适的接应方式为持球进攻队员提供进攻点时:50%的球员选择了通过斜前跑动向持球进攻队员同侧的边路位置移动准备接应,3.8%的球员选择了通过横向移动靠近持球进攻队员的前方准备接应,46.2%的球员选择了通过向中场边路回撤准备接应。11岁男子足球运动员作为接应队员在通过选择合适的接应方式为持球进攻队员提供进攻点时:25%的球员选择了通过斜前跑动向持球进攻队员同侧的边路位置移动准备接应,6.2%的球员选择了通过横向移动靠近持球进攻队员的前方准备接应,68.8%的球员选择了通过向中场边路回撤准备接应。12岁男子足球运动员作为接应队员在通过选择合适的接应方式为持球进攻队员提供进攻点时:3.7%的球员选择了通过斜前跑动向持球进攻队员同侧的边路位置移动准备接应,无人选择通过横向移动靠近持球进攻队员的前方准备接应,96.3%的球员选择了通过向中场边路回撤准备接应。13岁男子足球运动员作为接应队员在通过选择合适的接应方式为持球进攻队员提供进攻点时:15.2%的球员选择了通过斜前跑动向持球进攻队员同侧的边路位置移动准备接应,3%的球员选择了通过横向移动靠近持球进攻队员的前方准备接应,81.8%的球员选择了通过向中场边路回撤准备接应。14岁男子足球运动员作为接应队员在通过选择合适的接应方式为持球进攻队员提供进攻点时:18.5%的球员选择了通过斜前跑动向持球进攻队员同侧的边路位置移动准备接应,3.7%的球员选择了通过横向移动靠近持球进攻队员的前方准备接应,77.8%的球员选择了通过向中场边路回撤准备接应。15岁男子足球运动员作为接应队员在通过选择合适的接应方式为持球进攻队员提供进攻点时：4.2%的球员选择了通过斜前跑动向持球进攻队员同侧的边路位置移动准备接应，无人选择通过横向移动靠近持球进攻队员的前方准备接应，95.8%的球员选择了通过向中场边路回撤准备接应。16岁男子足球运动员作为接应队员在通过选择合适的接应方式为持球进攻队员提供进攻点时：4.2%的球员选择了通过斜前跑动向持球进攻队员同侧的边路位置移动准备接应，8.3%的球员选择了通过横向移动靠近持球进攻队员的前方准备接应，87.5%的球员选择了通过向中场边路回撤准备接应。17岁男子足球运动员作为接应队员在通过选择合适的接应方式为持球进攻队员提供进攻点时：5%的球员选择了通过斜前跑动向持球进攻队员同侧的边路位置移动准备接应，15%的球员选择了通过横向移动靠近持球进攻队员的前方准备接应，80%的球员选择了通过向中场边路回撤准备接应。

总的来说，9-10岁男子足球运动员作为接应队员在通过选择合适的接应方式为持球进攻队员提供进攻点时表现为以前插接应为主的特征，而回撤接应占据相对较小的比例。10岁男子足球运动员的这种接应方式特征相比9岁男子足球运动员更加明显。可以说，其接应方式表现为更强的攻击性。11岁开始，表现为非常明显的以回撤接应方式为主的特征，正确决策率几乎全在80%以上。

表4-3-48　9-17岁男子足球运动员接应方式决策的百分比统计 d

指标	9岁	10岁	11岁	12岁	13岁	14岁	15岁	16岁	17岁
回撤接应	5.3	12.5	3.8	3.7	12.5	3.0	10.0	3.7	8.3
拉边接应	5.3	0.0	0.0	0.0	0.0	9.1	0.0	0.0	4.2
前插接应	89.4	87.5	96.2	96.3	87.5	87.9	90.0	96.3	87.5

如表4-3-48所示为持球进攻队员牢牢掌握控球权情景下，接应队员接应方式的决策情况。此情景下，持球进攻队员位于中场边路位置且无防守队员盯防，接应队员在中场中路位置亦无人盯防但身前有一名防守队员，此时作为接应队员通过跑动选择合适的接应方式为持球进攻队员提供进攻点时，第一种选择是回撤接应，通过向回跑动准备接应。此时持球进攻队员身后已经有两名同伴准备接应，其通过回撤接应会挤压同伴的进攻空间。第二种选择是拉边接应，通过向边路位置跑动准备接应。此时边路位置已经有一名同伴和一名防守队员，且在持球进攻队员和接应队员之间

我国9—17岁男子足球运动员战术决策能力年龄特征研究

有一名防守队员,一是传球角度太小,二是边路防守队员可以在其接球的过程中进行破坏。第三种选择是前插接应,通过向前方跑动准备接应。此时持球进攻队员前方有空当,接应队员通过前插占据前方空当,可以为持球进攻队员提供一个较好的进攻点,是此情景下的最佳接应方式。

如表4-3-48所示:9岁男子足球运动员作为接应队员在通过选择合适的接应方式为持球进攻队员提供进攻点时:5.3%的球员选择了通过向回跑动为持球进攻队员提供接应,5.3%的球员选择了通过向边路位置跑动为持球进攻队员提供接应,89.4%的球员选择了通过前插占据前方空当为持球进攻队员提供进攻点。10岁男子足球运动员作为接应队员在通过选择合适的接应方式为持球进攻队员提供进攻点时:12.5%的球员选择了通过向回跑动为持球进攻队员提供接应,无人选择通过向边路位置跑动为持球进攻队员提供接应,87.5%的球员选择了通过前插占据前方空当为持球进攻队员提供进攻点。11岁男子足球运动员作为接应队员在通过选择合适的接应方式为持球进攻队员提供进攻点时:3.8%的球员选择了通过向回跑动为持球进攻队员提供接应,无人选择通过向边路位置跑动为持球进攻队员提供接应,96.2%的球员选择了通过前插占据前方空当为持球进攻队员提供进攻点。12岁男子足球运动员作为接应队员在通过选择合适的接应方式为持球进攻队员提供进攻点时:3.7%的球员选择了通过向回跑动为持球进攻队员提供接应,无人选择通过向边路位置跑动为持球进攻队员提供接应,96.3%的球员选择了通过前插占据前方空当为持球进攻队员提供进攻点。13岁男子足球运动员作为接应队员在通过选择合适的接应方式为持球进攻队员提供进攻点时:12.5%的球员选择了通过向回跑动为持球进攻队员提供接应,无人选择通过向边路位置跑动为持球进攻队员提供接应,87.5%的球员选择了通过前插占据前方空当为持球进攻队员提供进攻点。14岁男子足球运动员作为接应队员在通过选择合适的接应方式为持球进攻队员提供进攻点时:3%的球员选择了通过向回跑动为持球进攻队员提供接应,9.1%的球员选择了通过向边路位置跑动为持球进攻队员提供接应,87.9%的球员选择了通过前插占据前方空当为持球进攻队员提供进攻点。15岁男子足球运动员作为接应队员在通过选择合适的接应方式为持球进攻队员提供进攻点时:10%的球员选择了通过向回跑动为持球进攻队员提供接应,无人选择通过向边路位置跑动为持球进攻队员提供接应,90%的球员选择了通过前插占据前方空当为持球进攻队员提供进攻点。16岁男子足球运动员作为接应队员在通过选择合适的接应方式为持球进攻队员提供进攻点时：3.7%的球员选择了通过向回跑动为持球进攻队员提供接应，无人选择通过向边路位置跑动为持球进攻队员提供接应，96.3%的球员选择了通过前插占据前方空当为持球进攻队员提供进攻点。17岁男子足球运动员作为接应队员在通过选择合适的接应方式为持球进攻队员提供进攻点时：8.3%的球员选择了通过向回跑动为持球进攻队员提供接应，4.2%的球员选择了通过向边路位置跑动为持球进攻队员提供接应，87.5%的球员选择了通过前插占据前方空当为持球进攻队员提供进攻点。

总的来说，9-17岁男子足球运动员作为接应队员在通过选择合适的接应方式为持球进攻队员提供进攻点时的接应方式表现出明显的以前插到更有威胁位置接应持球队员传球为主的决策特征，正确决策率全部高于87%。由此可以说明，9-17岁男子足球运动员在己方牢牢控制球权，防守队员很难将球抢下的情景下，能够根据场上的具体情景合理转变自己的接应职能，采取切入球前的能动性跑位，对守方的防守形成直接威胁。

综上所述，接应队员的职责就是选择合理的位置接应持球队员。履行接应职责时，首先要考虑的是安全的接应角度，在保证接应角度的前提下再考虑接应于进攻的帮助。9-10岁男子足球运动员的接应方式更多表现为安全性。10岁是一个过渡期，自11岁开始，接应方式选择的合理性明显提高。

六、盯人决策能力的定性研究

盯人即防守队员根据各种方法，紧紧跟随并看住自己的对手。其目的在于严密控制对手的有效行动。[1] 第一防守者作为距离持球进攻队员最近的防守队员，其盯人职责是抢球，即对持球队员运用一系列防守技巧，包括断、堵、抢、铲、争顶五大类。当然，不同的比赛情景下运用抢球技术的选择亦有所不同。抢球技术运用的先后顺序一般为：

---

[1] 中小学校园足球教师用书(一至六年级)[M].北京:人民教育出版社,2015.

(1) 第一选择是断截球；
(2) 第二选择是盯堵，限制持球队员转身；
(3) 第三选择是抢夺球；
(4) 第四选择是正面阻缓；
(5) 第五选择是采用铲抢技术。

以上抢球技术运用的五种顺序是就一般情况而言。由于足球比赛场上情况十分复杂，抢球技术的具体运用也要视情况随机应变、灵活运用。当对手早已控球转身正对防守队员时，已不可能出脚抢夺球，只能争取正面阻缓，伺机下脚夺球。❶

（一）盯人目的决策特征

表 4-3-49 9-17 岁男子足球运动员盯人目的决策的百分比统计 a

指标	9岁	10岁	11岁	12岁	13岁	14岁	15岁	16岁	17岁
抢球	21.1	3.8	6.3	7.4	11.1	6.1	12.5	5.0	0.0
阻止转身	57.8	80.8	87.5	88.9	77.8	84.8	83.3	95.0	95.8
阻止向前传球	0.0	7.7	6.2	0.0	11.1	3.0	4.2	0.0	0.0
阻止向前运球	21.1	7.7	0.0	3.7	0.0	6.1	0.0	0.0	4.2

如表 4-3-49 所示为进攻队员背身接球瞬间第一防守队员进行盯人时的目的决策情况。此情景下，持球进攻队员背对进攻方向且被防守队员盯防，作为第一防守队员对持球进攻队员进行盯防时，其第一种选择是直接对持球进攻队员实施抢球，此时持球进攻队员背对进攻方向且已经控制球，对于防守队员来说，在持球进攻队员已经控制球时若无较大把握抢下球或破坏球时，不应该对持球进攻队员实施抢球，一旦抢球失败，持球进攻队员可以快速摆脱防守队员并向进攻方向快速推进，进而在局部区域造成以多打少的局面。第二种选择是阻止持球进攻队员转身，此时持球进攻队员背对进攻方向且已经控制住球，第一防守队员的首要目的应是紧逼持球进攻队员，竭力限制持球进攻队员转身面对进攻方向，以减少其进攻的威胁。限制持球进攻队员转身面对进攻方向是此情景下的最佳盯人目的。第三种选择是阻止持球进攻队员向前传球，此时持球进攻队员背对进攻方

---

❶ 中国体育教练员岗位培训教材（足球）[M]. 北京：人民体育出版社,1997.

第四章 结果与分析

向，首要的盯人目的是限制其转身面对进攻方向，只有在持球进攻队员控制好球并正面防守队员时才考虑阻止其通过向前传球推进进攻。第四种选择是阻止持球进攻队员向前运球，与第三种选择类似，只有在持球进攻队员控制好球并正面防守队员时才考虑通过限制其快速向前运球达到延缓对方进攻速度的目的。

如表4-3-49所示：9岁男子足球运动员作为第一防守队员盯防背对进攻方向且已经控制好球的持球进攻队员时：21.1%的球员选择了直接对持球进攻队员实施抢球，57.8%的球员选择了阻止持球进攻队员转身，无人选择阻止持球进攻队员向前传球，21.1%的球员选择了阻止持球进攻队员向进攻方向运球。10岁男子足球运动员作为第一防守队员盯防背对进攻方向且已经控制好球的持球进攻队员时：3.8%的球员选择了直接对持球进攻队员实施抢球，80.8%的球员选择了阻止持球进攻队员转身，7.7%的球员选择了阻止持球进攻队员向前传球，7.7%的球员选择了阻止持球进攻队员向进攻方向运球。11岁男子足球运动员作为第一防守队员盯防背对进攻方向且已经控制好球的持球进攻队员时：6.3%的球员选择了直接对持球进攻队员实施抢球，87.5%的球员选择了阻止持球进攻队员转身，6.2%的球员选择了阻止持球进攻队员向前传球，无人选择阻止持球进攻队员向进攻方向运球。12岁男子足球运动员作为第一防守队员盯防背对进攻方向且已经控制好球的持球进攻队员时：7.4%的球员选择了直接对持球进攻队员实施抢球，88.9%的球员选择了阻止持球进攻队员转身，无人选择阻止持球进攻队员向前传球，3.7%的球员选择了阻止持球进攻队员向进攻方向运球。13岁男子足球运动员作为第一防守队员盯防背对进攻方向且已经控制好球的持球进攻队员时：11.1%的球员选择了直接对持球进攻队员实施抢球，77.8%的球员选择了阻止持球进攻队员转身，11.1%的球员选择了阻止持球进攻队员向前传球，无人选择阻止持球进攻队员向进攻方向运球。14岁男子足球运动员作为第一防守队员盯防背对进攻方向且已经控制好球的持球进攻队员时：6.1%的球员选择了直接对持球进攻队员实施抢球，84.8%的球员选择了阻止持球进攻队员转身，3%的球员选择了阻止持球进攻队员向前传球，6.1%的球员选择了阻止持球进攻队员向进攻方向运球。15岁男子足球运动员作为第一防守队员盯防背对进攻方向且已经控制好球的持球进攻队员时：12.5%的球员选择了直接对持球进攻队员实施抢球，

83.3%的球员选择了阻止持球进攻队员转身，4.2%的球员选择了阻止持球进攻队员向前传球，无人选择阻止持球进攻队员向进攻方向运球。16岁男子足球运动员作为第一防守队员盯防背对进攻方向且已经控制好球的持球进攻队员时：5%的球员选择了直接对持球进攻队员实施抢球，95%的球员选择了阻止持球进攻队员转身，无人选择阻止持球进攻队员向前传球和阻止持球进攻队员向进攻方向运球。17岁男子足球运动员作为第一防守队员盯防背对进攻方向且已经控制好球的持球进攻队员时：无人选择直接对持球进攻队员实施抢球和阻止持球进攻队员向前传球，95.8%的球员选择了阻止持球进攻队员转身，4.2%的球员选择了阻止持球进攻队员向进攻方向运球。

  总体来说，9-17岁男子足球运动员作为第一防守队员盯防背对进攻方向的持球进攻队员时表现出相同的盯人决策趋势，表现为阻止进攻队员转身面对进攻方向。但是，9岁男子足球运动员盯防目的决策的正确率仅为57.8%，21.1%的比例为盲目抢球，这样较易造成犯规或被对手身体假动作欺骗；21.1%的比例为阻止向前运球，这种盯人目的错失了第一时间降低持球进攻队员威胁性的时机，给予了持球进攻队员转身面对进攻方向的机会。从10岁开始，表现出明显的第一时间阻止持球进攻队员转身面对进攻方向的特征，决策正确率在80%以上并随年龄增长而变大，但是这种趋势在13岁时出现明显的下降，之后逐渐上升。

表4-3-50　9-17岁男子足球运动员盯人目的决策的百分比统计 b

指标	9岁	10岁	11岁	12岁	13岁	14岁	15岁	16岁	17岁
抢球	21.1	21.2	26.9	37.0	31.3	37.5	45.8	50.0	55.6
阻止向前运球	36.8	9.1	19.2	14.8	18.7	12.5	12.5	5.0	0.0
阻止射门	0.0	15.2	7.7	3.7	6.2	4.2	4.2	0.0	3.7
阻止传球	42.1	54.5	46.2	44.5	43.8	45.8	37.5	45.0	40.7

  如表4-3-50所示为持球进攻队员在第一防守队员的干扰下推拨球超出控制范围内时，就近的防守队员的盯人目的决策情况。此情景下，持球进攻队员在前场边路位置1V1向中路运球突破，在第一防守队员的干扰下推拨球超出控制范围，就近的防守队员对持球进攻队员进行盯防时，第一

种选择是抢球,此时持球进攻队员运球突破时力量较大,超出其控球范围,就近的第二防守队员距离球较近,且面对球的运行方向,其具备较充分的启动出击时间和早于持球进攻队员抢先一步断截球的机会,此时应该果断顶级速度上前获得球权,是此情景下的最佳盯人目的。第二种选择是阻止持球进攻队员向前运球,此时持球进攻队员被防守队员贴身紧逼,而且身前有多名防守队员,其向前运球突破成功的概率较小。第三种选择是阻止持球进攻队员射门,此时持球进攻队员处于己方罚球区前沿,距离球门较近,具备远射的距离。但是持球进攻队员被第一防守队员紧逼盯防且身后有同伴进行保护,虽然具备射门的距离条件,但是面对多名防守队员的紧逼围抢,强行射门的概率不大。第四种选择是阻止持球进攻队员传球,此时持球进攻队员处于进攻三区,通过传球制造进攻威胁的可能较大,作为第二防守队员通过封堵传球路线限制持球进攻队员的传球选择可以降低对方的进攻威胁。

如表 4-3-50 所示:9 岁男子足球运动员在持球进攻队员 1V1 向中路运球突破推拨球超出控制范围时,作为第二防守队员对持球进攻队员进行盯防时:21.1%的球员选择了果断上前抢球以获得球权,36.8%的球员选择了阻止持球进攻队员向进攻方向运球,无人选择阻止持球进攻队员射门,42.1%的球员选择了封堵持球进攻队员的传球路线。10 岁男子足球运动员在持球进攻队员 1V1 向中路运球突破推拨球超出控制范围时,作为第二防守队员对持球进攻队员进行盯防时:21.2%的球员选择了果断上前抢球以获得球权,9.1%的球员选择了阻止持球进攻队员向进攻方向运球,15.2%的球员选择了阻止持球进攻队员射门,54.5%的球员选择了封堵持球进攻队员的传球路线。11 岁男子足球运动员在持球进攻队员 1V1 向中路运球突破推拨球超出控制范围时,作为第二防守队员对持球进攻队员进行盯防时:26.9%的球员选择了果断上前抢球以获得球权,19.2%的球员选择了阻止持球进攻队员向进攻方向运球,7.7%的球员选择了阻止持球进攻队员射门,46.2%的球员选择了封堵持球进攻队员的传球路线。12 岁男子足球运动员在持球进攻队员 1V1 向中路运球突破推拨球超出控制范围时,作为第二防守队员对持球进攻队员进行盯防时:37%的球员选择了果断上前抢球以获得球权,14.8%的球员选择了阻止持球进攻队员向进攻方向运球,3.7%的球员选择了阻止持球进攻队员射门,44.5%的球员选择了封堵持球进攻队员的传球路线。13岁男子足球运动员在持球进攻队员1V1向中路运球突破推拨球超出控制范围时，作为第二防守队员对持球进攻队员进行盯防时：31.3%的球员选择了果断上前抢球以获得球权，18.7%的球员选择了阻止持球进攻队员向进攻方向运球，6.2%的球员选择了阻止持球进攻队员射门，43.8%的球员选择了封堵持球进攻队员的传球路线。14岁男子足球运动员在持球进攻队员1V1向中路运球突破推拨球超出控制范围时，作为第二防守队员对持球进攻队员进行盯防时：37.5%的球员选择了果断上前抢球以获得球权，12.5%的球员选择了阻止持球进攻队员向进攻方向运球，4.2%的球员选择了阻止持球进攻队员射门，45.8%的球员选择了封堵持球进攻队员的传球路线。15岁男子足球运动员在持球进攻队员1V1向中路运球突破推拨球超出控制范围时，作为第二防守队员对持球进攻队员进行盯防时：45.8%的球员选择了果断上前抢球以获得球权，12.5%的球员选择了阻止持球进攻队员向进攻方向运球，4.2%的球员选择了阻止持球进攻队员射门，37.5%的球员选择了封堵持球进攻队员的传球路线。16岁男子足球运动员在持球进攻队员1V1向中路运球突破推拨球超出控制范围时，作为第二防守队员对持球进攻队员进行盯防时：50%的球员选择了果断上前抢球以获得球权，5%的球员选择了阻止持球进攻队员向进攻方向运球，无人选择阻止持球进攻队员射门，45%的球员选择了封堵持球进攻队员的传球路线。17岁男子足球运动员在持球进攻队员1V1向中路运球突破推拨球超出控制范围时，作为第二防守队员对持球进攻队员进行盯防时：55.6%的球员选择了果断上前抢球以获得球权，无人选择阻止持球进攻队员向进攻方向运球，3.7%的球员选择了阻止持球进攻队员射门，40.7%的球员选择了封堵持球进攻队员的传球路线。

总的来说，9岁男子足球运动员在持球进攻队员1V1向中路运球突破推拨球超出控制范围的情景下，作为第二防守队员对其进行盯防时的盯人目的决策表现为阻止传球、阻止向前运球并重的特征，自10岁开始表现为抢球与阻止传球并重的特征。可以说。10岁是一个界限，其之前与之后的差异表现为对抢球时机的把握。10岁之前欠缺对抢球时机的把握。10岁之后把握抢球时机的能力增强并随年龄增长出现一定程度增长但不明显。

表 4-3-51 9-17 岁男子足球运动员盯人目的决策的百分比统计 c

指标	9岁	10岁	11岁	12岁	13岁	14岁	15岁	16岁	17岁
抢球	5.3	6.3	0.0	0.0	0.0	0.0	3.7	0.0	3.7
阻止射门	0.0	0.0	0.0	0.0	0.0	0.0	0.0	0.0	0.0
阻止向前传球	52.6	43.7	15.0	3.8	12.5	12.1	7.4	8.3	3.7
延缓向前推进	42.1	50.0	85.0	96.2	87.5	87.9	88.9	91.7	92.6

如表 4-3-51 所示为由攻转守瞬间，第一防守队员紧盯持球进攻队员，身后出现大片空当并无人保护情景下的盯人目的决策情况。此情景下，持球进攻队员位于中场边路位置，已经牢牢控制住球并面对防守队员，此时第一防守队员身后有较大空当，且持球进攻队员内侧 45° 有接应同伴。作为第一防守队员对持球进攻队员进行盯防时，其第一种选择是直接对持球进攻队员实施抢球，此时持球进攻队员已经控制好球并正面防守队员，且第一防守队员身后有较大空当，如果对其实施抢球失败，持球进攻队员可以直接将第一防守队员甩在身后并快速向前运球并直接面对球门，此情景下实施抢球的风险太大。第二种选择是阻止持球进攻队员射门，此时持球进攻队员位于中前场边路位置，距离球门较远，对其进行盯防时可以忽略阻止射门的盯人目的。第三种选择是阻止持球进攻队员向前传球，此时第一防守队员的身后并无其他进攻队员，且内侧接应的进攻队员距离其较远，持球进攻队员向前传球的概率非常小。第四种选择是延缓持球进攻队员向前推进的速度，此时第一防守队员身后有较大的空当且持球进攻队员已经控制好球并面对进攻方向，作为第一防守队员此情景下已经不能贸然抢球，除非很有把握抢下球或破坏球，应延缓其向己方球门推进的速度，为其他防守队员的回防争取时间，这种选择是此情景下的最佳盯人目的。

如表 4-3-51 所示：9 岁男子足球运动员作为第一防守队员在持球进攻队员已经牢牢控制住球并面对防守队员的情景下对其进行盯防时：5.3%的球员选择了直接对持球进攻队员实施抢球，无人选择封堵持球进攻队员的射门路线，52.6%的球员选择了阻止持球进攻队员向前传球，42.1%的球员选择了延缓持球进攻队员向进攻方向推进的速度。10 岁男子足球运动员作为第一防守队员在持球进攻队员已经牢牢控制住球并面对防守队员的情景下对其进行盯防时：6.3%的球员选择了直接对持球进攻队员实施抢球，无人选择封堵持球进攻队员的射门路线，43.7%的球员选择了阻止持球进攻队员向前传球，50%的球员选择了延缓持球进攻队员向进攻方向推进的速度。11岁男子足球运动员作为第一防守队员在持球进攻队员已经牢牢控制住球并面对防守队员的情景下对其进行盯防时：无人选择直接对持球进攻队员实施抢球和封堵持球进攻队员的射门路线，15%的球员选择了阻止持球进攻队员向前传球，85%的球员选择了延缓持球进攻队员向进攻方向推进的速度。12岁男子足球运动员作为第一防守队员在持球进攻队员已经牢牢控制住球并面对防守队员的情景下对其进行盯防时：无人选择直接对持球进攻队员实施抢球和封堵持球进攻队员的射门路线，3.8%的球员选择了阻止持球进攻队员向前传球，96.2%的球员选择了延缓持球进攻队员向进攻方向推进的速度。13岁男子足球运动员作为第一防守队员在持球进攻队员已经牢牢控制住球并面对防守队员的情景下对其进行盯防时：无人选择直接对持球进攻队员实施抢球和封堵持球进攻队员的射门路线，12.5%的球员选择了阻止持球进攻队员向前传球，87.5%的球员选择了延缓持球进攻队员向进攻方向推进的速度。14岁男子足球运动员作为第一防守队员在持球进攻队员已经牢牢控制住球并面对防守队员的情景下对其进行盯防时：无人选择直接对持球进攻队员实施抢球和封堵持球进攻队员的射门路线，12.1%的球员选择了阻止持球进攻队员向前传球，87.9%的球员选择了延缓持球进攻队员向进攻方向推进的速度。15岁男子足球运动员作为第一防守队员在持球进攻队员已经牢牢控制住球并面对防守队员的情景下对其进行盯防时：3.7%的球员选择了直接对持球进攻队员实施抢球，无人选择封堵持球进攻队员的射门路线，7.4%的球员选择了阻止持球进攻队员向前传球，88.9%的球员选择了延缓持球进攻队员向进攻方向推进的速度。16岁男子足球运动员作为第一防守队员在持球进攻队员已经牢牢控制住球并面对防守队员的情景下对其进行盯防时：无人选择直接对持球进攻队员实施抢球和封堵持球进攻队员的射门路线，8.3%的球员选择了阻止持球进攻队员向前传球，91.7%的球员选择了延缓持球进攻队员向进攻方向推进的速度。17岁男子足球运动员作为第一防守队员在持球进攻队员已经牢牢控制住球并面对防守队员的情景下对其进行盯防时：3.7%的球员选择了直接对持球进攻队员实施抢球，无人选择封堵持球进攻队员的射门路线，3.7%的球员选择了阻止持球进攻队员向前传球，92.6%的球员选择了延缓持球进攻队员向进攻方向推进的速度。

总的来说，9-10岁男子足球运动员在持球进攻队员已经牢牢控制住球并面对防守队员的情景下，作为第一防守队员对持球进攻队员进行盯防时的盯人目的决策表现为阻止向前传球与延缓向前推进并重的特征。11-17岁男子足球运动员表现为以延缓向前推进为主的特征，且决策正确率在85%以上。

表 4-3-52　9-17岁男子足球运动员盯人目的决策的百分比统计 d

指标	9岁	10岁	11岁	12岁	13岁	14岁	15岁	16岁	17岁
抢球	21.1	6.3	3.8	7.4	3.0	18.5	12.5	16.7	20.0
阻止向前传球	42.1	56.2	73.1	77.8	72.8	74.1	75.0	66.6	75.0
阻止向前运球	36.8	37.5	23.1	14.8	24.2	7.4	12.5	16.7	5.0

如表 4-3-52 所示为持球进攻队员面对进攻方向且前方有接应队友情景下，第一防守队员的盯人目的决策特征。此情景下，持球进攻队员在后场边路位置控球，此时第一防守队员身后有较大空当，且有进攻队员快速回撤接应。作为第一防守队员对持球进攻队员进行盯防时，其第一种选择是直接对持球进攻队员实施抢球，此时持球进攻队员已经控制好球并正面防守队员，且第一防守队员身后有较大空当，如果对其实施抢球失败，持球进攻队员可以直接摆脱第一防守队员并快速向前运球，此情景下实施抢球的风险太大。第二种选择是阻止持球进攻队员向前传球，此时持球进攻队员已经牢牢控制住球并面对防守队员，已经不具备抢球的条件，而且第一防守队员身后有较大空当且进攻队员正在快速回撤接应持球进攻队员，作为第一防守队员的首要职责就是延缓持球进攻队员向前推进的速度，此时通过封堵持球进攻队员向前传球的路线是延缓其向前推进速度的最佳盯人目的。第三种选择是阻止持球进攻队员向前运球，此时第一防守队员身后有较大空当且有进攻队员准备接应持球进攻队员的传球，相较于向前运球，向前传球的速度更快。

如表 4-3-52 所示：在持球进攻队员正面进攻方向且已经牢牢控制住球，身前有同伴进行接应的情景下，9岁男子足球运动员作为第一防守队员对持球进攻队员进行盯防时：21.1%的球员选择了直接对持球进攻队员实施抢球，42.1%的球员选择了阻止持球进攻队员向前传球，36.8%的球员选择了阻止持球进攻队员向进攻方向运球。10岁男子足球运动员作为第一防守队员对持球进攻队员进行盯防时：6.3%的球员选择了直接对持球进攻队员实施抢球，56.2%的球员选择了阻止持球进攻队员向前传球，37.5%的球员选择了阻止持球进攻队员向进攻方向运球。11岁男子足球运动员作为第一防守队员对持球进攻队员进行盯防时：3.8%的球员选择了直接对持球进攻队员实施抢球，73.1%的球员选择了阻止持球进攻队员向前传球，23.1%的球员选择了阻止持球进攻队员向进攻方向运球。12岁男子足球运动员作为第一防守队员对持球进攻队员进行盯防时：7.4%的球员选择了直接对持球进攻队员实施抢球，77.8%的球员选择了阻止持球进攻队员向前传球，14.8%的球员选择了阻止持球进攻队员向进攻方向运球。13岁男子足球运动员作为第一防守队员对持球进攻队员进行盯防时：3%的球员选择了直接对持球进攻队员实施抢球，72.8%的球员选择了阻止持球进攻队员向前传球，24.2%的球员选择了阻止持球进攻队员向进攻方向运球。14岁男子足球运动员作为第一防守队员对持球进攻队员进行盯防时：18.5%的球员选择了直接对持球进攻队员实施抢球，74.1%的球员选择了阻止持球进攻队员向前传球，7.4%的球员选择了阻止持球进攻队员向进攻方向运球。15岁男子足球运动员作为第一防守队员对持球进攻队员进行盯防时：12.5%的球员选择了直接对持球进攻队员实施抢球，75%的球员选择了阻止持球进攻队员向前传球，12.5%的球员选择了阻止持球进攻队员向进攻方向运球。16岁男子足球运动员作为第一防守队员对持球进攻队员进行盯防时：16.7%的球员选择了直接对持球进攻队员实施抢球，66.6%的球员选择了阻止持球进攻队员向前传球，16.7%的球员选择了阻止持球进攻队员向进攻方向运球。17岁男子足球运动员作为第一防守队员对持球进攻队员进行盯防时：20%的球员选择了直接对持球进攻队员实施抢球，75%的球员选择了阻止持球进攻队员向前传球，5%的球员选择了阻止持球进攻队员向进攻方向运球。

总的来说，9-17岁男子足球运动员在持球进攻队员正对进攻方向并控制住球且身前有同伴进行接应的情景下，作为第一防守队员对持球进攻队员进行盯防时的盯人目的决策表现为阻止向前传球的相同趋势特征。但9岁男子足球运动员的盯人目的决策表现为阻止向前传球与阻止向前运球并重，抢球占比达到21.1%的特征。10岁男子足球运动员表现为阻止向前传球占比56.3%，阻止向前运球占比37.5%的特征；自11岁开始，表现出明显的阻止向前传球的特征，正确决策率几乎全部高达70%以上。

表 4-3-53　9-17 岁男子足球运动员盯人目的决策的百分比统计 e

指标	9岁	10岁	11岁	12岁	13岁	14岁	15岁	16岁	17岁
抢球	5.3	6.3	15.4	14.8	9.1	18.6	4.2	8.3	0.0
阻止射门	42.1	62.4	11.5	14.8	18.2	0.0	8.3	8.3	0.0
阻止向前传球	26.3	6.3	26.9	37.0	24.2	33.3	8.3	25.0	25.0
阻止向前运球	26.3	25.0	46.2	33.4	48.5	48.1	79.2	58.4	75.0

如表 4-3-53 所示为进攻方在进攻三区以少打多，第一防守队员在身后有保护队员的情景下盯人目的决策情况。在此情景下，持球进攻队员在前场中路位置正面进攻方向且已经牢牢控制住球，第一防守队员身后有多名同伴进行保护，作为第一防守队员对持球进攻队员进行盯防时，其第一种选择是直接对持球进攻队员实施抢球，此时持球进攻队员已经控制好球并正面防守队员，且第一防守队员身后有较大空当，如果对其实施抢球失败，持球进攻队员可以直接摆脱第一防守队员并快速向前运球，此情景下实施抢球的风险太大。第二种选择是阻止持球进攻队员射门，此时持球进攻队员具备远射的距离条件，但是第一防守队员紧逼盯防，在其射门的瞬间可以封堵射门路线，此时最重要的是延缓持球进攻队员向前推进的速度。第三种选择是阻止持球进攻队员向前传球，此时位于持球进攻队员身前的进攻队员被防守队员贴身盯防，防守队员可以在其接球之前进行破坏。第四种选择是阻止持球进攻队员向前运球，此时防守方以多防少，可以实施有效的人盯人防守。第一防守队员的首要职责就是紧盯对手阻止其快速运球，以达到延缓其向本方球门推进的速度，是此情景下的最佳盯人目的。

如表 4-3-53 所示：在持球进攻队员在前场中路位置正面进攻方向且已经牢牢控制住球的情景下，9 岁男子足球运动员作为第一防守队员以多防少对持球进攻队员进行盯防时：5.3%的球员选择了直接对持球进攻队员实施抢球，42.1%的球员选择了封堵持球进攻队员的射门路线，26.3%的球员选择了阻止持球进攻队员向前传球，26.3%的球员选择了阻止持球进攻队员向进攻方向运球。10 岁男子足球运动员作为第一防守队员以多防少对持球进攻队员进行盯防时：6.3%的球员选择了直接对持球进攻队员实施抢球，62.4%的球员选择了封堵持球进攻队员的射门路线，6.3%的球员选择了阻止持球进攻队员向前传球，25%的球员选择了阻止持球进攻队员向进攻方向运球。11岁男子足球运动员作为第一防守队员以多防少对持球进攻队员进行盯防时：15.4%的球员选择了直接对持球进攻队员实施抢球，11.5%的球员选择了封堵持球进攻队员的射门路线，26.9%的球员选择了阻止持球进攻队员向前传球，46.2%的球员选择了阻止持球进攻队员向进攻方向运球。12岁男子足球运动员作为第一防守队员以多防少对持球进攻队员进行盯防时：14.8%的球员选择了直接对持球进攻队员实施抢球，14.8%的球员选择了封堵持球进攻队员的射门路线，37%的球员选择了阻止持球进攻队员向前传球，33.4%的球员选择了阻止持球进攻队员向进攻方向运球。13岁男子足球运动员作为第一防守队员以多防少对持球进攻队员进行盯防时：9.1%的球员选择了直接对持球进攻队员实施抢球，18.2%的球员选择了封堵持球进攻队员的射门路线，24.2%的球员选择了阻止持球进攻队员向前传球，48.5%的球员选择了阻止持球进攻队员向进攻方向运球。14岁男子足球运动员作为第一防守队员以多防少对持球进攻队员进行盯防时：18.6%的球员选择了直接对持球进攻队员实施抢球，无人选择封堵持球进攻队员的射门路线，33.3%的球员选择了阻止持球进攻队员向前传球，48.1%的球员选择了阻止持球进攻队员向进攻方向运球。15岁男子足球运动员作为第一防守队员以多防少对持球进攻队员进行盯防时：4.2%的球员选择了直接对持球进攻队员实施抢球，8.3%的球员选择了封堵持球进攻队员的射门路线，8.3%的球员选择了阻止持球进攻队员向前传球，79.2%的球员选择了阻止持球进攻队员向进攻方向运球。16岁男子足球运动员作为第一防守队员以多防少对持球进攻队员进行盯防时：8.3%的球员选择了直接对持球进攻队员实施抢球，8.3%的球员选择了封堵持球进攻队员的射门路线，25%的球员选择了阻止持球进攻队员向前传球，58.4%的球员选择了阻止持球进攻队员向进攻方向运球。17岁男子足球运动员作为第一防守队员以多防少对持球进攻队员进行盯防时：无人选择直接对持球进攻队员实施抢球和封堵持球进攻队员的射门路线，25%的球员选择了阻止持球进攻队员向前传球，75%的球员选择了阻止持球进攻队员向进攻方向运球。

总的来说，9-10岁男子足球运动员在持球进攻队员在前场中路位置正面进攻方向且已经牢牢控制住球时，作为第一防守队员以多防少对持球进攻队员进行盯防时的盯人目的决策表现为以阻止持球队员射门为主的特征，11-14岁男子足球运动员表现为阻止持球进攻队员向前运球占比较高，阻止向前传球占据相当比例的特征，15-17岁男子足球运动员表现为明显的以阻止持球队员向前运球为主的特征。

表4-3-54　9-17岁男子足球运动员盯人目的决策的百分比统计 f

指标	9岁	10岁	11岁	12岁	13岁	14岁	15岁	16岁	17岁
抢球	5.3	18.8	3.8	7.4	12.1	3.7	8.3	0.0	0.0
阻止射门	31.5	25.0	76.9	77.8	75.8	88.9	83.4	87.5	85.0
阻止传中	57.9	50.0	11.6	7.4	9.1	0.0	0.0	4.2	5.0
阻止向前运球	5.3	6.2	7.7	7.4	3.0	7.4	8.3	8.3	10.0

如表4-3-54所示为进攻方在防守方罚球区内以少打多情景下，第一防守队员盯人目的决策情况。此情景下，持球进攻队员位于对方罚球区内的远角位置，距离球门较近且球门区前沿位置有一名接应同伴。此时，第一防守队员身后有同伴进行保护且以多防少，但身后就是己方球门，作为第一防守队员对持球进攻队员进行盯防时，其第一种选择就是直接对持球进攻队员实施抢球，此时持球进攻队员已经控制好球并正面防守队员，且第一防守队员身后就是己方球门，如果对其实施抢球失败，持球进攻队员可以直接摆脱第一防守队员并直接形成射门，此情景下实施抢球的风险太大。第二种选择是阻止持球进攻队员射门，此时持球进攻队员正对防守队员且已经牢牢控制住球，由于距离球门较近可以直接实施射门，作为第一防守队员的首要盯人目的就是阻止持球进攻队员射门，是此情景下的最佳盯人目的。第三种选择是阻止持球进攻队员传中，此时球门区前沿位置有空当且有一名前插的进攻队员，如果持球进攻队员将球传到该空当，形成射门并进球的可能非常大。但是此时持球进攻队员被防守队员紧逼盯防，且身后有同伴进行保护，二者都可以封堵持球进攻队员的传球路线，持球进攻队员将球成功传到前插同伴脚下的概率较小。第四种选择是阻止持球进攻队员向前运球，此时持球进攻队员面对防守队员的紧逼盯防且身后有多名防守队员快速逼近，从时间和空间上来说，其持球向前运球突破第一防守队员的概率较小，此时其持球的最佳决策就是以最快的速度完成射门。

如表4-3-54所示：持球进攻队员在防守方罚球区远角位置正面进攻

我国9—17岁男子足球运动员战术决策能力年龄特征研究

方向且已经牢牢控制住球的情景下，9岁男子足球运动员作为第一防守队员以多防少对持球进攻队员进行盯防时：5.3%的球员选择了直接对持球进攻队员实施抢球，31.5%的球员选择了封堵持球进攻队员的射门路线，57.9%的球员选择了阻止持球进攻队员传中，5.3%的球员选择了阻止持球进攻队员向进攻方向运球。10岁男子足球运动员作为第一防守队员以多防少对持球进攻队员进行盯防时：18.8%的球员选择了直接对持球进攻队员实施抢球，25%的球员选择了封堵持球进攻队员的射门路线，50%的球员选择了阻止持球进攻队员传中，6.2%的球员选择了阻止持球进攻队员向进攻方向运球。11岁男子足球运动员作为第一防守队员以多防少对持球进攻队员进行盯防时：3.8%的球员选择了直接对持球进攻队员实施抢球，76.9%的球员选择了封堵持球进攻队员的射门路线，11.6%的球员选择了阻止持球进攻队员传中，7.7%的球员选择了阻止持球进攻队员向进攻方向运球。12岁男子足球运动员作为第一防守队员以多防少对持球进攻队员进行盯防时：7.4%的球员选择了直接对持球进攻队员实施抢球，77.8%的球员选择了封堵持球进攻队员的射门路线，7.4%的球员选择了阻止持球进攻队员传中，7.4%的球员选择了阻止持球进攻队员向进攻方向运球。13岁男子足球运动员作为第一防守队员以多防少对持球进攻队员进行盯防时：12.1%的球员选择了直接对持球进攻队员实施抢球，75.8%的球员选择了封堵持球进攻队员的射门路线，9.1%的球员选择了阻止持球进攻队员传中，3%的球员选择了阻止持球进攻队员向进攻方向运球。14岁男子足球运动员作为第一防守队员以多防少对持球进攻队员进行盯防时：3.7%的球员选择了直接对持球进攻队员实施抢球，88.9%的球员选择了封堵持球进攻队员的射门路线，无人选择阻止持球进攻队员传中，7.4%的球员选择了阻止持球进攻队员向进攻方向运球。15岁男子足球运动员作为第一防守队员以多防少对持球进攻队员进行盯防时：8.3%的球员选择了直接对持球进攻队员实施抢球，83.4%的球员选择了封堵持球进攻队员的射门路线，无人选择阻止持球进攻队员传中，8.3%的球员选择了阻止持球进攻队员向进攻方向运球。16岁男子足球运动员作为第一防守队员以多防少对持球进攻队员进行盯防时：无人选择直接对持球进攻队员实施抢球，87.5%的球员选择了封堵持球进攻队员的射门路线，4.2%的球员选择了阻止持球进攻队员传中，8.3%的球员选择了阻止持球进攻队员向进攻方向运球。17岁男子足球运动员作为第一防守队员以多防少对持球进攻队员进行盯防时：无人选择直接对持球进攻队员实施抢球，85%的球员选择了封堵持球进攻队员的射门路线，5%的球员选择了阻止持球进攻队员传中，10%的球员选择了阻止持球进攻队员向进攻方向运球。

总的来说，9-10岁男子足球运动员作为第一防守队员在持球进攻队员于防守方罚球区远角位置正面进攻方向且已经牢牢控制住球的情景下，对持球进攻队员进行盯防时的盯人目的决策表现为阻止传中占据明显优势，阻止射门占据相当比例。11岁开始表现出明显的阻止射门的盯人目的决策特征，占比高达75%以上，并随年龄增长而逐渐增多。

从整体来看，作为第一防守队员，其盯人防守表现为9-10岁男子足球运动员盯人目的决策特征相似，11-17岁男子足球运动员盯人目的决策特征相似并随年龄增长出现一定程度的积极变化，即能够根据已方球门与持球进攻者的距离、攻守人数、位置等因素作出符合具体情景要求的选择。

（二）盯人职责决策特征

表4-3-55 9-17岁男子足球运动员盯人职责决策的百分比统计

指标	9岁	10岁	11岁	12岁	13岁	14岁	15岁	16岁	17岁
远离持球者盯防	15.8	25.0	28.1	19.2	28.1	24.2	20.0	19.2	20.0
靠近持球者盯防	84.2	75.0	71.9	80.8	71.9	75.8	80.0	80.8	80.0

如表4-3-55所示为由攻转守瞬间，相邻防守队员明确第一防守队员盯人职责的决策情况。此情景下，进攻方防守反击快速推进到对方前场中路位置，持球进攻队员身前有较大空当，身后较远及一侧较近位置各有一名防守队员快速回防。此时，相邻的两名防守队员在明确第一防守队员角色并实施盯人职责时，第一种选择是持球进攻队员身后距离较远的防守队员对持球进攻队员进行盯防，此时持球进攻队员身前有较大空当且无人盯防，在时间充裕的条件下可以直接向对方球门快速推进并实施射门。如果是较远的防守队员作为第一防守队员对其进行盯防，那么在其回防并站位于持球进攻队员与球门之间的位置需要的时间相对更长，可能在其到达合适位置前，持球进攻队员已经完成射门。第二种选择是一侧距离持球进攻队员较近的防守队员对持球进攻队员进行盯防，此时较近的防守队员距离

我国9—17岁男子足球运动员战术决策能力年龄特征研究

持球进攻队员更近,且在持球进攻队员的内侧,可以直接快速切入持球进攻队员与本方球门之间的位置对持球进攻队员实施第一防守队员的盯人职责。

如表4-3-55所示:9岁男子足球运动员在作为与持球进攻队员之间具有不同距离的两名防守队员明确第一防守队员职责时:15.8%的球员选择了持球进攻队员身后距离较远的防守队员对持球进攻队员进行盯防,84.2%的球员选择了持球进攻队员内侧距离较近的防守队员对持球进攻队员进行盯防。10岁男子足球运动员在作为与持球进攻队员之间具有不同距离的两名防守队员明确第一防守队员职责时:25%的球员选择了持球进攻队员身后距离较远的防守队员对持球进攻队员进行盯防,75%的球员选择了持球进攻队员内侧距离较近的防守队员对持球进攻队员进行盯防。11岁男子足球运动员在作为与持球进攻队员之间具有不同距离的两名防守队员明确第一防守队员职责时:28.1%的球员选择了持球进攻队员身后距离较远的防守队员对持球进攻队员进行盯防,71.9%的球员选择了持球进攻队员内侧距离较近的防守队员对持球进攻队员进行盯防。12岁男子足球运动员在作为与持球进攻队员之间具有不同距离的两名防守队员明确第一防守队员职责时:19.2%的球员选择了持球进攻队员身后距离较远的防守队员对持球进攻队员进行盯防,80.8%的球员选择了持球进攻队员内侧距离较近的防守队员对持球进攻队员进行盯防。13岁男子足球运动员在作为与持球进攻队员之间具有不同距离的两名防守队员明确第一防守队员职责时:28.1%的球员选择了持球进攻队员身后距离较远的防守队员对持球进攻队员进行盯防,71.9%的球员选择了持球进攻队员内侧距离较近的防守队员对持球进攻队员进行盯防。14岁男子足球运动员在作为与持球进攻队员之间具有不同距离的两名防守队员明确第一防守队员职责时:24.2%的球员选择了持球进攻队员身后距离较远的防守队员对持球进攻队员进行盯防,75.8%的球员选择了持球进攻队员内侧距离较近的防守队员对持球进攻队员进行盯防。15岁男子足球运动员在作为与持球进攻队员之间具有不同距离的两名防守队员明确第一防守队员职责时:20%的球员选择了持球进攻队员身后距离较远的防守队员对持球进攻队员进行盯防,80%的球员选择了持球进攻队员内侧距离较近的防守队员对持球进攻队员进行盯防。16岁男子足球运动员在作为与持球进攻队员之间具有不同距离的两名防守队员明确第一防守队员职责时：19.2%的球员选择了持球进攻队员身后距离较远的防守队员对持球进攻队员进行盯防，80.8%的球员选择了持球进攻队员内侧距离较近的防守队员对持球进攻队员进行盯防。17岁男子足球运动员在作为与持球进攻队员之间具有不同距离的两名防守队员明确第一防守队员职责时：20%的球员选择了持球进攻队员身后距离较远的防守队员对持球进攻队员进行盯防，80%的球员选择了持球进攻队员内侧距离较近的防守队员对持球进攻队员进行盯防。

总的来说，9-17岁男子足球运动员在作为与持球进攻队员之间具有不同距离的两名防守队员明确第一防守队员职责时表现出相同的趋势特征，即靠近持球进攻队员的防守队员对第一进攻队员进行盯防，决策正确率全在70%以上，但并未表现出随年龄增长而逐渐增多的趋势。

综上所述，9-17岁男子足球运动员在盯人职责上表现出明显的共同趋势，即能够明确距离持球进攻队员较近者盯人。整体来看，球员在盯人目的上表现出一定的年龄差异，即9-10岁男子足球运动员不同情景下的盯人目的相似，但正确盯人决策占比较低。10岁时出现明显的转折，或正确决策占比明显变大或表现出向正确决策方式转变的趋势，并随年龄的增长而逐渐变大。

七、选位决策能力的定性研究

选位即由攻转守后，防守队员根据自己的位置职责和场上具体情况，在整体意识的支配下，有目的地选择恰当的防守位置。[1] 防守队员的选位必须考虑合理性，应以球、球门及对手的位置为基准，不为进攻者提供身后的空间并始终将球和对手置于视线之内。可以说，选位必须顾及盯人与保护区域两个方面。此外，比赛中球和进攻者均处于不断运动之中，防守者为了盯住对手并保护同伴、封锁空间，要相应地不断调整自己的位置，选择最佳的站位角度，以利于己方的防守。但调整的原则应以球、对手、球门为依据。[2]

---

[1] 中小学校园足球教师用书(一至六年级)[M].北京:人民教育出版社,2015.
[2] 中国体育教练员岗位培训教材(足球)[M].北京:人民体育出版社,1997.

我国9—17岁男子足球运动员战术决策能力年龄特征研究

表 4-3-56　9-17岁男子足球运动员作为第一防守队员选位决策的百分比统计

指标	9岁	10岁	11岁	12岁	13岁	14岁	15岁	16岁	17岁
持球队员外侧	7.4	12.5	9.1	5.3	6.2	3.7	0.0	0.0	10.0
持球者与球门连接线	66.7	70.8	75.8	78.9	75.0	77.8	83.3	80.8	85.0
持球队员内侧	25.9	16.7	15.1	15.8	18.8	18.5	16.7	19.2	5.0

如表4-3-56所示为第一防守队员迅速紧逼持球进攻队员情景下的选位决策情况。此情景下，位于进攻弱侧的中场边路队员在接到球的瞬间转变为第一进攻队员，负责控制远离球区域的第三防守队员转变为第一防守队员。此时，作为第一防守队员对持球进攻队员进行盯防时，其第一种选位是快速靠近持球进攻队员的外侧，封锁持球进攻队员的外侧区域会给予持球进攻队员向内侧传球、运球的空当。第二种选位是快速切入持球进攻队员与本方球门之间的连接线上，此时持球进攻队员向边路、中路运球突破，第一防守队员都可以快速跟进盯防，且战且退，尽可能的延缓持球进攻队员的进攻速度，为同伴向有球区域靠近争取时间，这种选位兼顾了持球进攻队员与位置，是第一防守队员的最佳选位。第三种选择是快速靠近持球进攻队员的内侧，封锁持球进攻队员的向中路进攻的空间，但是会给予持球进攻队员向边路位置快速进攻的空当。

如表4-3-56所示：9岁男子足球运动员作为第一防守队员对持球进攻队员进行盯防选位时：7.4%的球员选择了快速靠近持球进攻队员的外侧封锁其向边路进攻的空间，66.7%的球员选择了快速切入持球进攻队员与本方球门之间的连接线上延缓持球进攻队员的进攻速度，25.9%的球员选择了快速靠近持球进攻队员的内侧封锁其向中路进攻的空间。10岁男子足球运动员作为第一防守队员对持球进攻队员进行盯防选位时：12.5%的球员选择了快速靠近持球进攻队员的外侧封锁其向边路进攻的空间，70.8%的球员选择了快速切入持球进攻队员与本方球门之间的连接线上延缓持球进攻队员的进攻速度，16.7%的球员选择了快速靠近持球进攻队员的内侧封锁其向中路进攻的空间。11岁男子足球运动员作为第一防守队员对持球进攻队员进行盯防选位时：9.1%的球员选择了快速靠近持球进攻队员的外侧封锁其向边路进攻的空间，75.8%的球员选择了快速切入持球进攻队员与本方球门之间的连接线上延缓持球进攻队员的进攻速度，15.1%的球员选择了快速靠近持球进攻队员的内侧封锁其向中路进攻的空间。12岁男子足球运动员作为第一防守队员对持球进攻队员进行盯防选位时：5.3%的球员选择了快速靠近持球进攻队员的外侧封锁其向边路进攻的空间，78.9%的球员选择了快速切入持球进攻队员与本方球门之间的连接线上延缓持球进攻队员的进攻速度，15.8%的球员选择了快速靠近持球进攻队员的内侧封锁其向中路进攻的空间。13岁男子足球运动员作为第一防守队员对持球进攻队员进行盯防选位时：6.2%的球员选择了快速靠近持球进攻队员的外侧封锁其向边路进攻的空间，75%的球员选择了快速切入持球进攻队员与本方球门之间的连接线上延缓持球进攻队员的进攻速度，18.8%的球员选择了快速靠近持球进攻队员的内侧封锁其向中路进攻的空间。14岁男子足球运动员作为第一防守队员对持球进攻队员进行盯防选位时：3.7%的球员选择了快速靠近持球进攻队员的外侧封锁其向边路进攻的空间，77.8%的球员选择了快速切入持球进攻队员与本方球门之间的连接线上延缓持球进攻队员的进攻速度，18.5%的球员选择了快速靠近持球进攻队员的内侧封锁其向中路进攻的空间。15岁男子足球运动员作为第一防守队员对持球进攻队员进行盯防选位时：无人选择快速靠近持球进攻队员的外侧封锁其向边路进攻的空间，83.3%的球员选择了快速切入持球进攻队员与本方球门之间的连接线上延缓持球进攻队员的进攻速度，16.7%的球员选择了快速靠近持球进攻队员的内侧封锁其向中路进攻的空间。16岁男子足球运动员作为第一防守队员对持球进攻队员进行盯防选位时：无人选择快速靠近持球进攻队员的外侧封锁其向边路进攻的空间，80.8%的球员选择了快速切入持球进攻队员与本方球门之间的连接线上延缓持球进攻队员的进攻速度，19.2%的球员选择了快速靠近持球进攻队员的内侧封锁其向中路进攻的空间。17岁男子足球运动员作为第一防守队员对持球进攻队员进行盯防选位时：无人选择快速靠近持球进攻队员的外侧封锁其向边路进攻的空间，85%的球员选择了快速切入持球进攻队员与本方球门之间的连接线上延缓持球进攻队员的进攻速度，5%的球员选择了快速靠近持球进攻队员的内侧封锁其向中路进攻的空间。

总的来说，9-17岁男子足球运动员作为第一防守队员对持球进攻队员进行盯防选位时，其选位决策表现出相同的趋势，表现为站位于持球进攻

195

队员与球门连接线上的特征,这种选位既可以封阻持球队员向中路内切又可以封阻持球队员向前突破,决策正确率几乎都在70%以上。此外,各年龄段男子足球运动员皆存在站位于持球进攻队员内侧或外侧的现象,这种选位对持球进攻队员进攻空间的封锁不够合理。

表4-3-57　9-17岁男子足球运动员以1防2情景下选位决策的百分比统计

指标	9岁	10岁	11岁	12岁	13岁	14岁	15岁	16岁	17岁
直奔持球队员	63.2	6.2	23.1	3.7	30.3	11.1	0.0	4.2	0.0
盯防前插者	15.7	25.0	15.4	7.4	18.2	33.3	4.2	0.0	0.0
以一定角度插入连线	21.1	68.8	61.5	88.9	51.5	55.6	95.8	95.8	100.0

如表4-3-57所示为由攻转守瞬间,第一防守队员以1防2情景下的选位决策情况。此情景下,防守队员的选位涉及对球和前插进攻队员的选择。此时,持球进攻队员由中场中路位置快速反击,第一防守队员快速回防且身后无同伴进行保护。此时作为第一防守队员对持球进攻队员及前插进攻队员进行防守时需要选择正确的位置,其第一种选择是直奔持球进攻队员,此种选位过于靠近持球进攻队员,若被持球进攻队员突破的话,持球进攻队员将直接面对本方球门。第二种选择是快速靠近并盯防前插的进攻队员,此时快速盯防前插的进攻队员会在身后留下较大空当,且给予了持球进攻队员在无防守压力的情景下快速向本方球门推进的机会。第三种选择是以一定的角度插入持球进攻队员与球门连接线上,此时持球进攻队员快速向前运球,第一防守队员通过站位于连接线上,且战且退,一可以盯防持球进攻队员,二可以在前插进攻队员接球时快速靠近进行盯防,能够延缓持球进攻队员的进攻速度,为同伴的回防争取时间,是此情景下的最佳选位。

如表4-3-57所示:9岁男子足球运动员作为第一防守队员快速回防持球进攻队员及快速前插队员且身后无同伴进行保护时:63.2%的球员的选位是快速靠近持球进攻队员,15.7%的球员的选位是盯防快速前插的进攻队员,21.1%的球员的选位是以一定角度插入持球进攻队员与球门之间的连接线上兼顾持球进攻队员与前插队员。10岁男子足球运动员作为第一防守队员快速回防持球进攻队员及快速前插队员且身后无同伴进行保护时:6.2%的球员的选位是快速靠近持球进攻队员,25%的球员的选位是盯防快速前插的进攻队员，68.8%的球员的选位是以一定角度插入持球进攻队员与球门之间的连接线上兼顾持球进攻队员与前插队员。11岁男子足球运动员作为第一防守队员快速回防持球进攻队员及快速前插队员且身后无同伴进行保护时：23.1%的球员的选位是快速靠近持球进攻队员，15.4%的球员的选位是盯防快速前插的进攻队员，61.5%的球员的选位是以一定角度插入持球进攻队员与球门之间的连接线上兼顾持球进攻队员与前插队员。12岁男子足球运动员作为第一防守队员快速回防持球进攻队员及快速前插队员且身后无同伴进行保护时：3.7%的球员的选位是快速靠近持球进攻队员，7.4%的球员的选位是盯防快速前插的进攻队员，88.9%的球员的选位是以一定角度插入持球进攻队员与球门之间的连接线上兼顾持球进攻队员与前插队员。13岁男子足球运动员作为第一防守队员快速回防持球进攻队员及快速前插队员且身后无同伴进行保护时：30.3%的球员的选位是快速靠近持球进攻队员，18.2%的球员的选位是盯防快速前插的进攻队员，51.5%的球员的选位是以一定角度插入持球进攻队员与球门之间的连接线上兼顾持球进攻队员与前插队员。14岁男子足球运动员作为第一防守队员快速回防持球进攻队员及快速前插队员且身后无同伴进行保护时：11.1%的球员的选位是快速靠近持球进攻队员，33.3%的球员的选位是盯防快速前插的进攻队员，55.6%的球员的选位是以一定角度插入持球进攻队员与球门之间的连接线上兼顾持球进攻队员与前插队员。15岁男子足球运动员作为第一防守队员快速回防持球进攻队员及快速前插队员且身后无同伴进行保护时：无人选择快速靠近持球进攻队员，4.2%的球员的选位是盯防快速前插的进攻队员，95.8%的球员的选位是以一定角度插入持球进攻队员与球门之间的连接线上兼顾持球进攻队员与前插队员。16岁男子足球运动员作为第一防守队员快速回防持球进攻队员及快速前插队员且身后无同伴进行保护时：4.2%的球员的选位是快速靠近持球进攻队员，无人选择盯防快速前插的进攻队员，95.8%的球员的选位是以一定角度插入持球进攻队员与球门之间的连接线上兼顾持球进攻队员与前插队员。17岁男子足球运动员作为第一防守队员快速回防持球进攻队员及快速前插队员且身后无同伴进行保护时：无人选择快速靠近持球进攻队员和盯防快速前插的进攻队员，全部球员选择以一定角度插入持球进攻队员与球门之间的连接线上兼顾持球进攻队员与前插队员。

总的来说，9岁男子足球运动员在持球进攻队员由中场中路位置快速反击，第一防守队员快速回防且身后无同伴进行保护情景下，对持球进攻队员及快速前插队员进行盯防时选位的决策倾向于直奔持球队员；10-17岁男子足球运动员表现出以一定角度插入持球进攻队员与球门之间的连接线上的特征，并随年龄的增长决策正确率逐渐变大。9岁男子足球运动员的选位关注视角以持球队员为主；10-17岁男子足球运动员以封锁空间为主，既可以延缓持球进攻队员向己方球门方向推进，又可以兼顾前插进攻球员接球。这种趋势特征随年龄增长变得越加明显，但是这种趋势在13-14岁时出现明显的波动性下降，之后又明显增长。

表 4-3-58　9-17岁男子足球运动员作为第三防守队员选位决策的百分比统计

指标	9岁	10岁	11岁	12岁	13岁	14岁	15岁	16岁	17岁
与第三进攻者距离过近	12.5	42.1	6.1	11.1	30.7	4.2	4.2	7.4	0.0
适宜的防守距离	12.5	31.6	57.6	74.1	46.2	75.0	83.3	81.5	90.0
与第三进攻者距离过远	75.0	26.3	36.3	14.8	23.1	20.8	12.5	11.1	10.0

如表4-3-58所示为第三防守者防守时的选位决策情况。此情景下，持球进攻队员于中场边路组织进攻，中场另一侧的第三进攻队员拉边利用球场的宽度为持球进攻者提供进攻点。此时，作为盯防利用中场边路提供进攻点的球员的第三防守队员在选位时，其第一种选择是快速靠近第三进攻队员，通过拉近与第三进攻者之间的距离对其进攻盯防。此时，进攻的弱侧进攻球员少且有较大空当，如果防守队员与进攻队员之间的距离过近，会扩大进攻队员可以利用的空当。一旦持球进攻队员成功将球转移到第三进攻队员脚下，第三进攻队员可以利用速度与技术突破第三防守队员并直接面对对方守门员。第二种选择是与第三进攻队员保持合适的距离。第三防守者的职责就是封锁本防区远离球的其他区域和空间。因此，作为第三防守队员必须根据进攻队员与球门的距离确定自己与进攻队员之间的盯防距离。如果第三进攻队员距离本方球门较近，应拉近预期之间的距离并紧盯进攻队员，严密封锁空间，不允许进攻球员获得射门的机会；如果

进攻队员距离本方球门较远，其对本方球门构成的威胁较小，适当拉大与其之间的距离，仅需要注意保护相应的区域。第三种选择是向有球一侧移动，拉大与第三进攻队员之间的距离。此时，进攻弱侧的空当较大，第三防守队员向中路移动会扩大对方的进攻空当。一旦第三进攻队员接球，首先，第三防守队员需要直接转变为第一防守队员并需要快速靠近持球进攻队员进行盯防，但是两者之间的距离过大、需要的时间过长，留给持球进攻队员作出决策的时间很充裕；其次，两者之间的距离过大，会扩大持球进攻队员可以利用的空当。

如表4-3-58所示：9岁男子足球运动员作为第三防守队员控制远离球的区域并盯防进攻队员时：12.5%的球员选择了通过拉近与第三进攻者之间的距离对其进攻盯防，12.5%的球员选择了与第三进攻队员保持合适的距离以封锁远离球的区域和空间，75%的球员选择了通过向有球一侧移动拉大与第三进攻队员之间的距离。10岁男子足球运动员作为第三防守队员控制远离球的区域并盯防进攻队员时：42.1%的球员选择了通过拉近与第三进攻者之间的距离对其进攻盯防，31.6%的球员选择了与第三进攻队员保持合适的距离以封锁远离球的区域和空间，26.3%的球员选择了通过向有球一侧移动拉大与第三进攻队员之间的距离。11岁男子足球运动员作为第三防守队员控制远离球的区域并盯防进攻队员时：6.1%的球员选择了通过拉近与第三进攻者之间的距离对其进攻盯防，57.6%的球员选择了与第三进攻队员保持合适的距离以封锁远离球的区域和空间，36.3%的球员选择了通过向有球一侧移动拉大与第三进攻队员之间的距离。12岁男子足球运动员作为第三防守队员控制远离球的区域并盯防进攻队员时：11.1%的球员选择了通过拉近与第三进攻者之间的距离对其进攻盯防，74.1%的球员选择了与第三进攻队员保持合适的距离以封锁远离球的区域和空间，14.8%的球员选择了通过向有球一侧移动拉大与第三进攻队员之间的距离。13岁男子足球运动员作为第三防守队员控制远离球的区域并盯防进攻队员时：30.7%的球员选择了通过拉近与第三进攻者之间的距离对其进攻盯防，46.2%的球员选择了与第三进攻队员保持合适的距离以封锁远离球的区域和空间，23.1%的球员选择了通过向有球一侧移动拉大与第三进攻队员之间的距离。14岁男子足球运动员作为第三防守队员控制远离球的区域并盯防进攻队员时：4.2%的球员选择了通过拉近与第三进攻者之间的距离对其进攻盯防,75%的球员选择了与第三进攻队员保持合适的距离以封锁远离球的区域和空间,20.8%的球员选择了通过向有球一侧移动拉大与第三进攻队员之间的距离。15岁男子足球运动员作为第三防守队员控制远离球的区域并盯防进攻队员时:4.2%的球员选择了通过拉近与第三进攻者之间的距离对其进攻盯防,83.3%的球员选择了与第三进攻队员保持合适的距离以封锁远离球的区域和空间,12.5%的球员选择了通过向有球一侧移动拉大与第三进攻队员之间的距离。16岁男子足球运动员作为第三防守队员控制远离球的区域并盯防进攻队员时:7.4%的球员选择了通过拉近与第三进攻者之间的距离对其进攻盯防,81.5%的球员选择了与第三进攻队员保持合适的距离以封锁远离球的区域和空间,11.1%的球员选择了通过向有球一侧移动拉大与第三进攻队员之间的距离。17岁男子足球运动员作为第三防守队员控制远离球的区域并盯防进攻队员时:无人选择通过拉近与第三进攻者之间的距离对其进攻盯防,90%的球员选择了与第三进攻队员保持合适的距离以封锁远离球的区域和空间,10%的球员选择了通过向有球一侧移动拉大与第三进攻队员之间的距离。

9岁男子足球运动员在作为第三防守队员对远离球的区域进行控制并盯防进攻队员时表现出选位距离进攻队员过近的特征,不论过近还是过远都会造成防守空当过大。10岁、13岁男子足球运动员作为第三防守者对远离球的区域进行控制并盯防进攻队员时对距离的把握不够清晰,过近、过远、适宜距离的比例相差不大;9-17岁男子足球运动员作为第三防守队员对远离球的区域进行控制并盯防进攻队员时选位的正确率从10岁开始增长,并随年龄增长而变得明显。

综上所述,9-17岁男子足球运动员作为第一防守队员对持球进攻队员进攻盯防时,其选位决策并无年龄差异且表现出明显的合理性;以少防多及作为第三防守队员时,其选位决策表现出明显的年龄特征,并自10岁开始出现显著变化,选位决策的合理性随年龄增长逐渐变得明显。

八、保护决策能力的定性研究

保护队员通常是指位于抢球队员(第一防守者)身后,直接提供增援的队员。保护队员的职责是应付发生在球周围的各种情况。抢球的同伴与对手争夺球的结局便是保护队员下一步行动的基本依据。保护的作用主要体现在以下三点：防守作用、进攻作用、精神作用。

可以说，足球比赛中个人的作用十分有限。一名防守队员本领再大也难以单枪匹马阻挡众多的进攻。"全攻全守"是现代足球攻防战术最鲜明的特点，通过全队的共同努力形成严密的防守体系。保护在全队严密的防守体系中起着不可低估的重要作用，是防守技巧中十分重要的手段。[1]

（一）保护角度决策特征

表 4-3-59　9-17 岁男子足球运动员保护角度决策的百分比统计

指标	9 岁	10 岁	11 岁	12 岁	13 岁	14 岁	15 岁	16 岁	17 岁
保护缺少纵深	5.2	0.0	3.8	0.0	20.8	3.7	12.5	3.0	0.0
保护缺少宽度	47.4	25.0	3.8	3.7	8.4	0.0	4.2	9.1	5.0
内侧 45	47.4	75.0	92.4	96.3	70.8	96.3	83.3	87.9	95.0

如表 4-3-59 所示为防守过程中，第二防守队员履行保护职责时的角度决策情况。此情景下，持球进攻队员在中场边路组织进攻，就近的第一防守队员快速靠近持球进攻队员，位于第一防守队员身后的同伴通过移动选择正确的角度以对第一防守队员形成保护。此时，履行保护职责的第二防守队员在选择保护角度时，第一种选择是在第一防守队员摆动上去之后，快速上前移动，与第一防守队员平行。这种保护角度缺少纵深，与第一防守队员的站位基本平行，致使第一防守队员身后的要害地带暴露，给予进攻队员利用空当的机会。第二种选择是移动到第一防守队员的身后进行保护。这种保护角度缺少宽度，基本上垂直站位于第一防守队员的身后，远离第二进攻队员，不能对其施加防守压力，也不能断截持球进攻队员的传球，且给进攻队员制造了通向本方球门的空当。同时，由于第一防守队员的遮挡，保护队员的视野受限。第三种选择是站位于靠近球门一侧，与第一防守队员成 45°角。这种保护角度既能在第一防守队员被持球进攻队员突破后为第一防守队员提供及时的补位，又能观察邻近攻守双方队员的动向，是此情景下的最佳保护角度。

如表 4-3-59 所示：9 岁男子足球运动员在作为第二防守队员通过选择

---

[1] 中国体育教练员岗位培训教材(足球)[M]. 北京：人民体育出版社，1997.

与第一防守队员之间的角度为其提供保护作用时：5.2%的球员选择了与第一防守队员平行的保护角度，47.4%的球员选择了移动到第一防守队员身后的保护角度，47.4%的球员选择了站位于靠近球门一侧且与第一防守队员成45°的保护角度。10岁男子足球运动员在作为第二防守队员通过选择与第一防守队员之间的角度为其提供保护作用时：无人选择与第一防守队员平行的保护角度，25%的球员选择了移动到第一防守队员身后的保护角度，75%的球员选择了站位于靠近球门一侧且与第一防守队员成45°的保护角度。11岁男子足球运动员在作为第二防守队员通过选择与第一防守队员之间的角度为其提供保护作用时：3.8%的球员选择了与第一防守队员平行的保护角度，3.8%的球员选择了移动到第一防守队员身后的保护角度，92.4%的球员选择了站位于靠近球门一侧且与第一防守队员成45°的保护角度。12岁男子足球运动员在作为第二防守队员通过选择与第一防守队员之间的角度为其提供保护作用时：无人选择与第一防守队员平行的保护角度，3.7%的球员选择了移动到第一防守队员身后的保护角度，96.3%的球员选择了站位于靠近球门一侧且与第一防守队员成45°的保护角度。13岁男子足球运动员在作为第二防守队员通过选择与第一防守队员之间的角度为其提供保护作用时：20.8%的球员选择了与第一防守队员平行的保护角度，8.4%的球员选择了移动到第一防守队员身后的保护角度，70.8%的球员选择了站位于靠近球门一侧且与第一防守队员成45°的保护角度。14岁男子足球运动员在作为第二防守队员通过选择与第一防守队员之间的角度为其提供保护作用时：3.7%的球员选择了与第一防守队员平行的保护角度，无人选择移动到第一防守队员身后的保护角度，96.3%的球员选择了站位于靠近球门一侧且与第一防守队员成45°的保护角度。15岁男子足球运动员在作为第二防守队员通过选择与第一防守队员之间的角度为其提供保护作用时：12.5%的球员选择了与第一防守队员平行的保护角度，4.2%的球员选择了移动到第一防守队员身后的保护角度，83.3%的球员选择了站位于靠近球门一侧且与第一防守队员成45°的保护角度。16岁男子足球运动员在作为第二防守队员通过选择与第一防守队员之间的角度为其提供保护作用时：3%的球员选择了与第一防守队员平行的保护角度，9.1%的球员选择了移动到第一防守队员身后的保护角度，87.9%的球员选择了站位于靠近球门一侧且与第一防守队员成45°的保护角度。17岁男子足球运动员在作为第二防守队员通过选择与第一防守队员之间的角度为其提供保护作用时：无人选择与第一防守队员平行的保护角度，5%的球员选择了移动到第一防守队员身后的保护角度，95%的球员选择了站位于靠近球门一侧且与第一防守队员成45°的保护角度。

总的来说，保护队员适宜的站位角度的选择必须视对手所处的位置和当时攻守场面而定。通常情况下为靠近球门一侧与抢球同伴成45°。9岁男子足球运动员的保护角度决策正确率为47.4%，即内侧45°，这样既可以保护抢球同伴身后的要害地带，为第一防守者提供及时的补位，又能观察邻近攻守双方队员的动向，尤其是接应队员的行动。此外，抢球队员很容易观察到侧后方的保护队员，便于彼此呼应；另外，47.4%选择的角度缺少宽度，即站位于第一防守者身后，远离第二进攻者，不能给其施压亦不便断截持球队员传给第二进攻者的球，直接通向己方球门的通道完全暴露，且由于抢球同伴的遮挡，视线受阻。5.2%的选择为保护缺少纵深，即保护队员基本上与抢球同伴平行站位，这样易致使抢球同伴身后的要害地带暴露，对方可充分利用空出的要害地带进行进攻战术活动。10岁球员保护角度的决策正确率为75%，25%选择的角度缺少宽度。由9岁到10岁，决策正确率出现明显增长。10岁之后，保护角度的决策正确率出现明显趋势，即以内侧45°为主，仅13岁男子足球运动员的决策正确率较低，其他年龄段球员的决策正确率几乎都高于90%。

（二）保护距离决策特征

表4-3-60 9-17岁男子足球运动员保护距离决策的百分比统计

指标	9岁	10岁	11岁	12岁	13岁	14岁	15岁	16岁	17岁
保护距离过远	21.1	12.5	3.8	3.7	4.2	3.7	0.0	0.0	0.0
保护距离适宜	73.7	87.5	92.4	96.3	83.3	92.6	100.0	97.0	100.0
保护距离过近	5.2	0.0	3.8	0.0	12.5	3.7	0.0	3.0	0.0

如表4-3-60所示为防守过程中，担任保护职责的第二防守队员同抢球队员彼此间相隔距离的决策情况。此情景下，持球进攻队员在中场边路位置组织进攻，第一防守队员身后的第二防守队员通过选择与其之间的合适距离以提供保护作用时，第一种选择是回撤移动，拉大与第一防守队员

之间的距离。一旦第一防守队员被持球进攻队员突破，过大的距离会导致保护队员无法及时补位成为第一防守队员，会给予持球进攻队员快速靠近本方球门的机会。第二种选择是横向移动，与第一防守队员之间保持合适的距离。合适的距离可以在第一进攻队员防守失败后及时补位，担负起第一防守队员的责任，延缓持球进攻队员的进攻。第三种选择是向第一防守队员移动，拉近与第一防守队员的距离。过近的距离会在身后留下较大的空当，给予持球进攻队员成功1过2的机会，进而给予进攻队员快速进攻本方的机会。

如表4-3-60所示：9岁男子足球运动员作为第二防守队员通过选择与第一防守队员之间的距离为其提供保护作用时：21.1%的球员选择了回撤拉大与第一防守队员之间的距离，73.7%的球员选择了横向移动与第一防守队员之间保持合适的距离，5.2%的球员选择了向第一防守队员移动并拉近与第一防守队员的距离。10岁男子足球运动员作为第二防守队员通过选择与第一防守队员之间的距离为其提供保护作用时：12.5%的球员选择了回撤拉大与第一防守队员之间的距离，87.5%的球员选择了横向移动与第一防守队员之间保持合适的距离，无人选择向第一防守队员移动并拉近与第一防守队员的距离。11岁男子足球运动员作为第二防守队员通过选择与第一防守队员之间的距离为其提供保护作用时：3.8%的球员选择了回撤拉大与第一防守队员之间的距离，92.4%的球员选择了横向移动与第一防守队员之间保持合适的距离，3.8%的球员选择了向第一防守队员移动并拉近与第一防守队员的距离。12岁男子足球运动员作为第二防守队员通过选择与第一防守队员之间的距离为其提供保护作用时：3.7%的球员选择了回撤拉大与第一防守队员之间的距离，96.3%的球员选择了横向移动与第一防守队员之间保持合适的距离，无人选择向第一防守队员移动并拉近与第一防守队员的距离。13岁男子足球运动员作为第二防守队员通过选择与第一防守队员之间的距离为其提供保护作用时：4.2%的球员选择了回撤拉大与第一防守队员之间的距离，83.3%的球员选择了横向移动与第一防守队员之间保持合适的距离，12.5%的球员选择了向第一防守队员移动并拉近与第一防守队员的距离。14岁男子足球运动员作为第二防守队员通过选择与第一防守队员之间的距离为其提供保护作用时：3.7%的球员选择了回撤拉大与第一防守队员之间的距离，92.6%的球员选择了横向移动与第一防守队员之间保持合适的距离，3.7%的球员选择了向第一防守队员移动并拉近与第一防守队员的距离。15岁男子足球运动员作为第二防守队员通过选择与第一防守队员之间的距离为其提供保护作用时：无人选择回撤拉大与第一防守队员之间的距离和向第一防守队员移动并拉近与第一防守队员的距离，全部球员选择了横向移动与第一防守队员之间保持合适的距离。16岁男子足球运动员作为第二防守队员通过选择与第一防守队员之间的距离为其提供保护作用时：无人选择回撤拉大与第一防守队员之间的距离，97%的球员选择了横向移动与第一防守队员之间保持合适的距离，3%的球员选择了向第一防守队员移动并拉近与第一防守队员的距离。17岁男子足球运动员作为第二防守队员通过选择与第一防守队员之间的距离为其提供保护作用时：无人选择回撤拉大与第一防守队员之间的距离和向第一防守队员移动并拉近与第一防守队员的距离，全部球员选择了横向移动与第一防守队员之间保持合适的距离。

总的来说，9-17岁男子足球运动员的保护距离决策表现出相同的趋势，决策正确率皆在70%以上并随年龄增长而逐渐提高。但9岁球员保护距离过远的选择高达21.1%，即保护队员对进攻给予的压力减小，有利于进攻队员构成以多打少的局面，且抢球队员失败后投入紧逼的时间太长；5.2%的选择为保护距离过近，即保护队员与抢球队员距离过近，导致球附近的人员拥挤，一旦抢球者抢球失败很容易形成持球进攻队员成功以少打多的结果，进而导致整条防线的崩溃。自10岁开始，保护距离过近或过远的比例逐渐减小，正确决策率逐渐增大。13岁时出现明显的降低，但之后开始快速提高并在15-17岁时几乎达到100%的决策正确率。

综上所述，9-17岁男子足球运动员的保护角度决策与保护距离决策均表现出明显的年龄特征，即能够根据比赛情景中球、队友及对手的各种站位于跑动选择合理的保护角度与距离。这种特征随年龄的增长逐渐变得明显，并且10岁是保护角度与保护距离决策趋向合理性的显著变化阶段。

九、补位决策能力的定性研究

补位是足球比赛中队员之间的一种配合方法，具体可以分为两个方面：一是防守时，防守队员被持球进攻队员突破后，其他防守队员进行封堵；二是同队队员离开原定的分工位置后，其他队员填补该队员离开而暴露的空当。[1] 补位是集体防守配合的基础，防守队员相互保持适当的距离和角度是进行及时补位的前提。

表 4-3-61 9-17 岁男子足球运动员补位决策的百分比统计 a

指标	9岁	10岁	11岁	12岁	13岁	14岁	15岁	16岁	17岁
直奔持球队员	42.1	15.0	15.0	7.4	12.5	3.0	8.3	15.0	12.5
回撤补位	57.9	85.0	85.0	92.6	87.5	97.0	91.7	85.0	87.5

如表 4-3-61 所示为第一防守者抢球失败后处于保护位置的防守队员的决策情况。此情景下，持球进攻队员在己方后场边路位置控球，第一防守队员对持球进攻队员实施抢球失败，处于保护位置的第二防守队员在进行补位时，其第一种选择是快速接近持球进攻队员，此时持球进攻队员成功突破第一防守队员的防守，身前有较大的进攻空当，且身前有同伴接应，处于保护位置的防守队员在抢球同伴失败后直奔持球进攻队员会给予其向前方同伴快速传球的机会。第二种选择是回撤补位，此时持球进攻队员身前有较大空当且身前有接应同伴，通过回撤占据空当，既能盯防快速向前运球的持球进攻队员又能兼顾准备接球的进攻队员，且战且退，尽可能的延缓进攻方的进攻速度，为同伴的快速回防争取时间，是此情景下的最佳补位决策。

如表 4-3-61 所示：9 岁男子足球运动员作为保护队员在第一防守队员防守失败后进行补位时：42.1%的球员选择了快速接近持球进攻队员，57.9%的球员选择了回撤占据空当兼顾持球进攻队员与准备接球的进攻队员。10 岁男子足球运动员作为保护队员在第一防守队员防守失败后进行补位时：15%的球员选择了快速接近持球进攻队员，85%的球员选择了回撤占据空当兼顾持球进攻队员与准备接球的进攻队员。11 岁男子足球运动员作为保护队员在第一防守队员防守失败后进行补位时：15%的球员选择了快速接近持球进攻队员，85%的球员选择了回撤占据空当兼顾持球进攻队员与准备接球的进攻队员。12 岁男子足球运动员作为保护队员在第一防守队员防守失败后进行补位时：7.4%的球员选择了快速接近持球进攻队员，

---

[1] http://baike.so.com/doc/5771518-5984291.html.

第四章 结果与分析

92.6%的球员选择了回撤占据空当兼顾持球进攻队员与准备接球的进攻队员。13岁男子足球运动员作为保护队员在第一防守队员防守失败后进行补位时：12.5%的球员选择了快速接近持球进攻队员，87.5%的球员选择了回撤占据空当兼顾持球进攻队员与准备接球的进攻队员。14岁男子足球运动员作为保护队员在第一防守队员防守失败后进行补位时：3%的球员选择了快速接近持球进攻队员，97%的球员选择了回撤占据空当兼顾持球进攻队员与准备接球的进攻队员。15岁男子足球运动员作为保护队员在第一防守队员防守失败后进行补位时：8.3%的球员选择了快速接近持球进攻队员，91.7%的球员选择了回撤占据空当兼顾持球进攻队员与准备接球的进攻队员。16岁男子足球运动员作为保护队员在第一防守队员防守失败后进行补位时：15%的球员选择了快速接近持球进攻队员，85%的球员选择了回撤占据空当兼顾持球进攻队员与准备接球的进攻队员。17岁男子足球运动员作为保护队员在第一防守队员防守失败后进行补位时：12.5%的球员选择了快速接近持球进攻队员，87.5%的球员选择了回撤占据空当兼顾持球进攻队员与准备接球的进攻队员。

总的来说，9-17岁男子足球运动员作为保护队员在第一防守队员防守失败后进行补位时的决策表现出以回撤补位为主的趋势，除9岁男子足球运动员外，其他年龄段球员此情景下选位决策的正确率均在85%以上。此情景下，第二防守队员在第一防守队员抢球失败后势必迅速回撤补位，占据持球进攻者与球门之间的连接线上，封堵第一进攻者的向前路线。从年龄发展的整体角度看，自10岁开始，表现出明显的以回撤补位为主的特征。10岁之前决策视角不够明显，直奔持球队员的错误决策方式仍在40%以上。

表4-3-62　9-17岁男子足球运动员补位决策的百分比统计b

指标	9岁	10岁	11岁	12岁	13岁	14岁	15岁	16岁	17岁
前插	5.2	6.2	0.0	14.8	14.8	18.1	8.3	33.3	15.0
拉边	89.5	56.3	84.6	40.7	55.6	45.5	58.4	33.4	40.0
回撤补位	5.3	37.5	15.4	44.5	29.6	36.4	33.3	33.3	45.0

如表4-3-62所示为球队防守过程中，边后卫拉边紧盯对方准备接球的进攻队员，与其相邻的防守队员的补位决策。此情景下，持球进攻队员在中前场边路位置，邻近的防守队员快速接近并实施盯防，此时边后卫拉

我国9—17岁男子足球运动员战术决策能力年龄特征研究

边盯防持球进攻队员身前准备接应的进攻队员,其与中后卫之间的距离过大,出现较大的空当。此时,边后卫身前的防守队员进行补位时,其第一种选择是前插,通过向前跑动封堵身前的空当。此时,其身前有三名防守队员,不让其前插占据空当位置进行防守。第二种选择是拉边,通过向持球进攻队员同侧的边路位置移动,封堵持球进攻队员向前传球的路线。此时,边后卫与中后卫之间的空当较大,其通过拉边跑动可以封堵持球进攻队员向前传球的路线,但是也会给身后准备接应的进攻队员利用边后卫与中后卫之间空当的机会。第三种选择是回撤补位,此时边后卫拉边紧盯准备接应的进攻队员,与中后卫之间的距离过大,邻近的同伴通过回撤补位占据边后卫与中后卫之间的空当,以防身后的进攻队员利用该空当威胁本方球门,这是此情景下的最佳补位决策。

如表4-3-62所示:9岁男子足球运动员作为邻近的防守队员在边后卫和中后卫之间出现较大空当进行补位时:5.2%的球员选择了前插占据身前的空当位置进行防守,89.5%的球员选择了拉边封堵持球进攻队员向前传球的路线,5.3%的球员选择了回撤补位占据边后卫与中后卫之间的空当位置。10岁男子足球运动员作为邻近的防守队员在边后卫和中后卫之间出现较大空当进行补位时:6.2%的球员选择了前插占据身前的空当位置进行防守,56.3%的球员选择了拉边封堵持球进攻队员向前传球的路线,37.5%的球员选择了回撤补位占据边后卫与中后卫之间的空当位置。11岁男子足球运动员作为邻近的防守队员在边后卫和中后卫之间出现较大空当进行补位时:无人选择前插占据身前的空当位置进行防守,84.6%的球员选择了拉边封堵持球进攻队员向前传球的路线,15.4%的球员选择了回撤补位占据边后卫与中后卫之间的空当位置。12岁男子足球运动员作为邻近的防守队员在边后卫和中后卫之间出现较大空当进行补位时:14.8%的球员选择了前插占据身前的空当位置进行防守,40.7%的球员选择了拉边封堵持球进攻队员向前传球的路线,44.5%的球员选择了回撤补位占据边后卫与中后卫之间的空当位置。13岁男子足球运动员作为邻近的防守队员在边后卫和中后卫之间出现较大空当进行补位时:14.8%的球员选择了前插占据身前的空当位置进行防守,55.6%的球员选择了拉边封堵持球进攻队员向前传球的路线,29.6%的球员选择了回撤补位占据边后卫与中后卫之间的空当位置。14岁男子足球运动员作为邻近的防守队员在边后卫和中后卫之间出现较大空当进行补位时：18.1%的球员选择了前插占据身前的空当位置进行防守，45.5%的球员选择了拉边封堵持球进攻队员向前传球的路线，36.4%的球员选择了回撤补位占据边后卫与中后卫之间的空当位置。15岁男子足球运动员作为邻近的防守队员在边后卫和中后卫之间出现较大空当进行补位时：8.3%的球员选择了前插占据身前的空当位置进行防守，58.4%的球员选择了拉边封堵持球进攻队员向前传球的路线，33.3%的球员选择了回撤补位占据边后卫与中后卫之间的空当位置。16岁男子足球运动员作为邻近的防守队员在边后卫和中后卫之间出现较大空当进行补位时：33.3%的球员选择了前插占据身前的空当位置进行防守，33.4%的球员选择了拉边封堵持球进攻队员向前传球的路线，33.3%的球员选择了回撤补位占据边后卫与中后卫之间的空当位置。17岁男子足球运动员作为邻近的防守队员在边后卫和中后卫之间出现较大空当进行补位时：15%的球员选择了前插占据身前的空当位置进行防守，40%的球员选择了拉边封堵持球进攻队员向前传球的路线，45%的球员选择了回撤补位占据边后卫与中后卫之间的空当位置。

总的来说，9-11岁男子足球运动员作为邻近的防守队员在边后卫和中后卫之间出现较大空当进行补位时的决策以拉边封堵对方持球队员向前传球的路线为主；12-17岁男子足球运动员以拉边封堵对方持球队员向前传球的路线和回撤补位占据边后卫与中后卫之间的空当位置为主，二者所占比例相近。

表4-3-63 9-17岁男子足球运动员补位决策的百分比统计c

指标	9岁	10岁	11岁	12岁	13岁	14岁	15岁	16岁	17岁
紧逼持球者	68.4	56.2	7.7	6.1	11.1	3.7	4.2	12.5	15.0
回撤补位	31.6	43.8	92.3	93.9	88.9	96.3	95.8	87.5	85.0

如表4-3-63所示为由攻转守瞬间中后卫拉边盯抢对方持球队员，处于球前的边后卫的防守决策。此情景下，持球进攻队员在中场边路位置将球向前传给插入前场边路空当的同伴，中后卫快速跟随前插前场边路空当位置接球的进攻队员。此时两名中后卫之间出现较大空当且有一名进攻队员准备前插中后卫之间的空当位置，处于盯防接球进攻队员的中后卫身前的边后卫在回防补位时，其第一种选择是跟随前插前场边路空当的接球队员移动，并对其实施盯防。此时，中后卫已经开始向前场边路空当快速靠

近并对持球进攻队员进行盯防，边后卫再拉边盯防持球进攻队员会给予进攻队员1过2的机会，且两名防守队员的身后会出现较大空当且无人补位的情景，会给予进攻队员攻击本方球门的机会。第二种选择是回撤补位，占据拉边盯防持球进攻队员的中后卫身后的空当位置。此时，拉边防守的中后卫身后的空当位置有一名前插跑位的进攻队员，边后卫通过回撤占据空当可以对第一防守队员形成保护作用，也可以对准备前插的进攻队员实施盯防，随时准备阶段持球进攻队员向前插进攻队员的传球，是此情景下的最佳补位决策。

如表4-3-63所示：9岁男子足球运动员作为边后卫在中后卫拉边盯防持球进攻队员且身后出现空当进行回防补位时：68.4%的球员选择了跟随前插前场边路空当的接球队员移动并对其实施盯防，31.6%的球员选择了回撤占据拉边盯防持球进攻队员的中后卫身后的空当位置。10岁男子足球运动员作为边后卫在中后卫拉边盯防持球进攻队员且身后出现空当进行回防补位时：56.2%的球员选择了跟随前插前场边路空当的接球队员移动并对其实施盯防，43.8%的球员选择了回撤占据拉边盯防持球进攻队员的中后卫身后的空当位置。11岁男子足球运动员作为边后卫在中后卫拉边盯防持球进攻队员且身后出现空当进行回防补位时：7.7%的球员选择了跟随前插前场边路空当的接球队员移动并对其实施盯防，92.3%的球员选择了回撤占据拉边盯防持球进攻队员的中后卫身后的空当位置。12岁男子足球运动员作为边后卫在中后卫拉边盯防持球进攻队员且身后出现空当进行回防补位时：6.1%的球员选择了跟随前插前场边路空当的接球队员移动并对其实施盯防，93.9%的球员选择了回撤占据拉边盯防持球进攻队员的中后卫身后的空当位置。13岁男子足球运动员作为边后卫在中后卫拉边盯防持球进攻队员且身后出现空当进行回防补位时：11.1%的球员选择了跟随前插前场边路空当的接球队员移动并对其实施盯防，88.9%的球员选择了回撤占据拉边盯防持球进攻队员的中后卫身后的空当位置。14岁男子足球运动员作为边后卫在中后卫拉边盯防持球进攻队员且身后出现空当进行回防补位时：3.7%的球员选择了跟随前插前场边路空当的接球队员移动并对其实施盯防，96.3%的球员选择了回撤占据拉边盯防持球进攻队员的中后卫身后的空当位置。15岁男子足球运动员作为边后卫在中后卫拉边盯防持球进攻队员且身后出现空当进行回防补位时：4.2%的球员选择了跟随前插前场边路空当的接球队员移动并对其实施盯防，95.8%的球员选择了回撤占据拉边盯防持球进攻队员的中后卫身后的空当位置。16岁男子足球运动员作为边后卫在中后卫拉边盯防持球进攻队员且身后出现空当进行回防补位时：12.5%的球员选择了跟随前插前场边路空当的接球队员移动并对其实施盯防，87.5%的球员选择了回撤占据拉边盯防持球进攻队员的中后卫身后的空当位置。17岁男子足球运动员作为边后卫在中后卫拉边盯防持球进攻队员且身后出现空当进行回防补位时：15%的球员选择了跟随前插前场边路空当的接球队员移动并对其实施盯防，85%的球员选择了回撤占据拉边盯防持球进攻队员的中后卫身后的空当位置。

总的来说，9-10岁男子足球运动员作为边后卫在中后卫拉边盯防持球进攻队员且身后出现空当进行回防补位时的决策以紧逼持球进攻队员为主，比例在60%左右，11-17岁男子足球运动员以回撤补位占据拉边盯防持球进攻队员的中后卫身后的空当位置为主，决策比例在85%以上。

综上所述，9-17岁男子足球运动员在防守过程中的决策存在明显的年龄特征。低年龄段存在以球为中心的防守决策失误，随着年龄的发展，防守过程中以位置为中心，通过补位封锁对方进攻空间为主的补位决策逐渐变得明显。这种由以球为中心到以位置为中心的防守决策的变化以10岁为分水岭，出现显著的变化。

十、回防决策能力的定性研究

回防即由攻转守瞬间，处于球前方的球员迅速向己方回位跑并担负保护、占据和封锁空间职责的过程。比赛中双方不断地争夺控球权，一场比赛中双方攻守转换近300次之多，也就是说双方控球权的交替多达300次。控球权转换的一瞬间是足球比赛中十分关键的时刻之一。由守转攻的一瞬间，一些队员处于球的前面，转守时如果不迅速回防，就为对方造成以多攻少的战机，进而有可能直接威胁本方球门。❶可以说，不同位置的防守队员在由攻转守瞬间的回防路线直接决定了球队第一时间对对方进攻空间的控制。

---

❶ 中国体育教练员岗位培训教材(足球)[M].北京:人民体育出版社,1997.

我国9—17岁男子足球运动员战术决策能力年龄特征研究

表4-3-64 9-17岁男子足球运动员作为第一防守者回防决策的百分比统计

指标	9岁	10岁	11岁	12岁	13岁	14岁	15岁	16岁	17岁
外侧回防	0.0	6.2	7.4	0.0	0.0	0.0	8.3	0.0	5.0
内侧回防	100.0	93.8	92.6	100.0	100.0	100.0	91.7	100.0	95.0

如表4-3-64所示为由守转攻时，被对方持球队员运球突破的第一防守队员的回防路线选择情况。此情景下，进攻队员在前场边路位置发起进攻，前插前场边路空当的进攻队员成功接到同伴的传球并将防守队员甩在身后。此时身后的防守队员作为第一防守队员进行快速回防时，其第一种回防路线的选择是外侧回防，在持球进攻队员的外侧位置快速回防。此时，持球进攻队员无人防守，身前有较大空当且距离球门较近，其第一选择是快速向对方球门方向推进。作为第一防守队员在持球进攻队员的外侧进行回防会失去阻拦持球进攻队员快速接近本方球门的机会。第二种选择是从持球进攻队员与本方球门之间的内侧进行回防。在持球进攻队员的内侧位置进行回防，可以通过速度快速回追并提前占据持球进攻队员与本方球门之间的位置，延缓持球进攻队员向本方球门靠近，并为同伴的回防争取时间，是此情景下的最佳回防路线决策。

如表4-3-64所示：9岁男子足球运动员在由攻转守时作为第一防守队员快速回防持球进攻队员并选择回防路线时：无人选择在持球进攻队员的外侧位置向己方回位跑，全部球员选择从持球进攻队员与本方球门之间的内侧位置进行快速回追并提前占据持球进攻队员与本方球门之间的位置。10岁男子足球运动员在由攻转守时作为第一防守队员快速回防持球进攻队员并选择回防路线时：6.2%的球员选择了从持球进攻队员的外侧位置向己方回位跑，93.8%的球员选择了从持球进攻队员与本方球门之间的内侧位置进行快速回追并提前占据持球进攻队员与本方球门之间的位置。11岁男子足球运动员在由攻转守时作为第一防守队员快速回防持球进攻队员并选择回防路线时：7.4%的球员选择了从持球进攻队员的外侧位置向己方回位跑，92.6%的球员选择了从持球进攻队员与本方球门之间的内侧位置进行快速回追并提前占据持球进攻队员与本方球门之间的位置。12-14岁男子足球运动员在由攻转守时作为第一防守队员快速回防持球进攻队员并选择回防路线时：无人选择在持球进攻队员的外侧位置向己方回位跑，全部球员选择从持球进攻队员与本方球门之间的内侧位置进行快速回追并提前占据持球进攻队员与本方球门之间的位置。15岁男子足球运动员在由攻转守时作为第一防守队员快速回防持球进攻队员并选择回防路线时：8.3%的球员选择了从持球进攻队员的外侧位置向己方回位跑，91.7%的球员选择了从持球进攻队员与本方球门之间的内侧位置进行快速回追并提前占据持球进攻队员与本方球门之间的位置。16岁男子足球运动员在由攻转守时作为第一防守队员快速回防持球进攻队员并选择回防路线时：无人选择在持球进攻队员的外侧位置向己方回位跑，全部球员选择从持球进攻队员与本方球门之间的内侧位置进行快速回追并提前占据持球进攻队员与本方球门之间的位置。17岁男子足球运动员在由攻转守时作为第一防守队员快速回防持球进攻队员并选择回防路线时：5%的球员选择了从持球进攻队员的外侧位置向己方回位跑，95%的球员选择了从持球进攻队员与本方球门之间的内侧位置进行快速回追并提前占据持球进攻队员与本方球门之间的位置。

总的来说，作为第一防守队员，9-17岁男子足球运动员在本方丢失控球权由攻转守后的回防路线选择上表现出相同的特点。各个年龄段男子足球运动员作为第一防守队员回防路线决策的正确率均在90%以上，表现出由内侧回防为主的特征，即从进攻队员与本方球门之间的内侧方向回防，并选择最短路线。

表4-3-65 9-17岁男子足球运动员作为第二防守者回防决策的百分比统计

指标	9岁	10岁	11岁	12岁	13岁	14岁	15岁	16岁	17岁
盯防前插队员	15.7	6.2	0.0	0.0	3.7	0.0	0.0	0.0	0.0
回防形成保护	63.2	75.0	85.2	96.2	85.2	97.0	79.2	75.0	77.0
回防中路保护球门	21.1	18.8	14.8	3.8	11.1	3.0	20.8	25.0	23.0

如表4-3-65所示为由攻转守时，处于球前的第二防守队员回防时的路线选择情况。此情景下，本方由攻转守，持球进攻队员在前场边路位置组织进攻，第一防守队员对其实施盯防，其与第二防守队员之间的距离过大。作为第二防守队员在快速回防的过程中需要通过选择合理的回防位置为第一防守队员提供保护，其第一种选择是盯防前插的进攻队员，此时前插的进攻队员身后有其他同伴回追盯防，第二防守队员重复盯防前插的进攻队员会给予进攻队员利用第一防守队员与第二防守队员之间空当的机会。第二种选择是回防到第一防守队员内侧后方45°位置形成保护，此时第一防守队员与第二防守队员之间的距离过大，第二防守队员需要快速回

防占据空当位置，并对第一防守队员提供保护。一旦前插进攻队员接球，第二防守队员可以快速对其进攻盯防。此外，第一防守队员抢球失败后，第二防守队员可以及时补位转变为第一防守队员。第三种选择是回防后场中路位置保护本方球门，此时回防中路位置保护本方球门并不能缩小其与第一防守队员之间的距离，会给进攻队员留下利用空当的机会，且第一防守队员抢球失败后不能及时补位。

如表4-3-65所示：9岁男子足球运动员作为第二防守队员在本方由攻转守进行回防选择防守位置时：15.7%的球员选择了盯防前插的进攻队员，63.2%的球员选择了回防到第一防守队员内侧后方45°位置形成保护，21.1%的球员选择了回防后场中路位置保护本方球门。10岁男子足球运动员作为第二防守队员在本方由攻转守进行回防选择防守位置时：6.2%的球员选择了盯防前插的进攻队员，75%的球员选择了回防到第一防守队员内侧后方45°位置形成保护，18.8%的球员选择了回防后场中路位置保护本方球门。11岁男子足球运动员作为第二防守队员在本方由攻转守进行回防选择防守位置时：无人选择盯防前插的进攻队员，85.2%的球员选择了回防到第一防守队员内侧后方45°位置形成保护，14.8%的球员选择了回防后场中路位置保护本方球门。12岁男子足球运动员作为第二防守队员在本方由攻转守进行回防选择防守位置时：无人选择盯防前插的进攻队员，96.2%的球员选择了回防到第一防守队员内侧后方45°位置形成保护，3.8%的球员选择了回防后场中路位置保护本方球门。13岁男子足球运动员作为第二防守队员在本方由攻转守进行回防选择防守位置时：3.7%的球员选择了盯防前插的进攻队员，85.2%的球员选择了回防到第一防守队员内侧后方45°位置形成保护，11.1%的球员选择了回防后场中路位置保护本方球门。14岁男子足球运动员作为第二防守队员在本方由攻转守进行回防选择防守位置时：无人选择盯防前插的进攻队员，97%的球员选择了回防到第一防守队员内侧后方45°位置形成保护，3%的球员选择了回防后场中路位置保护本方球门。15岁男子足球运动员作为第二防守队员在本方由攻转守进行回防选择防守位置时：无人选择盯防前插的进攻队员，79.2%的球员选择了回防到第一防守队员内侧后方45°位置形成保护，20.8%的球员选择了回防后场中路位置保护本方球门。16岁男子足球运动员作为第二防守队员在本方由攻转守进行回防选择防守位置时：无人选择盯防前插的进攻队员，75%的球员选择了回防到第一防守队员内侧后方45°位置形成保护，25%的球员选择了回防后场中路位置保护本方球门。17岁男子足球运动员作为第二防守队员在本方由攻转守进行回防选择防守位置时：无人选择盯防前插的进攻队员，77%的球员选择了回防到第一防守队员内侧后方45°位置形成保护，23%的球员选择了回防后场中路位置保护本方球门。

总的来说，作为第二防守队员，9-17岁男子足球运动员在本方丢失控球权后的回防路线表现出集中趋势，并各有差异。集中趋势即快速沿内侧方向回防并对第一防守队员形成保护，决策正确率在63.2%以上。差异性表现为：9-10岁男子足球运动员作为第二防守队员，其回防同时关注球前与球后的防守；从11岁开始到17岁，其回防主要关注球后空间的控制。

表4-3-66 9-17岁男子足球运动员作为第三防守者回防决策的百分比统计

指标	9岁	10岁	11岁	12岁	13岁	14岁	15岁	16岁	17岁
横向移动到中路	26.3	12.5	4.2	3.7	14.7	3.0	0.0	0.0	0.0
回撤并占据空间	57.9	81.3	91.7	96.3	85.3	97.0	92.3	95.8	100.0
回撤但未占据空间	15.8	6.2	4.1	0.0	0.0	0.0	7.7	4.2	0.0

如表4-3-66所示为由守转攻时，第三防守队员的回防路线选择情况。此时，进攻方在中场边路位置丢失球权，由攻转守，位于中场另一侧边路位置的第三防守队员需要通过回防控制远离球的防守区域，其回防时的第一种选择是横向移动到中场中路位置。此时，作为第三防守队员向有球区域移动，占据中场中路位置会在边路位置留下较大的空当。一旦持球进攻队员成功将球转移到该空当位置，接球的进攻队员可以快速向进攻方向运球。第二种选择是回撤到对方第三进攻队员与本方球门之间的空当位置并占据空间。此时，第一防守队员和第二防守队员在持球进攻队员附近区域实施防守行动，控制和封锁远离球的防守区域和空间的职责需要第三防守队员负责。第三种选择是回撤到比中后卫更靠后的边路位置。此时，作为第三防守队员通过回撤中后场边路位置占据、封锁要害空间是正确的选择，但是回撤得过深就会失去占据空间的战术意义，在身前留给进攻队员组织进攻的空间，一旦持球进攻队员成功将球转移到该空当位置，第三进攻队员会因为回撤过深，无法第一时间对接球进攻队员实施盯防。

如表4-3-66所示：9岁男子足球运动员作为第三防守队员在由攻转守

时通过回防占据远离球的防守区域时：26.3%的球员选择了横向移动到中场中路位置，57.9%的球员选择了回撤到对方第三进攻队员与本方球门之间的空当位置以控制和封锁远离球的防守区域，15.8%的球员选择了回撤到比中后卫更靠后的边路位置。10岁男子足球运动员作为第三防守队员在由攻转守时通过回防占据远离球的防守区域时：12.5%的球员选择了横向移动到中场中路位置，81.3%的球员选择了回撤到对方第三进攻队员与本方球门之间的空当位置以控制和封锁远离球的防守区域，6.2%的球员选择了回撤到比中后卫更靠后的边路位置。11岁男子足球运动员作为第三防守队员在由攻转守时通过回防占据远离球的防守区域时：4.2%的球员选择了横向移动到中场中路位置，91.7%的球员选择了回撤到对方第三进攻队员与本方球门之间的空当位置以控制和封锁远离球的防守区域，4.1%的球员选择了回撤到比中后卫更靠后的边路位置。12岁男子足球运动员作为第三防守队员在由攻转守时通过回防占据远离球的防守区域时：3.7%的球员选择了横向移动到中场中路位置，96.3%的球员选择了回撤到对方第三进攻队员与本方球门之间的空当位置以控制和封锁远离球的防守区域，无人选择回撤到比中后卫更靠后的边路位置。13岁男子足球运动员作为第三防守队员在由攻转守时通过回防占据远离球的防守区域时：14.7%的球员选择了横向移动到中场中路位置，85.3%的球员选择了回撤到对方第三进攻队员与本方球门之间的空当位置以控制和封锁远离球的防守区域，无人选择回撤到比中后卫更靠后的边路位置。14岁男子足球运动员作为第三防守队员在由攻转守时通过回防占据远离球的防守区域时：3%的球员选择了横向移动到中场中路位置，97%的球员选择了回撤到对方第三进攻队员与本方球门之间的空当位置以控制和封锁远离球的防守区域，无人选择回撤到比中后卫更靠后的边路位置。15岁男子足球运动员作为第三防守队员在由攻转守时通过回防占据远离球的防守区域时：无人选择横向移动到中场中路位置，92.3%的球员选择了回撤到对方第三进攻队员与本方球门之间的空当位置以控制和封锁远离球的防守区域，7.7%的球员选择了回撤到比中后卫更靠后的边路位置。16岁男子足球运动员作为第三防守队员在由攻转守时通过回防占据远离球的防守区域时：无人选择横向移动到中场中路位置，95.8%的球员选择了回撤到对方第三进攻队员与本方球门之间的空当位置以控制和封锁远离球的防守区域，4.2%的球员选择了回撤到比中后卫更靠后的边路位置。17岁男子足球运动员作为第三防守队员在由攻转守时通过回防占据远离球的防守区域时：无人选择横向移动到中场中路位置和回撤到比中后卫更靠后的边路位置，全部球员选择回撤到对方第三进攻队员与本方球门之间的空当位置以控制和封锁远离球的防守区域。

总的来说，9-17岁男子足球运动员在本方丢失球权后作为第三防守队员通过回防占据远离球的防守区域时的回防路线表现出集中趋势并有所区别。集中趋势即迅速跑向对方第三进攻队员与本方球门之间的空当，担负起第三防守队员占据和封锁空间的职责，并使双方的攻守人数达到均衡，决策正确率在57.9%以上并随年龄增长而提高。差异性即9-10岁男子足球运动员作为第三防守队员，其回防同时关注中路与边路空间，但缺乏对远端空间的封锁；从11岁开始，其回防主要集中于对球后远端空间的控制与封锁，决策正确率在90%以上。

综上所述，回位跑时必须对场上的局势有深透的洞察和正确的分析。由攻转守瞬间，回防路线的选择关系到本方球门的安全。作为第一防守队员，9-17岁男子足球运动员的回防路线均表现出内侧回防的特征；作为第二防守队员表现出回防形成保护的特征，作为第三防守队员表现出回撤并占据空间的特征；但是不论第二防守者还是第三防守队员，均以10岁为分界线。10岁之前表现出一定趋势但不明显。10岁之后表现出的趋势随着年龄增长越来越明显。

第五章 综合讨论

第一节 战术决策能力总发展特征

本研究以战术决策能力测试过程中的得分为因变量，年龄为自变量，考察了年龄对战术决策能力发展的影响。结果发现，球员战术决策能力的发展总体来说是随着年龄的增长而增长的，在这个过程中有飞跃、有高峰、有低谷，也有平缓期。

从战术决策能力总得分来看，不同年龄段球员之间的战术决策水平具有显著性差异（$P<0.00$）。9岁球员得分最低。17岁球员得分最高。但是这个过程并不是直线式的增长过程，而是带有波动性的增长过程。9-12岁战术决策能力随着年龄增长快速发展，其中9-10岁发展最快，这是战术决策能力的快速发展期。13岁下降到与11岁相当的水平，之后出现反弹，这是战术决策能力的波动期，14-17岁，战术决策能力缓慢发展且16岁时再次出现较小波动并于17岁到达高峰。

进攻决策能力的发展同样具有显著的年龄差异（$P<0.01$）。9岁球员得分最低。15岁球员得分最高，其发展同样是带有波动性的增长过程。9-10岁发展最快，10-11岁变化较小，10-12岁再次快速发展。13岁下降到与11岁相当的水平，之后再次快速发展并于15岁达到高峰。16岁出现波动性下降并于17岁再次达到与15岁相当的水平。在整个过程中，其发展趋势与战术决策能力总的发展趋势基本是一致的。

防守决策能力发展的年龄差异同样具有显著性（$P<0.01$）。9岁球员得分最低。17岁球员得分最高，整个发展过程同样是波动性的增长过程。

整体上看，防守决策能力的发展趋势与战术决策能力总的发展趋势是一致的。但是，防守决策能力发展过程中的波动性明显低于战术决策能力总过程中的波动性。具体表现为：9-12岁快速发展。13岁出现波动性下降，之后继续发展但发展缓慢，并于17岁达到高峰。

总的来说，战术决策能力随着年龄的增长而提高。具体表现为9-12岁快速发展。13岁出现明显的波动性下降，14-17岁平稳缓慢发展。

第二节 战术决策能力各指标发展特征

为了更细致地考量战术决策能力的发展趋势，研究分别从定量与定性两个维度分析了攻防两方面的十项指标。定量研究依靠对事物量化的部分进行测量分析，以达到对事物"本质"的一定把握。而定性研究则是通过研究者和被研究者之间的互动对事物进行深入、细致的体验，然后对事物的"质"有一个较全面的解释性理解。定量研究可以对研究的现象进行描述，定性研究也可以使用数量作为资料。将两种研究结合，既可以在宏观上得出较普遍的结论又能在相对微观的层面上对事物进行细致、动态的描述。[1] 因此，定量研究与定性研究的结合更能揭示战术决策能力的发展特征。

传球决策能力的年龄差异具有显著性（$P<0.01$）。其发展趋势与总趋势基本一致，即9-12岁快速发展。13岁出现明显下降，之后快速反弹，14-17岁缓慢发展并出现较小波动。但又表现出差异，差异性表现在9-12岁期间，9-10岁快速发展，10-12岁发展相对缓慢。通过定性研究发现：9-17岁球员处球的方式随着年龄的增长逐渐改善，并在10岁左右出现明显改善。整体来看，球员处球的方式随着靠近防守方禁区、防守队员紧逼的出现而表现出决策困难的特征，但是并无明显的年龄差异。可以说，场区、防守状态更多地影响决策特征而不是年龄发展特征。

运球决策能力的年龄差异具有显著性（$P<0.01$）。其发展趋势与总趋势基本一致，但又表现出差异性。其差异性表现为：9-11岁发展相对缓

---

[1] 张野. 3-12岁儿童个性结构、类型及发展特点的研究[D]. 辽宁师范大学, 2004.

慢。13岁出现明显下降后快速反弹,15-17岁缓慢发展。通过定性研究发现:9-17岁球员对运球时机、运球目的的把握具有明显的年龄特征,但是这种决策特征相对不够合理。但是,从整体来看,9-17岁球员对运球的把握在10岁出现一定程度增长并明显区别于10岁之前的阶段,但并未随年龄增长而出现明显的增长趋势。

射门决策能力的年龄差异不具有显著性($P>0.05$)。其发展趋势与总趋势并不一致,表现出巨大的差异性。具体表现为:9-10岁快速发展,10-12岁明显下降,之后快速反弹,13-14岁后再次快速下降,之后出现反弹并缓慢发展。可以说,球员射门决策能力的发展并未随年龄增长而出现显著提高。通过定性研究发现:球员在防守队员紧逼、区域等因素的影响下,在把握射门机会或为队友创造射门机会的决策过程中对球的处理并无明显的年龄差异。可以说,不论射门角度大小、有无防守队员紧逼,球员对球的处理均无年龄差异。虽然从整体上来看,10岁开始球员各种情景下对球处理的合理性均出现明显变化,或表现为直接把握射门机会或表现为为队友创造射门机会,但是整体上9-17岁球员射门决策能力的发展并未表现出明显的年龄发展趋势。相对来说,射门决策能力对于球员来说属于较难发展的一种能力,并不是年龄越大射门决策能力越强。

跑位决策能力的年龄差异具有显著性($P<0.01$)。其发展趋势与总趋势基本一致,但又表现出差异性。其差异性表现为:在经历了9-12岁快速发展。13岁波动性下降。14岁反弹并于15岁时达到高峰后。16岁出现明显下降后17岁再次出现反弹。可以说,其14-17岁阶段是带有较大波动性的缓慢发展阶段。通过定性研究发现:9-17岁球员各情景下的跑位决策都表现出一定的共同趋势,但因年龄差异而又有所不同。整体上看,9-17岁球员不同情景下跑位方式的正确决策占比随年龄增长逐渐变大。可以说,年龄越大跑位决策越合理的趋势越明显。这种跑位决策从低年龄段的较分散、较不合理到高年龄段的较集中、较合理的发展过程并不是逐渐变化的过程,而是在10岁左右出现明显的变化,并随年龄增长而逐渐变得明显区别于10岁之前的阶段。

接应决策能力的年龄差异具有显著性($P<0.01$)。其发展趋势与总趋势基本一致,但又表现出差异性。其差异性表现为:在9-12岁快速发展。13岁下降。14岁反弹后,14-16岁缓慢发展并在16岁达到高峰。17岁出

现下降。通过定性研究发现：9-17岁球员在接应角度、接应距离及接应方式三个方面几乎都表现出明显的年龄趋势特征，只是正确决策的占比因年龄不同而有所差异。可以说，10岁是一个过渡期，自10岁左右开始，接应决策的合理性明显提高。

盯人决策能力的年龄差异具有显著性（$P<0.01$）。其发展趋势与总趋势基本一致，但又表现出差异性。其差异性表现为：13岁出现较小下降后，14-17岁缓慢发展且未出现波动性下降，并于17岁达到高峰。通过定性研究发现：9-17岁球员在盯人决策上表现出一定的年龄差异，这种差异体现为正确决策占比的不同。整体上看，9-10岁不同情景下正确盯人决策占比较低。10岁时出现明显的转折，正确决策占比明显变大或表现出向正确决策方式转变的趋势，并随年龄增长逐渐变大。

选位决策能力的年龄差异具有显著性（$P<0.01$）。其发展趋势与总趋势基本一致，但又有所差异。其差异性表现为：14岁反弹幅度较小，15-17岁为带有较小波动性的缓慢发展阶段。通过定性研究发现：9-17岁球员作为第一防守队员时，其选位决策并无年龄差异且表现出明显的合理性；以少防多及作为第三防守队员时，其选位决策表现出明显的年龄特征，并自10岁开始出现显著变化，选位决策的合理性随年龄增长逐渐变得明显。

保护决策能力的年龄差异具有显著性（$P<0.01$）。其发展趋势与总趋势基本一致，但又有所差异。其差异性表现为：12岁达到高峰。14岁反弹后15岁再次出现较小的波动性，之后缓慢发展。通过定性研究发现：9-17岁球员在保护角度与距离两方面均表现出能够根据比赛情景中球、队友及对手的各种站位与跑动选择合理的保护角度与距离。但是存在明显的年龄差异，这种差异表现为正确决策占比的不同。可以说，10岁是保护角度与保护距离决策趋向合理性的显著变化阶段，之后随年龄的增长逐渐变得明显。

补位决策能力的年龄差异具有显著性（$P<0.01$）。其发展趋势与总趋势基本一致，但又表现出差异性。其差异性表现为：9-12岁快速发展阶段中，10-11岁处于发展平台，14-17岁为缓慢发展阶段，带有较小程度的下降。通过定性研究发现：9-17岁球员不同情景下的补位决策表现为由较低年龄段以球为中心的特征，发展为较高年龄段以封锁对方进攻空间为中

心的特征。这种转变过程以 10 岁为分水岭，表现为正确决策占比的明显变大。

回防决策能力的年龄差异具有显著性（$P<0.01$）。其发展趋势与总趋势基本一致，但又表现出差异性。其差异性表现为：13 岁出现下降后。14 岁出现反弹并达到高峰，之后再次出现下降，直到 17 岁再次出现反弹。通过定性研究发现：9-17 岁球员作为第一防守队员均能明确内侧回防的方式；作为第二防守队员、第三防守队员回防时，正确决策占比在 10 岁时出现明显变大。可以说。10 岁为回防决策能力发展的分界线。

通过上述可以看出：十项攻防决策指标除射门外，各项指标的发展趋势与总发展趋势基本一致，而且都具有显著的年龄差异（$P<0.01$）。从战术决策能力总的发展趋势、进攻发展趋势、防守发展趋势及各项具体指标的发展趋势看。10 岁是决策能力出现明显改善的一个年龄段。13 岁是决策能力出现显著下降的一个年龄段。可以说。10 岁、13 岁在球员战术决策能力的发展过程中属于至关重要的阶段。随着年龄的增长、训练累积时间增加，球员的战术决策能力逐步提高。

第三节　战术决策能力发展年龄特征

为什么 10 岁具有如此的特殊性？首先要从决策的过程说起——感受器受到来自内外环境的物理能量刺激并对其做出反应，将该信息转化为神经冲动，神经冲动再沿知觉通路传至大脑，大脑再对这些刺激做出反应；这个过程中大脑的另一个复杂功能就是整合来自不同知觉通路的信息，这些信息是形成动作反应（计划和执行）的基础，从而完成信息加工这个环节。从中可以看出，视觉与大脑是整个决策过程中至关重要的部分。第一，视觉。视觉是最主要的知觉通道，对人类来说视觉世界是从外界环境获取信息最丰富的渠道。据专家估计，大约 80% 的体外感觉信息通过视觉系统的传输获得。就动作方面来说，视觉信息输入是动作行为得以组织和执行的主要信息来源。视觉如此重要，其发展是否存在年龄之间的差异？相关研究证明：视觉结构的发展性变化方面，婴儿在出生一年后，视网膜的结构接近成人水平；视网膜与大脑之间的神经传递系统在出生一年后也迅速发展，功能基本趋于完善。在视觉功能的发展性变化方面，婴儿在出生后第一年末，其静态视敏度就与成人差不多；动态视敏度的效率随年龄而逐渐增长，到12岁至中年初期，保持在一个相对稳定的状态；视野是指在没有改变眼睛注视点的情况下观察到的整个外界环境的范围，又称为边缘视觉。多数研究证明：婴儿在出生7周后，视野大概为35°，约为成人的40%，在出生后一年，视野扩展仍不成熟，只有在5岁以后视野才与成人等同。在涉及快速反应和多个视觉线索的活动中，视野对于空间定位是必不可少的。[1] 可以说，从整个视觉的结构与功能发展来看，结构与视野在儿童阶段都已经达到成人水平，仅动态视敏度在12岁才稳定在成人水平。由此可以看出，视觉相对于9-17岁球员的战术决策能力来说并无年龄差异。第二，大脑。大脑是控制运动的高级神经中枢。接下来，从大脑的结构与功能发展两方面来探索大脑发育的年龄差异。从大脑结构发育来看，儿童出生后脑和神经系统的发展最快，到幼儿期末已接近成人水平。脑和神经系统的发展为其他一切活动提供了物质基础。具体表现为：3岁儿童脑重约为1011g；6-7岁儿童的脑重约为1280g，为成人脑重的90%；9岁时，脑重约为1350g。12岁时，脑重约为1400g，此时达到了成人脑重的平均水平。同时，接近7岁时，儿童神经系统的髓鞘化过程基本完成，这极大提高了神经传导的准确性。[2] 此外，脑电频率是脑发育过程的又一重要参数。相关研究证明：随着年龄的增长，脑电波逐渐加快。10岁左右出现的α波越来越活跃。14岁以后成为脑电波的主要形式。[3] 从大脑机能发展方面来看，幼儿阶段，儿童的主要思维方式是具体形象思维。进入小学后，儿童的具体形象思维和抽象逻辑思维都得到了发展，但抽象逻辑思维的发展速度更快一些，所占比重也越来越大，并实现了从具体形象思维为主导向抽象逻辑思维为主导的思维方式的跨越。这是一个量变到质变的过程。对于低年级儿童来说，思维很大程度上依靠事物的具体形象；中高年级，由于知识经验的不断扩充，抽象逻辑思维不断发展，其主要的思维方式也逐步从具体形象思维向抽象逻辑思维发展。从具体形象思维向抽象

---

[1] Greg Payne,耿培新,梁国立. 人类动作发展概论[M]. 北京:人民教育出版社,2008.
[2] 雷历. 发展心理学[M]. 北京:中国人民大学出版社,2009.
[3] 刘世熠. 我国儿童的脑发展的年龄特征问题[J]. 心理学报,1962(2):89-96.

逻辑思维发展的过程中，存在一个由量变到质变的"关键期"，一般认为这个关键期在小学四年级（10岁左右）。这个阶段以对事物本质的抽象概括为主。这是由于脑机能的发展以及知识经验的积累已经达到一定的程度，其已经能够抓住事物的本质特征以及事物之间的内部联系来进行抽象概括。但是这种概括只是一种初步的科学概括，也就是说只能对其生活中经常接触到的事物进行概括，对于远离其生活的科学领域的规律概括还有待提高。另外，相关研究对1-6年级小学生辩证思维能力进行了实验探索，发现大多数小学生初步具备了辩证思维能力。小学一、二、三年级是辩证思维的萌芽期，四年级（10岁左右）是辩证思维发展的转折期。[1] 总的来说。12岁时脑重及神经系统都已经达到成人系统。10岁是思维方式的快速发展时期。可以说大脑结构的完善和机能的发展为9-17岁球员战术决策能力的发展提供了物质基础。这可以解释为什么9-12岁战术决策能力快速发展。10岁出现战术决策方式的明显转变或正确决策方式占比的明显变大。

为什么13岁突然出现决策能力的下降？相关研究指出。13岁之后在齿状脑回中没有发现新的神经细胞生长迹象，记忆和学习的大脑区域似乎停止产生神经细胞。[2] 此外，生理变化与心理变化是密切联系的，这一点在青春期特别明显。处于青春期，生理发育非常迅速，生理上的成熟带来了一系列的心理发展和变化，但是心理发展的速度则相对缓慢，尤其是青春期初期，心理水平尚处于从幼年向成熟发展的过渡时期，尚未适应这种生理快速变化与心理发展相对滞后的矛盾，生理发展与心理发展处于一种不平衡的状态，此阶段少年的注意力更加指向自我。[3] 可能记忆与学习大脑区域停止产生新的神经细胞，及青春初期指向自我的心理特征对此阶段球员的防守决策能力具有干扰作用，这或许可以解释为什么13岁球员战术决策能力突然出现波动性下降。

总的来说，任何事物的发展必然存在其独特的属性。其发展的快速期、波动期等都有其必然存在的因果关系。对于战术决策能力的发展来

---

[1] 林崇德. 发展心理学[M]. 北京：人民教育出版社，2008.

[2] Shawn F, Sorrells et al. Human hippocampal neurogenesis drops sharply in children to undetectable levels in adults[J]. Nature, 2018：377-381.

[3] 刘爱书. 发展心理学[M]. 北京：清华大学出版社，2013.

说，知识与经验是后天加入的因素，生理上的结构与机能是先天的条件。视觉与大脑的结构与机能发展为9-17岁球员战术决策能力的发展提供了物质基础。强调战术决策能力发展的关键年龄是要求教练员适应战术决策能力发展的飞跃期进行适当的教育。相关研究证明，儿童思维发展的转折点在何时出现主要取决于教育的效果。❶❷ 可见，思维发展的关键年龄具有一定的收缩性，是可以变化的，可以提前或挪后，可以加速或延缓。可以说，只要训练得法，战术决策能力发展的关键年龄可以提前。在战术决策能力的培养过程中，需重视12岁之前的阶段，并将10岁、13岁两个年龄段作为重中之重。通过训练方法的改善或改革，尽可能地在12岁之前较大提高其战术决策能力水平，达到提前战术决策能力发展关键期的效果，并尽可能地在13岁左右使其战术决策水平出现尽量小的波动性下降。

---

❶ 林崇德. 小学儿童数概念与运算能力的发展[J]. 心理学报, 1981(3).
❷ 陈英和, 刘玉新. 小学生形成合取概念的策略训练及其迁移效果[J]. 心理学报, 1996(4).

第六章 结论与建议

第一节 结论

（1）足球战术决策能力的年龄特征存在高度显著性差异。总体呈现随年龄增长而逐步提高的趋势，期间有飞跃、有下降亦有平缓期，具体表现为9-12岁快速发展，13岁下降，之后快速反弹，14-17岁缓慢发展。

（2）足球战术决策能力随年龄发展过程中，10岁是发展的转折期，表现为正确决策选择占比的明显变大。13岁出现波动性下降，表现为正确决策选择占比的下降。10岁出现快速发展的原因是思维方式的质变。13岁出现下降的原因可能与齿状脑回停止产生新的神经细胞及青春初期指向自我的心理特征有关。

（3）射门除外，9-17岁男子足球运动员攻防两方面各项指标的年龄趋势是同步的，不存在发展的前后顺序。但在完成不同情景任务（传球、运球、射门、跑位、接应、盯人、选位、保护、补位、回防）决策时，表现出的具体发展趋势各有差异。

（4）在相同训练环境下，年龄较小的球员可以达到较大年龄球员的战术决策水平。

第二节　建议

（1）足球战术决策能力的年龄差异具有显著性，教练员应充分认识并尊重足球战术决策能力的年龄发展轨迹。针对不同年龄段球员的决策特征有针对性地提出训练目标与训练方法，才能保障战术决策能力培养的科学性与合理性。

（2）在足球战术决策能力的培养过程中，需重视12岁之前的阶段，以尽可能地提高足球战术决策水平，并将10岁、13岁两个年龄段作为重中之重。在球员决策能力上升较快的阶段，给予该年龄段球员更多关注和更高要求，力求其决策能力尽可能高的提升。在球员决策能力出现波动性下降的阶段，教练员应重视并仔细探究下降的具体原因，调整训练方法，有针对性地提出具体解决方案。

（3）青少年儿童阶段球员的战术决策能力应作为一个整体进行培养，给予球员更多、更全面的发展足球技能的机会。在培养过程中，首要关注球员的自我决策能力，培养球员动脑思考的能力。减少套路练习，创造比赛情景，让球员在情景中锻炼技术运用能力，养成主动动脑思考和领悟的能力。决策能力培养中，教练员的作用定位就是培养球员主动动脑思考的能力。

（4）培养球员足球战术决策能力的过程中，对于战术决策水平更高的较小球员不能选择忽视，进而继续将其与同年龄段球员施以相同的训练方法和要求。应该给予其更多的关注、多元化训练方法，进而提出更高的要求，力求其决策能力的进一步提高。

参考文献

[1] 教育部. 在全国青少年校园足球工作电视电话会议上的发言[Z]. 全国青少年校园足球工作电视电话会议发言材料,2014.11.26.

[2] 国务院. 中国足球改革发展总体方案[S]. 11号.2015.

[3] 秋鸣. 足球ABC——青少年足球基础训练[M]. 北京:北京体育大学出版社,2009.

[4] 王崇喜. 足球意识与训练内容因素的相关研究[J]. 北京体育学院学报,1989,2:70-75.

[5] 麻雪田,李仪. 足球比赛理论与实践[M]. 北京:北京体育大学出版社,2008.

[6] 黄汉江. 投资大辞典[M]. 上海:上海社会科学院出版社,1990.

[7] 金炳华. 马克思主义哲学大辞典[M]. 上海:上海辞书出版社,2003.

[8] 萧浩辉. 决策科学词典[M]. 北京:人民出版社,1995.

[9] 陈国强. 简明文化人类学词典[M]. 杭州:浙江人民出版社,1990.

[10] 车文博. 心理咨询大百科全书[M]. 杭州:浙江科学技术出版社,2001.

[11] 马毅. 运动决策研究进展[J]. 沈阳体育学院学报,2006,25(5):4-6.

[12] 付全. 运动决策研究综述[J]. 北京体育大学学报,2004,2(6):863-865.

[13] 程勇民. 知识表征、运动水平及其年龄对羽毛球竞赛情景中直觉性运动决策的影响[D]. 北京:北京体育大学,2005.

[14] 杨杰. 运动决策的描述性研究范式——对网球比赛情境中运动决策的心理学探析[D]. 长春:吉林大学,2005.

[15] 孟国正. 高水平排球运动员运动情境中决策行为的脑神经机制研究[D]. 北京:北京体育大学,2011.

[16] 丛振. 敦煌游艺文化研究[M]. 中国社会科学出版社,2019.

[17] 霍斯特·韦恩. 青少年足球运动员培养训练宝典[M]. 北京:人民邮电出版社,2016.

[18] Jonathan Baron. 思维与决策[M]. 北京:中国轻工业出版社,2009.

[19] 周菲. 现代决策理论的认知心理学基础[J]. 社会科学辑刊,1996,5.

[20] J Edward Russo,安宝生,徐联仓,等. 决策行为分析[M]. 北京:北京师范大学出版社,1998.

[21] 王长生. 不同逻辑背景对跆拳道运动员直觉思维准确性及决策速度的影响[D]. 北京:北京体育大学,2007.

[22] 周成林. 竞技比赛过程中认知优势现象的诠释与思考[J]. 体育科学,2010,3(10):13-21.

[23] Ericsson Ka,Simonha. Verbal reports as date[J]. Psychol Rev,1980,87:215-250.

[24] 王重鸣. 心理学研究方法[M]. 北京:人民教育出版社,1990.

[25] 梁宁建. 当代认知心理学[M]. 上海:上海教育出版社,2003.

[26] 李今亮. 乒乓球运动员接发球判断的思维活动特征[D]. 北京:北京体育大学,2005.

[27] Williams A M,David S K,Williams J G. Visual Perception and Action in Sport[M]. London:E & FN Spon,1999.

[28] Williams A M,Granta. Training perceptual skill in sport[J]. Int J Sport Exe Psychol,1999,30:194-220.

[29] 席洁,王巧玲,阎国利. 眼动分析法与运动心理学研究[J]. 心理与行为研究,2004,2(3):555-560.

[30] Williams A M,David S K,Bvurwit Z L. Visual search and sports performance[J]. Aus J Sci Med Sport,1993,22:55-56.

[31] Williams A M,David S K. Visual search strategy,selective attention,and expertise in soccer[J]. Res Q Exe Sport,1998,69:111-128.

[32] Williams A M,Janelle C M,David S K. Constraints on the search for visual information in sport [J]. International Journal of sport and Exercise Psychology,2004(2):301-318.

[33] Neisser U. Cognitive science:External validity[C]. Paper presented at SUNY-Cortland,New York,1982.

[34]张廷安.我国男子少年足球运动员进攻战术意识思维活动基本特点研究[D].北京:北京体育大学,1997.

[35]黄竹杭.足球运动员战术意识的构建过程及训练策略设计[D].北京:北京体育大学,2004.

[36]刘常伟.足球运动员比赛场上知觉与思维的时效性研究[D].北京:北京体育大学,2008.

[37]刘圣阳.足球运动员视觉搜索策略研究[D].上海:上海体育学院,2010.

[38]王前进.青少年男子足球运动员战术行为认知水平发展年龄特征研究[D].北京:北京体育大学,2012.

[39]张晓波,迟立忠.情绪调节与自控能力对足球运动员决策的影响[J].北京体育大学学报,2013,36(8):83-88.

[40]Luis Miguel Ruiz Perez. Self-perceptions of decision-making competence in Spanish football players[J]. Acta Gymnica,2014,44(2):77-83.

[41]Sixto Gonzalez Villora. Tactical awareness, decision making and skill in youth soccer players (under-14 years)[J]. Journal Of Human Sport And Exercise,2013,1:412-425.

[42]Jason Berry. The Contribution of Structured Activity and Deliberate Play to the Development of Expert Perceptual and Decision-Making Skill [J]. Journal of Sport & Exercise Psychology,2008,30:685-708.

[43]常金栋.模拟篮球运动情境中运动决策的实验研究[D].重庆:西南大学,2008.

[44]王明辉.篮球运动员运动决策准确性和速度差异性的眼动研究[J].北京体育大学学报,2007,30(6):774-776.

[45]Afrodite C Lola, George C Tzetzis. The Effect of Implicit and Explicit Practice in the Development of Decision Making in Volleyball Serving [J]. Perceptual and Motor Skills,2012,114(2):665-678.

[46]漆昌柱.羽毛球专家—新手在模拟比赛情景中的问题表征与运动思维特征[D].北京:北京体育大学,2001.

[47]程勇民.运动水平、知识表征及其年龄对羽毛球竞赛情景中直觉性运动决策的影响[J].体育科学,2006,26(1):86-95.

[48]赵用强.青少儿网球运动员决策速度和准确性的年龄差异研究[D].湖南:湖南师范大学,2008.

[49]赵洪朋.优秀散打运动员知觉预测过程认知特征与神经机制研究[D].上海:上海体育学院,2010.

[50]王利.激流运动员在压力情境中的运动决策特征[J].武汉体育学院学报,2010,44(12):47-51.

[51]Vanek M,Hosek V. Tachistoscopic investigations of players as indicators of the quality of their judgement[C]. Paper presented at the meeting of sports psychologists in Hrachov,Gzechoslovakia,1967.

[52]张力为,毛志雄.运动心理学[M].上海:华东师范大学出版社,2003.

[53]体育科学研究方法编写组.体育科学研究方法[M].北京:北京体育大学出版社,2013.

[54]袁方.社会研究方法教程[M].北京:北京大学出版社,2013.

[55]何志林.现代足球[M].北京:人民体育出版社,2000.

[56]AFC/CFA."A" Certificate Coaching Course[M].2015.

[57]王大伟.决策制定过程中的时间压力效应[J].心理研究,2009,2(6):42-46.

[58]Ranyard R,Crozier R,Svenson O. Decision making:cognitive models and explanations[M]. London,New York:Routledge,1997.

[59]Zakay D,Meran N,Ben-Sahlom H. Cognitive processes of time estimation[J]. Psychological,1989,1:104-112.

[60]Kahneman D,Tversky A. Prospect theory[J]. Econometrica,1979,47:263-292.

[61]项英华.人类工效学[M].北京:北京理工大学出版社,2008.

[62]彭迎春,常文虎,沈艳红.如何测量问卷信度[J].中华医院管理杂志,2004,20(6):383-384.

[63]中国足球协会,国家体育总局干部培训中心.足球教练员培训教程(职业级)[M].北京:北京体育大学出版社,2007.

[64]杨一民.中国体育教练员岗位培训教材(足球)[M].北京:人民体育出版社,1997.

[65]王大伟.决策制定过程中时间压力效应的实验研究[D].上海:华东师

范大学,2007.

[66] 中小学校园足球教师用书(一至六年级)[M]. 北京:人民教育出版社,2015.

[67] 张野. 3-12岁儿童个性结构、类型及发展特点的研究[D]. 辽宁师范大学,2004.

[68] Greg Payne,耿培新,梁国立. 人类动作发展概论[M]. 北京:人民教育出版社,2008.

[69] 雷历. 发展心理学[M]. 北京:中国人民大学出版社,2009.

[70] 刘世熠. 我国儿童的脑发展的年龄特征问题[J]. 心理学报,1962,2:89-96.

[71] 林崇德. 发展心理学[M]. 北京:人民教育出版社,2008.

[72] 刘爱书. 发展心理学[M]. 北京:清华大学出版社,2013.

[73] 王瑞元. 运动生理学[M]. 北京:人民体育出版社,2002.

[74] 林崇德. 小学儿童数概念与运算能力的发展[J]. 心理学报,1981,3.

[75] 陈英和,刘玉新. 小学生形成合取概念的策略训练及其迁移效果[J]. 心理学报,1996,4.

[76] Villora S, Lopez L M, Jordan O R. Decision making and skill development in youth football players[J]. Revista International de Medicina y Ciencias de la Actividad Fisica y el Deporte,15(59):467-487.

[77] David, Damian, Richard. The influence of viewing perspective on decision-making and visual search behaviour in an invasive sport[J]. Int J Sport Psychol,2009,40:546-564.

[78] Roel Vaeyens, Matthleu Lenolr, A Mark Willams. The effects of task constraints on visual search behavior and decision-making skill in youth soccer players[J]. Journal of Sport & Exercise Psychology,2007,29:147-169.

[79] Megan Lorains, Derek Panchuk, Kevin Ball. The effect of an above real time decision-making intervention on visual search behaviour[J]. International Journal of Sports Science & Coaching,2014,9(6):1383-1392.

[80] Sixto Gonzalez Villora, Luis Miguel Garcia Lopez, David Gutierrez Diaz. Tacial awareness, decision making and skill in youth soccer player(under 14 years)[J]. Journal of Human Sport and Exercise,2013,8(2):412-426.

[81] Megan Lorains, Kevin Ball, Clare MacMahon. Performance analysis for decision making in team sports [J]. International Journal of Performance Analysis in Sport, 2013, 13: 110-119.

[82] Megan Lorains, Kevin Ball, Clare MacMahon. Expertise differences in video decision-making task: Speed influences on performance [J]. Psychology of Sport and Exercise, 2013, 14: 293-297.

[83] Joseph Baker, Jean Cote. Sport-Specific Practice and the Development of Expert Decision-making in Team Ball Sports [J]. Jornal of Applied Sport Psychology, 2003, 15: 12-25.

[84] Duarte Araujo. The study of decision-making behavior in sport [J]. International Journal of Sport Science, 2013, 31: 1-4.

[85] Karen E French, Jerry R Thomas. The relation of knowledge development to children's basketball performance [J]. Journal of Sport Psychology, 1987, 9: 15-32.

[86] Paul Larkin, Christopher Mesagno, Jason Berry. Development of a valid and reliable video-based decision-making test for Australian football umpires [J]. Journal of Science and Medicine in sport, 2014, 17: 552-555.

[87] Andre Roca, A Mark Williams, Paul R Ford. Developmental activities and the acquisition of superior anticipation and decision making in soccer players [J]. Journal of Sports Sciences, 2012, 30 (15): 1643-1652.

[88] Takayuki Takeuchi, Kimihiro Inomata. Visual search strategies and decision making in baseball batting [J]. Perceptual and Motor Skills, 2009, 108: 971-980.

[89] Geoffrey Schweizer, Henning Plessner. A video-based training method for improving soccer referees' intuitive decision-making skills [J]. Journal of Applied Sport Psychology, 2011, 23: 429-442.

[90] 刘寿祺. 教育学 [M]. 长沙: 湖南人民出版社, 1980.

[91] 周毅, 吴猛. 足球运动员战术思维决策水平测试系统的研制 [J]. 广州体育学院学报, 2001, 21 (4): 56-58.

[92] 张乾伟, 余吉成. 关于足球比赛中传球内涵的分析 [J]. 成都体育学院学报, 2003, 29 (6): 60-63.

[93] 左刚.论现代足球运动员进攻性跑位意识[J].成都体育学院学报,2002,38(5):67-69.

[94] 余吉成,肖进勇,李江幸,等.足球进攻战术中有序跑位接应能力的运用分析[J].成都体育学院学报,2007,33(2):53-55.

[95] 何家统.足球运动员攻防站位与跑位意识的培养手段[J].上海体育学院学报,1992,16(4):35-37.

[96] 陈亚中,高原,韩伯辰.对第29届奥运会优秀男子足球队伍快速攻守转换瞬间的研究[J].中国体育科技,2010,46(2):110-114.

[97] 程一军,张乾伟.提高足球裁判员跑动与选位能力的研究[J].成都体育学院学报,2010,36(4):65-68.

[98] 张强.中、美女子足球运动员个人运球突破能力比较研究[J].中国体育科技,2000,36(10):41-42.

[99] 朱瑜,许翀,王一黔,等.不同认知负荷场景中定向运动员视觉注意策略研究[J].中国体育科技,2011,47(6):82-89.

[100] 马爱国,丁焕香.内隐与外显学习对篮球战术决策影响的初步研究[J].天津体育学院学报,2010,25(2):171-174.

[101] 张凤华,张华,曾建敏,等.意识思维和无意识思维对复杂决策的影响[J].心理科学,2011,34(1):88-92.

[102] 亚洲足球联合会.亚洲足球教练员A级培训教程[M].北京:人民体育出版社,1999.

[103] 亚洲足球联合会.亚洲足球教练员B级培训教程[M].北京:人民体育出版社,1999.

[104] 亚洲足球联合会.亚洲足球教练员C级培训教程[M].北京:人民体育出版社,1999.

[105] 国际足联.国际足联执教手册[M].北京:人民体育出版社,2016.

[106] 国际足联.国际足联草根足球培训手册[M].北京:人民体育出版社,2010.

[107] 中国足球协会.中国青少年儿童足球训练大纲(试行)[M].北京:人民体育出版社,2013.

[108] 托马斯·赖利,A马克·威廉姆斯.足球与科学[M].北京:人

民体育出版社，2011.

[109] 丹·布兰克. 足球智商［M］. 北京：北京科学技术出版社，2017.

[110] 马里科·马赞蒂尼，西蒙尼·邦巴迪里. 意大利足球青训营训练教程［M］. 北京：人民体育出版社，2015.